O CÓDIGO DE ÓRION

Patrick Geryl

O CÓDIGO DE ÓRION

O fim do mundo será mesmo em 2012?

Tradução:
CARLOS A. L. SALUM
ANA LUCIA DA ROCHA FRANCO

EDITORA PENSAMENTO
São Paulo

Título original: *The Orion Prophecy.*

Dados Internacionais de Catalogação na Publicação (CIP)
(Câmara Brasileira do Livro, SP, Brasil)

Geryl, Patrick
O código de Órion : o fim do mundo será mesmo em 2012? / Patrick Geryl ; tradução Carlos A. L. Salum, Ana Lucia da Rocha Franco. — São Paulo : Pensamento, 2006.

Título original: The Orion Prophecy.
ISBN 85-315-1471-1

1. Fim do mundo 2. Profecias I. Título.

06-6972 CDD-133.3

Índices para catálogo sistemático:
1. Profecias : Ocultismo 133.3

O primeiro número à esquerda indica a edição, ou reedição, desta obra. A primeira dezena à direita indica o ano em que esta edição, ou reedição, foi publicada.

Edição	Ano
1-2-3-4-5-6-7-8-9-10-11	06-07-08-09-10-11-12-13

Direitos de tradução para a língua portuguesa
adquiridos com exclusividade pela
EDITORA PENSAMENTO-CULTRIX LTDA.
Rua Dr. Mário Vicente, 368 — 04270-000 — São Paulo, SP
Fone: 6166-9000 — Fax: 6166-9008
E-mail: pensamento@cultrix.com.br
http://www.pensamento-cultrix.com.br
que se reserva a propriedade literária desta tradução.

SUMÁRIO

INTRODUÇÃO

O que me levou a escrever este livro foi a raiva, a desesperança e a frustração. O sonho da minha vida desmoronou diante de descobertas que apontam para uma iminente catástrofe mundial, a maior da história da humanidade. Como a Terra nunca foi tão densamente povoada, este será um desastre sem igual. Ao saber disso, fiquei arrasado. Sentindo-me profundamente perturbado, fiquei sem dormir noites inteiras e o problema passou a comandar a minha vida. Até então, eu já tinha tudo minuciosamente planejado: passei anos seguindo uma dieta de frutas e verduras que me faria chegar aos 120 anos, investi em vários fundos de pensão para me aposentar sem problemas de dinheiro. Assim, teria uns 60 anos para viver à larga e com boa saúde. Os que leram os meus livros anteriores sabem do que estou falando. Experiências feitas com animais demonstraram que sua expectativa de vida aumenta de 30 a 100 por cento quando têm uma alimentação sadia. Como não podia ignorar esse fato, resolvi fazer o mesmo. A possibilidade de me aposentar rico e viajar pelo mundo me atraía sobremaneira. Então, meu sonho se fez em pedaços. De acordo com o livro *The Mayan Prophecies* [As Profecias Maias], a Terra se extinguirá no dia 21 ou 22 de dezembro de 2012. As conclusões do livro me pareceram corretas, embora o autor não revele tudo. Segundo os maias, o magnetismo do Sol se inverterá nesse dia, causando um abalo na Terra, com conseqüências fatais para a humanidade. Fiquei profundamente consternado. Um enorme desastre nos aguardava, um desastre sem igual. Primeiro fiquei paralisado, depois maldisse e xinguei com todo o meu coração. Depois de tudo, nem mesmo começaria a receber minha aposentadoria em 2015! Há vinte anos, assinei uma cláusula comprometendo-me a não fazer retiradas antes do vencimento. Assim, meus futuros vencimentos seriam maiores e eu poderia ter uma vida de luxos por décadas. Estava totalmente convencido de ter feito um grande negócio. Só que isso foi antes de ler o tal livro.

A profecia de Órion

Então, com todas as minhas certezas e todos os meus sonhos arruinados, resolvi investigar. Se esse desastre ia mesmo ocorrer, eu tinha que comprová-lo com sólidas evidências, já que se trata da sobrevivência da humanidade.

Assim, investiguei e tive êxito: consegui desvendar esse desastre global iminente. Prepare-se para ler as descobertas mais surpreendentes da civilização moderna. O desastre natural que se abaterá sobre nós excederá a compreensão de todos. Nenhum governo se dispôs a tomar medidas para sobreviver à catástrofe e ninguém acreditará, até que seja tarde demais. Por isso, você terá que assumir o controle e traçar a própria estratégia de sobrevivência. Eu atuarei como um banco de dados. Sobreviver a um desastre desse porte será extraordinariamente difícil se estivermos despreparados. Cessará o fornecimento de alimentos, não haverá cuidados médicos e os próprios profissionais que trabalham nos resgates terão morrido. Em suma, sem um cuidadoso planejamento, não vamos sobreviver. Para tanto, temos que formar grupos com urgência e começar a trabalhar nessa enorme tarefa. Temos que construir "Arcas de Noé" para enfrentar as inundações, além de providenciar suprimentos de comida e energia. Haverá inúmeras coisas a fazer e só nos restam alguns poucos anos antes do dia fatal. Espero que apareçam muitos voluntários para pôr em prática a estratégia de sobrevivência que detalharei neste livro.

Parte I

DESCOBERTAS ASSOMBROSAS

CAPÍTULO 1

O ZODÍACO DE DENDERA

Assim que acabei de ler *The Mayan Prophecies* [As Profecias Maias], chegaram às minhas mãos outras obras dessa índole. Segundo os autores do livro *When the Sky Fell* (Quando o céu caiu), a Atlântida se deslocou em direção ao Pólo Sul devido a uma enorme mudança na crosta terrestre, há uns doze mil anos. A base dessa história se encontra em outro livro, *The Path of the Pole* [O caminho do Pólo], do professor Charles Hapgood. No prólogo para a primeira edição dessa obra, Albert Einstein escreve:

"Recebo, com freqüência, comunicações de pessoas que desejam me consultar sobre suas idéias inéditas. Nem é preciso dizer que raramente tais idéias têm valor científico. No entanto, a primeira comunicação que recebi do Sr. Hapgood me deixou eletrizado. Sua idéia é original, de grande simplicidade e, se puder ser demonstrada, será de grande importância para tudo o que se relaciona com a história da superfície terrestre.

Um grande número de dados empíricos indicam que, em pontos cuidadosamente estudados da superfície da Terra, produziram-se muitas mudanças climáticas, aparentemente de maneira repentina. Segundo Hapgood, isso se explica caso a crosta exterior da Terra, que é virtualmente rígida, sofra de vez em quando o impacto de um extenso deslocamento das camadas interiores, que são viscosas, plásticas e possivelmente fluidas. Esses deslocamentos ocorreriam em conseqüência de forças comparativamente suaves que incidem na crosta e derivam do ímpeto da rotação da Terra que, por sua vez, tenderia a alterar o eixo de rotação da crosta terrestre.

O autor não se limitou a uma simples apresentação dessa idéia, mas expôs também, com cautela e profundidade, o rico material que apóia essa teoria do deslocamento. Acredito que essa idéia algo assombrosa, fascinante mesmo, merece muita atenção por parte de todos os que se interessam pelo desenvolvimento da Terra."

Em edições posteriores, o professor Charles Hapgood escreve:

"Os avançados conhecimentos das condições da crosta terrestre sugerem agora que as forças responsáveis pelos movimentos que nela ocorrem se encontram dentro da Terra, a uma certa profundidade, mais do que em sua superfície.

A despeito dessa mudança no caráter da explicação oferecida sobre os movimentos, as evidências de que estes ocorrem se multiplicaram nos últimos anos. Assim, o tema principal do livro — os deslocamentos da crosta, que ocorreram inclusive numa era geológica recente, e seus efeitos sobre a formação das características da superfície da Terra — permanece inalterável."

Quando ocorre um deslizamento da crosta, alguns continentes se aproximam e outros se afastam dos Pólos, e uma onda gigantesca atravessa a Terra. Os sobreviventes nada puderam fazer além de fugir de sua terra condenada, no dia em que a Atlântida se deslocou em direção ao Pólo Sul. Neste livro, demonstraremos com clareza que tais coisas aconteceram. Imediatamente depois desses acontecimentos, a agricultura prosperou em diferentes partes do planeta. Isso, sem dúvida, estabelece uma relação entre a morte de um mundo e a criação de novas culturas em continentes distantes. Assim, os atlantes estiveram presentes não apenas na origem da cultura maia, mas também na da Índia, da China e do Egito. Quase todo mundo conhece a lenda da Atlântida, a terra que desapareceu em meio a terríveis terremotos de intensidade desconhecida. No antigo Egito, o filósofo grego Platão tinha conhecimento disso. Se todos esses fatos são verdadeiros, deve haver alguma ligação entre as profecias maias e as egípcias.

Revisei várias obras sobre cultura egípcia e suas grandes conquistas me impressionaram ainda mais.

Um caleidoscópio de templos, pirâmides, obras de arte e esfinges desfilou diante dos meus olhos, mas não encontrei a ligação: foi frustrante. Conversei com vários amigos sobre meus malogrados intentos, até que um deles me perguntou: "Você já leu *Serpent in the Sky*? [A serpente no céu]?"

"Não. Quem escreveu?"

"John Anthony West. Ele esteve na televisão outro dia, com um documentário sobre a Esfinge. Apresentaram evidências de que a Esfinge é mil anos mais antiga do que se pensava e que o conhecimento secreto da Atlântida pode estar escondido embaixo dela."

"É isso aí!", pensei. Se os atlantes tinham essa importante informação, então estavam interconectados com o mundo egípcio. Comecei a ler o livro e percebi, surpreso, que tinha subestimado a inteligência dos egípcios. Sua matemática era de um nível muito alto, como mostravam os exemplos que o livro trazia: fiquei pasmo. Soube também que ninguém conseguiu traduzir ainda uma parte importante dos hieróglifos. "Que coisa!", pensei, "se o meu ponto de partida é aqui, essa tarefa é impossível". Eu já tinha lido quase noventa por cento do livro, tinha aprendido muitíssimo, mas não tinha feito progressos — até que comecei a ler o capítulo chamado "*Egypt: Heir of Atlantis*" [Egito: Herdeiro da Atlântida]. Nele, West investiga a idade da Esfinge, seguindo uma sugestão do filósofo francês R. A. Schwaller de Lubicz. Segundo esse filósofo, os padrões da erosão sugerem que a Esfinge é mais antiga do que se pensava. Demonstrar tal fato passou a ser a razão de sua vida. Acabaria estabelecendo que a civilização egípcia é mil anos mais antiga do que comumente se pensa, e que se originou da Atlântida.

Estava para terminar o livro, mas ainda não tinha encontrado nada de útil para a minha investigação. Estava a ponto de abandonar a leitura quando, na penúltima página, uma coisa me chamou a atenção. Nessa página, havia fotos e desenhos do zodíaco de Dendera: ele era radiante e misterioso ao mesmo tempo. Eu nunca tinha acreditado em previsões do zodíaco, que quase sempre me faziam rir. Mas então, num décimo de segundo, a minha maneira de pensar e a minha vida mudaram profundamente. Cada vez mais perplexo, observei as antigas escrituras: eram uma sublime obra de arte, algo muito especial e único na ciência arqueológica. Mais que isso: eram mágicas, inspiradoras e tinham um certo encanto. Soube que, na tumba de Palenque, Cotterell encontrou muito mais códigos do que esperava e tive a sensação de que, aqui também, esse seria o caso. Mas como decifrar o código? Os hieróglifos estavam muito além da minha compreensão e os desenhos, embora muito mais claros, continham um código terrivelmente difícil.

Um enigmático segredo do passado

Essa obra de arte não foi realizada para nos fazer rir e ser logo posta de lado. Como muita gente acredita nas previsões do zodíaco, vamos pressupor que elas se baseiam na realidade. Vamos pressupor também que os criadores do zodíaco queriam compartilhar parte do que sabiam: o dia do

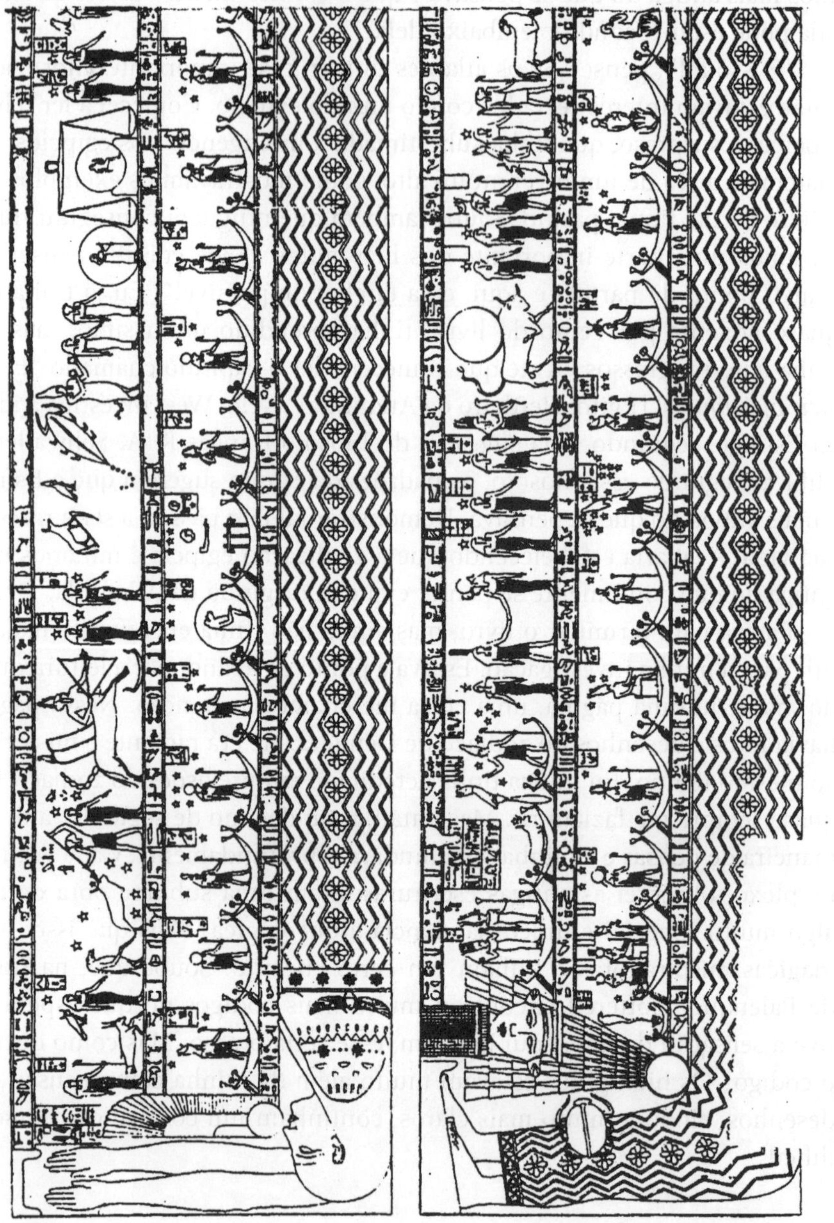

Figuras 1 e 2.
O zodíaco de Dendera, de ângulo reto, é uma das criações mais enigmáticas dos antigos egípcios.

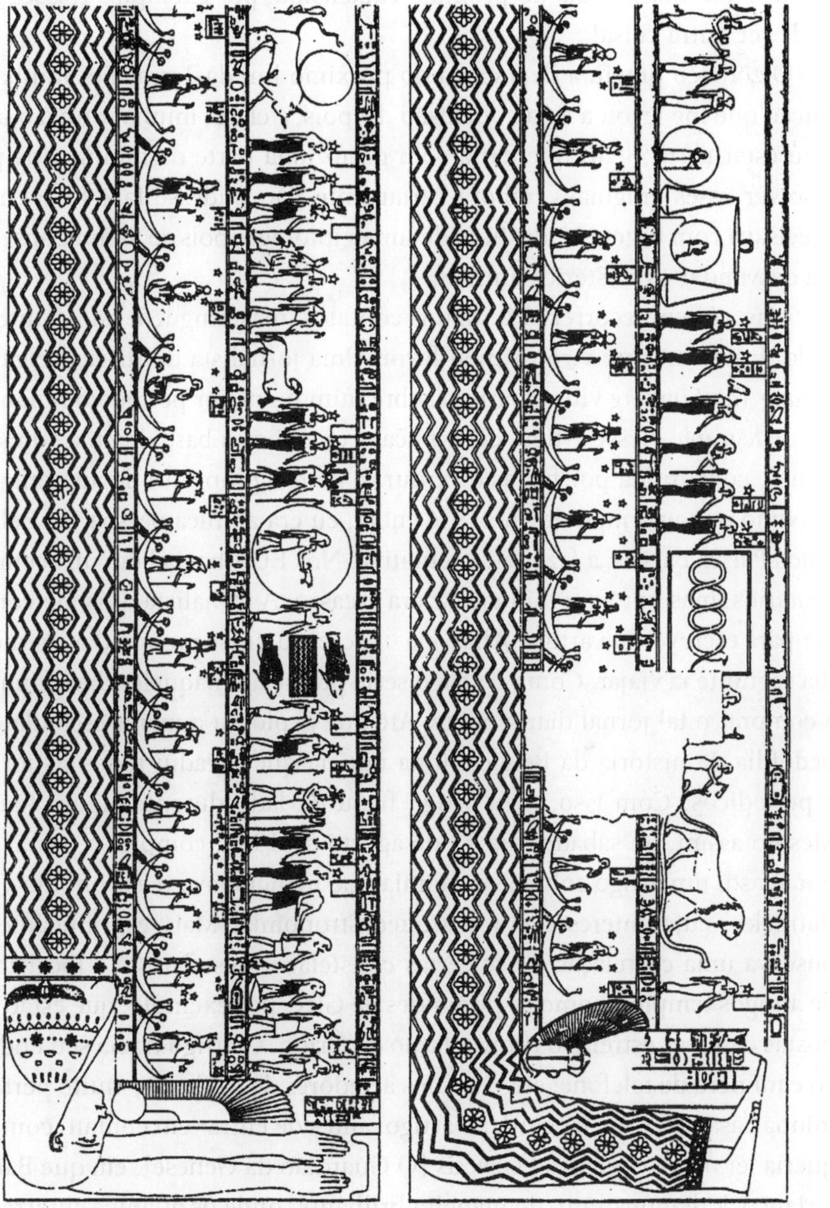

fim da Atlântida e o dia do próximo cataclismo, por exemplo! É isso! Não pode ser outra coisa!

O zodíaco previu a data exata do próximo fim da Terra! Foi minha intuição que me levou a essa conclusão. Depois, é claro, minha intuição mostrou estar certa. Senti que daria com gosto uma parte da minha vida para resolver esses enigmas, embora certamente não pudesse fazê-lo sozinho. Precisava com urgência da ajuda de um egiptólogo, pois só assim conseguiria desvendar os mistérios antigos.

Mas a quem recorrer? Fiz alguns contatos, mas ninguém estava interessado. Então, a sorte virou a meu favor. Uma jornalista do diário belga *Het Belang Van Limburg* viu um artigo sobre mim no maior periódico holandês, *The Telegraph*. Nesse artigo, eu explicava que vivia à base de uma "dieta de fome", constituída por frutas e verduras, com o propósito de aumentar ao máximo o meu tempo de vida. Até então, eu era a única pessoa, na Bélgica e nos Países Baixos, a fazer essa tentativa. Nos EUA havia bem uns cem voluntários, mas por aqui o interesse era escasso. A jornalista quis me conhecer para escrever um artigo. Aliás, ela o escreveu nesse mesmo dia, já que no dia seguinte ia viajar. Como o artigo seria publicado naqueles dias, comecei a comprar o tal jornal diariamente. Até que explodiu o maior escândalo de pedofilia da história da Bélgica, uma notícia que invadiu todos os jornais e periódicos. Com isso, meu artigo ficou de lado durante algum tempo. Mesmo assim, no sábado, dia 17 de agosto de 1996, comprei o jornal e li, por acaso, um artigo sobre astronomia que mencionava o astrônomo Gino Ratinckx, cujo interesse era a arqueoastronomia. Mais especificamente, buscava uma correlação entre certas constelações estelares e a localização de antigos templos, como as pirâmides de Gizé, por exemplo, que estão dispostas como as estrelas da constelação de Órion. O artigo trazia seu endereço e número de telefone: ele vivia nos arredores de Amberes, muito perto de minha casa. Recortei e guardei o artigo: antes de entrar em contato com ele, queria ler o livro *Keeper of Genesis* [O Guardião da Gênese], em que Bauval e Hancock demonstram, de maneira brilhante, onde os atlantes enterraram seus conhecimentos secretos. Depois de lê-lo, telefonei para Gino Ratinckx. Esse telefonema mudaria minha vida para sempre.

"Sr. Ratinckx, aqui quem fala é Patrick Geryl. Li um artigo sobre o senhor e gostaria de conhecê-lo pessoalmente."

"Deseja falar sobre o quê?"

"O livro *The Mayan Prophecies* conta como o autor decifrou o código dos maias. Tenho um livro com o zodíaco de Dendera e estou convencido de que ele também contém códigos. Poderia me ajudar a decifrá-los?"

"Isso não vai ser difícil. Fiz um estudo sobre o templo de Dendera para meu exame de arqueologia."

Ao ouvir isso, meu coração se encheu de satisfação e lhe perguntei: "Será que podemos nos encontrar para discutir esse assunto?"

"Que tal quarta-feira que vem, à noite?"

Era segunda-feira à noite. Em dois dias, minha investigação poderia enfim avançar. Então lhe perguntei: "Às oito está bem?"

"Venha à minha casa. E me chame de Gino!"

A primeira reunião

Quarta-feira, dez para as oito da noite. Nervoso, toquei a campainha. Gino abriu a porta. Decididamente, era um homem agradável. Levou-me ao primeiro andar: lá estava o computador, sobre uma escrivaninha caótica. Olhando à minha volta, vi alguns móveis antigos muito bonitos e as paredes cobertas com as pinturas de sua mulher. Sentamo-nos à mesa e eu lhe mostrei a pilha de livros que tinha lido.

"Olhe", comecei, "segundo os maias, o ano 2012 trará um desastre porque haverá uma mudança no magnetismo solar. Desde que vi essa foto e esses desenhos do zodíaco, estou convencido, por algum motivo, de que ali há códigos ocultos."

"Bem, você veio ao lugar certo, pois participei de uma pesquisa sobre o significado de alguns códigos maias."

Muito bem, pensei, não poderia ser melhor! Então prossegui: "Você tem alguma idéia de como levar isso adiante?"

"Idéias não me faltam, mas tenho dificuldade para escrevê-las. Na verdade, sou incapaz de produzir um texto fluente."

Sorri: por mim tudo bem! Eu já tinha escrito seis livros e, num deles, demonstro que a teoria da relatividade é incorreta. Até então, não tinha tocado nesse assunto porque, sendo astrônomo, Gino poderia ficar um pouco alarmado com o fato de eu discordar de Einstein. Mas como ele me parecia muito afável, eu me animei: "Pode deixar a escrita comigo. Já escrevi vários livros, inclusive um provando que os quasares são inconsistentes com a teoria da relatividade!"

Isso chamou a atenção de Gino que, com certa surpresa, me perguntou: "É mesmo? E dá para explicar isso para mim?"

"Segundo os cálculos de Einstein, quando a velocidade de um objeto aumenta, sua massa também aumenta. Quanto mais ele se aproxima da velocidade da luz, mais sua massa aumenta. Agora, imagine que haja um volume de massa incrivelmente grande no final do universo. Com suas forças gravitacionais, "puxa para si" os sistemas estelares do centro do universo. Lentamente, eles começam a se mover em sua direção. Em milhares de milhões de anos, a massa dos sóis pertencentes aos ditos sistemas aumenta. Apesar de perderem massa devido à radiação, sua massa aumenta com a velocidade. E quando a massa de um planeta aumenta, sua força gravitacional também aumenta. Na Lua, por exemplo, você consegue saltar dez metros facilmente, mas em Júpiter quase não consegue se mexer. Devido a esse aumento da massa de um sistema estelar, o próprio sistema está sujeito a um processo de redução. Finalmente, o sistema sofrerá um colapso e se converterá num quasar."

Gino me olhou surpreso e respondeu: "É a primeira vez que ouço essa teoria, mas me parece lógica. Pode me dar mais evidências?"

"Se a velocidade de um sol aumentasse à velocidade da luz, sua massa também aumentaria. Todos os astrônomos sabem que o tempo de vida de um sol depende de quanta massa ele tem. Quanto mais pesado o sol, mais rápido é o seu processo de envelhecimento. Tomemos por exemplo o nosso Sol. Ele tem uma expectativa de vida de dez mil milhões de anos. Um sol com o dobro dessa massa tem uma expectativa de vida de apenas oitocentos milhões de anos. Isso ocorre porque as forças gravitacionais internas aumentam na medida em que as reações nucleares se aceleram. Quando a velocidade de um sol aumenta, sua massa aumenta: neste caso, ele queimará mais depressa e terá uma vida mais curta. Chamo a isso de paradoxo da gravitação quântica."

Gino reagiu com entusiasmo e me perguntou: "Há alguma outra conseqüência?"

"Apresento as principais conseqüências no livro *A New Space-Time Dimension* [Uma nova dimensão do espaço-tempo]. Uma delas, bastante importante, é a rápida expansão da galáxia.[1, 2] Outra é que em noventa por

---

1. Foi confirmado pelos astrônomos em 1998.

2. Na sexta-feira, 23 de novembro de 1990, a televisão belga [BRT] divulgou essa teoria durante 15 minutos. Nessa época, Patrick Geryl foi o único que difundiu com precisão essa expansão acelerada do universo. Em 1983, predisse também corretamente que o IRAS [Satélite Infravermelho Astronômico] ia encontrar milhares de milhões de galáxias no infravermelho. Novamente, foi o único que fez essa afirmação nessa época. Isso foi publicado no diário belga *Het Laatste Nieuws*, de 11 de fevereiro de 1983. Sua correspondência com

cento do universo há sistemas estelares explosivos, que estão perecendo devido ao aumento da força gravitacional. Do ponto de vista estritamente científico, neles não pode haver vida. Portanto, a vida está limitada ao centro do universo. É certo que isso inclui muitos sistemas estelares, muito mais do que se pensa. As séries de televisão, como 'Jornada nas estrelas', estão profundamente equivocadas, já que suas histórias se passam em mundos que não poderiam existir de jeito nenhum."

"O que você está me dizendo pode ser verdade e pode causar muita consternação se for publicado. Mas tem uma coisa que devemos fazer primeiro: decifrar o código de Dendera."

Gino foi até uma das estantes e pegou um livro. "Acho que tenho aqui exatamente o que você precisa. É a decodificação do *The Egyptian Book of the Dead* [O livro egípcio dos mortos]. Até a data da publicação deste livro, não se tinha conseguido decodificar essas escrituras. O autor deste livro, Albert Slosman, conseguiu. Você vai ficar surpreso com o seu conteúdo!"

Peguei o livro nas mãos cheio de respeito e fui imediatamente invadido por um forte sentimento. Era esse o livro indicado! Nele, encontraria códigos de suma importância. Nessa mesma noite, comecei a ler a obra e encontrei as indicações de uma catástrofe.

G. Neugebauer — do Instituto de Tecnologia da Califórnia — e com Peter Clegg — da Faculdade Queen Mary (Universidade de Londres) — o confirma. Ambos foram responsáveis pela interpretação dos resultados do IRAS. Todos esses fatos demonstram a validade dessas teorias.

CAPÍTULO 2

CHAVES PARA UMA CATÁSTROFE

Ler *Le Livre de l'au-delà de la vie* [O livro de além da vida] não foi nada fácil. Como não sei muito bem francês, qualquer texto me parece difícil. Esse, então, foi muito mais complicado. Termos pouco comuns, códigos misteriosos, escrituras sagradas e palavras arcaicas mitigaram meu entusiasmo. Tive que ler o livro sete vezes para compreendê-lo.

Felizmente, minha intuição não me abandonou e logo comecei a entender a importância de alguns códigos. O resto não tinha tanta importância para a minha investigação e o que li já era suficiente para pôr o mundo da egiptologia de pernas para o ar. As traduções do *Livro Egípcio dos Mortos* eram desastrosas, com tantos erros e interpretações erradas que não sobrava nada do significado original. Mas Albert Slosman conseguiu traduzir corretamente essa escritura, deixando claras as suas assombrosas conclusões. Em primeiro lugar, o título induz uma versão errada: deveria se chamar *O Livro da Luz* e não *O Livro dos Mortos*. Por quê? Porque descreve com precisão o que ocorreu nos céus e especialmente no Sol por ocasião da queda da Atlântida. Descreve também como os sobreviventes foram guiados pelo Sol em sua fuga para o Egito. Como o tema central dessa escritura é a luz da luz — ou seja, uma luz incrivelmente intensa — que o Sol irradiava, seu nome deveria ser *O Livro da Luz*. Para mostrar como são razoáveis essas descobertas, os hieróglifos originais são apresentados junto com a tradução do primeiro verso:

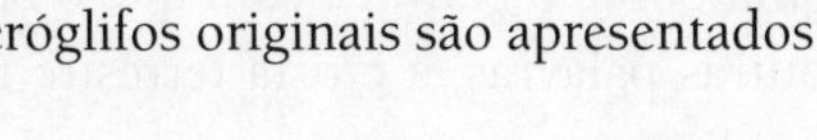

Sou o mais Elevado, o Primeiro, o Criador do Céu e da Terra,
sou o Modelador dos corpos humanos.

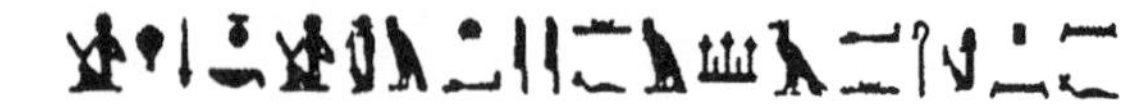

e o provedor das partes espirituais. Levei o Sol a um novo horizonte,
como um sinal de benevolência e como prova da Aliança.

Explicação: ele elevou o Sol nascente a um novo horizonte,
então a nova Terra se fez realidade.

Para tanto, os Mandamentos do Criador, verificados pelo mais
Elevado de Todos, atuando por meio das Almas e dos Antepassados,
foram transmitidos aos mais jovens,

sendo seus corpos trazidos novamente à vida,
por ter começado a funcionar os Oito Lugares.

Nessa tradução, os códigos astronômicos lançam uma nova luz sobre a origem da religião do Egito. Comparando essa versão com as outras, vemos que as diferenças são realmente notáveis. Os egiptólogos usam tão-somente uma linguagem complicada.

Na interpretação de Slosman, um pouco mais de estudo revela muitas coisas lógicas. Principalmente, parece que os atlantes conheciam o zodíaco e o usavam para processar dados astronômicos.

O dia da destruição: "Levei o Sol a um novo horizonte." Essa é uma tradução acertada. Mais adiante, diz o livro que o Sol "dá voltas" no zodíaco (= cordão), o que significa que o Sol passa pelos signos. A única interpretação correta para isso é que não era o Sol, mas a Terra, que girava sobre o próprio eixo. Esse girar sobre o eixo fez com que o Sol se elevasse a um novo horizonte. Em outras palavras, a crosta terrestre tinha se deslocado, tal como eu li em outros livros.

A obra *The Path of the Pole* [O caminho do Pólo] sustenta que a crosta do nosso planeta sofreu reiterados deslocamentos que ocorreram com muita rapidez, em questão de dias ou talvez horas. Hapgood explica que a camada exterior da Terra se move de tempos em tempos, transladando alguns continentes em direção aos pólos. Como resultado de seus estudos, Hapgood afirma numa nota preliminar do livro *The Path of the Pole*:

> Há uma década, a idéia de que os pólos mudam de posição na superfície da Terra era considerada extrema, improvável e sem sustentação, defendida por gente um tanto excêntrica. Ninguém que tivesse algum renome no mundo das ciências aceitaria tal coisa.
>
> Mas as modas mudam: atualmente, todos os livros que tratam das ciências da Terra se referem ao deambular dos pólos e aos impulsos continentais.
>
> Este livro apresentará evidências de que o último movimento da crosta terrestre (a litosfera) ocorreu em tempos recentes, no final da última era glacial.

Como eu já tinha observado em leituras anteriores, os textos egípcios sugerem que eles foram testemunhas desses notáveis acontecimentos. Fiquei aturdido ao refletir sobre isso. Em outra nota, descobri que esse evento, "o grande cataclismo", ocorreu no dia 27 de julho de 9792 a.C. Eis os hieróglifos:

Sou a temível luz inflamada

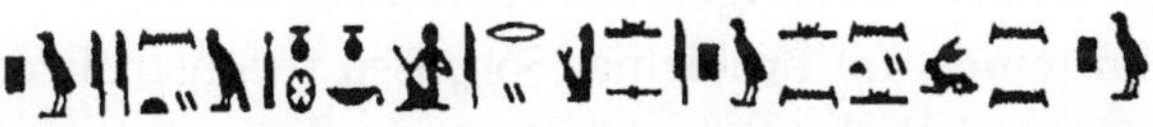

que navega pelo cordão, permitindo desde tempos remotos, no firmamento, que se julguem as ações de todos.

Explicação: Seu nome é Osíris (Órion). Descrição: Ele é a semente do conteúdo de todos os corpos humanos. Segunda descrição:

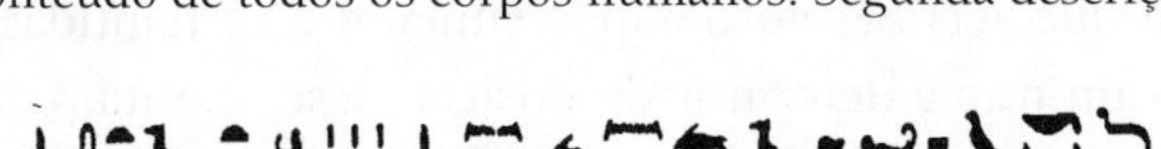

Seu nome comanda lá do alto as partes espirituais nos corpos humanos.

Terceira descrição:

O nome do Glorioso brilha eternamente no infinito. Ele cresce todos os dias

no firmamento das estrelas.

Explicação: o Sol feroz que se incendeia mostra que seu campo magnético se inverteu. São as violentas explosões na superfície solar que fazem com que o Sol pareça "se incendiar" [ver Figura 3].

A configuração estelar de Órion é indicada como a principal responsável por esse acontecimento. Julga as almas humanas e sua sobrevivência. Mais adiante, é mencionado que Órion tem relação direta com o código que permite calcular a mudança no campo magnético do Sol: temos assim o código de Órion nas pirâmides de Gizé. Elas foram dispostas como as estrelas de Órion para nos avisar que essa constelação é de suma importância para nós, devendo ser estudada minuciosamente. Nos escritos de Ibrahim Ben Ebn Wasuff Shah, lemos: "O complexo de Gizé foi construído para lembrar um tremendo cataclismo no sistema planetário da Terra, que afetou o globo com fogo e inundações."

Telefonei para Gino: "Gino, aqui é o Patrick. Tenho um problema: segundo as escrituras, Órion tem relação com alguns códigos do dia do cataclismo. Será que dá para averiguar isso para nós?"

"Agora sim temos um problema. Só posso reconstruir em parte a posição das estrelas e dos planetas, tanto no futuro quanto no passado. Você tem alguma idéia de que códigos está procurando?"

"Na realidade, não. Não consigo decifrá-los corretamente. Venho quebrando a cabeça há dias, mas não consigo."

"Bom, isso é um problema: as possibilidades são enormes."

Então, algo me ocorreu: "Espere um minuto", disse, "os códigos do passado têm que coincidir exatamente com os códigos de 21/22 de dezembro de 2012. Tem que ser! Se, no desaparecimento da Atlântida, as estrelas e planetas estavam numa determinada posição, isso aponta para uma semelhança com esse acontecimento: era assim que o descreviam".

Gino concordou imediatamente com o meu raciocínio e se dispôs a trabalhar nisso. Mas saiu de férias por mais de uma semana e a tarefa ficou inacabada. Telefonou-me assim que voltou: "Tenho notícias alarmantes, Pa-

Figura 3
Antigos textos descrevem uma mudança catastrófica no campo magnético do Sol.

trick. As posições de Órion e Aldebarã coincidem de maneira precisa com ambas as informações. Fiz esse cálculo manualmente: ocorre três vezes em doze mil anos. A outra data é 3114 a.C. Isso deve estar certo porque vários povos, entre eles os maias, começam sua era a partir desse ponto."

Aí estava! Eu me sentia como se tivesse dado saltos mortais. Com essa prova, ficava irrefutavelmente demonstrado que a data da destruição do mundo, no ano 2012, provinha dos atlantes. E os egípcios também deviam conhecer essa data. Mas isso ficava para depois. Ninguém podia negar a exatidão da data da destruição da Atlântida. Isso tornava a obra de Slosman incontestável. Os egiptólogos podiam fazer o que bem quisessem, mas a Atlântida era um fato! Assim como o desaparecimento futuro do nosso mundo. O fato de haver resolvido isso tão rapidamente me deixou sem fala. Alguns meses depois, Gino me disse que seus cálculos não eram uma prova real, mas já tínhamos então decifrado os verdadeiros códigos da destruição, contidos nas escrituras egípcias: tínhamos a prova definitiva da exatidão da nossa teoria. Meia hora depois, estava ao lado de Gino, observando o céu do ano 2012.

"Observe com cuidado", disse-me Gino. "Programei o horizonte sobre o Cairo: veja Vênus se elevando sobre as pirâmides, seguida de outras constelações e de Órion."

Fiquei sem fôlego. De repente, Gino soltou uma exclamação de surpresa. "Tem aqui uma coisa que me escapou antes."

Olhei com atenção a tela do computador e perguntei: "Ao que se refere?"

"Vênus passa pelos signos da Serpente e de Escorpião. A serpente é um importante símbolo mitológico, tanto para os maias quanto para os egípcios, mas o escorpião também era temido."

"É possível que tenham recebido esses nomes por causa dos acontecimentos da Atlântida ou pelo que vai ocorrer em 2012", repliquei.

"É possível. Desse modo, tanto a Serpente quanto o Escorpião podem ter dado uma simbólica mordida mortal em Vênus, o que explicaria muitas coisas!"

Eu tremia de emoção, mas também de medo. Minha suposição parecia ser verdadeira e, portanto, a Terra ia ser assolada por um gigantesco cataclismo: era isso que os códigos demonstravam claramente! Raios! Então era isso mesmo, afinal! Entusiasmado com tantas descobertas, fui para casa. Nessa noite não consegui dormir: continuava a pensar em tudo aquilo. O cataclismo anterior tinha acontecido na era de Leão (10960 a 8800 a.C.).

A Esfinge, tão falada atualmente, não teve apenas um significado astrológico e mitológico, mas também um significado prático. Ela foi construída pelos sobreviventes da Atlântida para nos avisar do que havia ocorrido. Mas isso é só uma parte da história. A Esfinge, junto com os outros códigos das pirâmides, nos dá um indício da data do próximo cataclismo: é disso que trata a "religião" egípcia. Ela é um gigantesco monumento arqueoastronômico que nos diz exatamente o que aconteceu e o que voltará a acontecer. Mas, grande como é esse monumento, nós o ignoramos durante muito tempo. Agora, já em cima da hora, os códigos começam a irradiar sinais de advertência. Se o mundo não receber essa informação, a humanidade ficará reduzida novamente a um estado primitivo, durante uns mil anos. Era essa a minha tarefa: apertar o botão de alarme. Não havia sentido em continuar esperando. Então, decidi começar a escrever um livro de imediato, para que as primeiras conclusões fossem publicadas. Ninguém poderá me culpar por não ter feito nada. Só espero que esta mensagem nefasta seja compreendida a tempo. Não será possível começar os preparativos necessários com um

Figura 4.
Os leões voltados em direções opostas são um símbolo de que o Leste se converteu em Oeste e vice-versa.

ano de antecedência, pois não haverá tempo nem poder suficiente para que se tenha êxito na maior operação de resgate de todos os tempos.

Um dia depois de imaginar que a Terra tremia e que milhares de milhões de pessoas morriam numa gigantesca inundação demolidora, comecei a escrever minha mensagem de advertência.

Quando o Sol atingiu o décimo sexto grau do signo de Leão, em 9792 a.C., abriram-se os portões do inferno. Uma luz abrasadora atingiu a Terra e o céu pareceu desmoronar mas, na verdade, foi a Terra que se inclinou. O símbolo dos leões ilustra a nossa evidência.

A interpretação correta do símbolo dos leões é a seguinte: quando a crosta terrestre sofreu um deslocamento, os continentes já não se encontravam em sua posição original. Mas não é só isso: quando o Sol voltou a sair no horizonte, este era um novo horizonte porque a Terra já girava ao contrário. Os egípcios simbolizaram esse fenômeno com a *cruz de ansa* que, no Egito, é símbolo de vida eterna. O Sol se poria nesse horizonte até o dia do cataclismo seguinte, depois do qual começaria um novo ciclo de destruição e ressurgimento. O professor Frank C. Hibben descreve a magnitude da destruição provocada pelo último cataclismo na obra *The Lost Americans* [Os americanos perdidos]:

> Parece que, há uns doze mil anos, em meio a um cataclismo catastrófico, o mundo vivo de animais e plantas do Alasca se congelou de repente, em plena atividade, originando assim um tétrico enigma [...] Os grandes animais que haviam dado nome ao período se extinguiram e sua morte marcou o fim de uma era.

> Mas como morreram? O que causou a extinção de quarenta milhões de animais? Esse mistério constitui uma das mais antigas histórias de detetive do mundo. Um bom relato detetivesco inclui seres humanos e morte, condições que estão presentes no final do plistoceno. Nesse caso em particular, a morte assumiu proporções tão colossais que dava vertigem contemplar seus rastros [...]
>
> Nos depósitos arqueológicos do vale de Yukon, obtivemos o quadro de uma rápida extinção. Ali, as provas de violência são tão óbvias quanto as dos campos de horror da Alemanha. Essas pilhas de corpos de animais ou pessoas não ocorrem simplesmente porque interveio uma circunstância natural comum [...]
>
> Os depósitos do Alasca evidenciam também que houve alterações atmosféricas de uma violência sem par. Os mamutes e bisões foram destroçados e retorcidos como que por mãos cósmicas num ímpeto de fúria divina... Os animais foram desgarrados e espalhados pela paisagem como se fossem de palha, embora alguns pesassem várias toneladas. Misturadas às pilhas de ossos, as árvores retorcidas e destroçadas se empilham em grupos confusos; e tudo isso coberto por um fino esterco peneirado que, ao se congelar, ficou em estado sólido.

Isso aconteceu na última vez. Agora, estamos diante do próximo cataclismo. Será no final da Era de Peixes, que termina em 2016, ou na Era de Aquário? Estamos procurando a resposta para essa pergunta, com urgência. O momento do próximo cataclismo foi estabelecido no zodíaco de Dendera. Decifrar o código é um processo difícil, mas já fizemos algum progresso. Sabemos, através do livro de Slosman, que a posição das estrelas durante o cataclismo anterior tem que estar de acordo com sua posição no ano da próxima hecatombe. É fácil, não é? Sinceramente, espero que seja mesmo assim tão fácil. Mas, além do zodíaco simbólico, há outros códigos e glifos que tornam o caso extremamente complicado. Esperamos receber alguma ajuda do outro livro de Slosman, *Les Divines Combinaisons* [As combinações divinas]. Nesse livro, ele se propõe a decifrar os códigos. Mas essa obra apareceu apenas numa edição limitada e foi objeto de burla por parte dos egiptólogos oficiais. A sogra de Gino está fazendo o possível para conseguir um exemplar. Depositamos nela a nossa esperança mas, até agora, não tivemos sorte.

Um terrível segredo do passado

Ao comparar as informações das escrituras antigas com os dados de outros livros que li, muitas coisas ficam claras. Depreende-se que uma luz incandescente atingiu a Terra. Segundo os maias, haverá uma mudança nos pólos magnéticos do Sol no ano 2012. Então, do interior do Sol, serão liberadas enormes forças eletromagnéticas com poder desconhecido. Labaredas gigantes enviarão uma descomunal onda de partículas à Terra. Recentemente, esse fenômeno foi observado e confirmado em dois sóis. Durante várias horas, eles mostraram uma atividade explosiva e, depois, voltaram ao normal. Os astrônomos se perguntaram se esse seria um acontecimento único ou se poderia ocorrer outras vezes. Podem estar certos de que voltará a ocorrer! Nosso Sol também mostra esse tipo de padrão.

As partículas expulsas farão com que a atmosfera da Terra "fique em chamas", com um efeito verdadeiramente destrutivo nos Cinturões de Van Allen.* Devido ao fluxo contínuo de eletromagnetismo, haverá sobrecarga no campo magnético da Terra, bilhões de partículas atingirão os pólos e serão geradas forças elétricas desconhecidas. Em resumo: um pesadelo para todo mundo. Quando os pólos se encherem de auroras das partículas que caem, o inevitável acontecerá: no interior da Terra, o campo eletromagnético ficará sobrecarregado e rachará, num mega curto-circuito de efeitos superletais. Sem proteção magnética, a atmosfera do planeta será bombardeada pelas partículas que caem. O campo magnético da Terra nos protege direcionando as partículas eletromagnéticas para os pólos, mas isso se tornará impossível. As partículas penetrarão em todos os pontos da Terra, gerando uma intensa radiação, tanto em luminosidade quanto em radioatividade. O céu inteiro parecerá arder com toda a intensidade e, como dizem as sagradas escrituras: "a luz das luzes se encontra ao redor do mundo, agora". E esse é o prelúdio do cataclismo. O núcleo de ferro da Terra é magnético e, devido ao deslocamento desse núcleo, a Terra começará a se mover para o outro lado. Em conseqüência, a crosta terrestre exterior se soltará, ou seja, ficará "flutuando", sem estar mais presa a seu "padrão". O planeta se inclinará milhares de quilômetros em poucas horas. Se você estiver no planeta nesse momento e olhar para o céu, parecerá que ele vem abaixo, como dizem as antigas escrituras. Haverá gigantescos abalos sísmicos. As placas terrestres se moverão, surgirão montanhas onde nada havia e outras desmoronarão, partes da terra se abrirão e outras afundarão no oceano e haverá muitas erupções vulcânicas. Em resumo, o mais horrível dos pesadelos não se igualará a

* Cinturões de radiação, descobertos por James Alfred Van Allen, físico norte-americano.

essa destruição. Para saber como foram dramáticos os acontecimentos de 12.000 anos atrás, leia *The Path of the Pole*. Lá, Hapgood escreve:

> O número considerável de antigas praias que se encontram agora em grandes elevações acima do nível do mar — e às vezes terra adentro, longe das costas atuais —, evidenciam drásticas mudanças verticais nas posições das massas da Terra. Assim, o geólogo P. Negris disse ter encontrado evidências de praias em três montanhas da Grécia: Monte Hymette, Monte Parnaso e Monte Geranéia, a 1.400, 1.500 e 1.700 pés acima do nível do mar, respectivamente. Encontrou também uma praia no Monte Delos, a 500 pés.
>
> Na costa da Baixa Califórnia há restos em perfeito estado de conservação de costas "esculpidas" pelas ondas, que se encontram a uns mil e quinhentos pés acima do nível do mar, em certos casos. Esses vestígios são testemunhas das grandes perturbações produzidas pelos terremotos que visitaram a região em épocas recentes.

A evidência das praias elevadas se multiplica interminavelmente em todas as partes do mundo, e muitas delas implicam mudanças nas elevações do fundo do mar, como sugere Umbgrove.

Um dos acidentes mais notáveis da superfície terrestre é o grande vale formado por uma falha geológica, na África. O já falecido Dr. Hans Cloos observou que as escarpas elevadas de uma das margens desse vale já foram a borda do próprio continente africano: não apenas o começo da plataforma continental, mas a própria borda da massa do continente. Em algum grande movimento, esse flanco do continente se elevou e, com ele, o fundo do mar, que ficou cerca de uma milha mais alto e se converteu em terra seca. Isso é tão interessante que prefiro citar na íntegra um trecho de *Conversation with the Earth* [Conversa com a Terra], de Cloos:

> Continentes submersos e continentes que afloram:
>
> Há duas margens do continente africano e o problema fundamental aparece duas vezes, a saber: por que os continentes da Terra terminam de maneira tão abrupta e submergem de maneira tão íngreme no mar profundo? [...] E, mais surpreendente ainda, qual é o significado das margens montanhosas da maioria dos continentes, tão altas, volumosas e salientes?
>
> [...] A curta seção transversal da cadeia Lebombo não parece muito impressionante, mas lança luz sobre acontecimentos distantes desse remoto lugar da Terra, pois aí está exposta a antiga margem do continente.

Não faz muito tempo, durante o período cretáceo, o mar se estendia do Leste até aí. E a planície que vai das colinas de Lebombo à costa atual é o leito do mar que se elevou... O que vemos são os flancos de uma curva descendente da África Setentrional em direção ao oceano Índico.

Mas vemos muito mais. Vemos estratos sedimentares seguidos de rochas vulcânicas em direção ao leste das colinas; algumas correm paralelas aos estratos, como torrentes ou placas derramadas sobre eles e inclinadas com eles. Outras irrompem pelas camadas de arenito, elevando-se abruptamente. Isso significa que, como a borda do continente se enrugou nas colinas do Lebombo, a crosta se rompeu e as gretas se abriram, deixando jorrar a substância incandescente e em ebulição.

Em conseqüência, a margem oriental — até fins do período paleozóico — era uma gigantesca dobradiça, sobre a qual se dobrava a crosta terrestre, para ser coberta pelo oceano. O que vemos aqui é meramente uma seção transversal [...], pode-se ir mais adiante, para o Norte ou para o Sul, e inclusive até o outro lado do continente, e descobrir que grandes franjas dessa terra especial tiveram o mesmo destino. Os oceanos afundaram junto aos continentes e o continente se elevou acima do oceano.

Portanto, fica claro que os continentes se elevaram e se enrugaram em escala gigantesca e que voltarão a fazê-lo no ano 2012. Isso nos traz de volta à nossa história. Quando, depois de horas e horas, a onda carregada de partículas declina, o magnetismo do interior da Terra pode se restabelecer. Contudo, os pólos se moverão também porque o que se encontra mais perto do Sol terá sofrido todo o impacto. A crosta terrestre deixará de flutuar, acompanhada novamente de terremotos apocalípticos, com porções de terra desmoronando, uma atividade tectônica desconhecida e vulcões em erupção. Mas então, como se isso não bastasse, virá uma catástrofe ainda maior: com a inércia, o movimento dos oceanos não se deterá e uma onda gigantesca cobrirá a terra. Segundo a antiga tradição, essa onda chegará a ter um quilômetro e meio de altura. Não é sem razão que os maias estavam horrorizados. Escondido no alto da montanha havia um templo de virgens, encarregadas de repovoar o mundo depois do desastre.

Ciência antiga

Essa é a ciência dos ancestrais e eu acredito firmemente neles, sem nenhuma dúvida. Por quê? Porque nosso campo magnético é uma das maravilhas menos compreendidas do universo. No artigo "Reversões geomagnéticas", publicado em *Science*, no dia 17 de janeiro de 1969, Allan Cox afirma: "Há uma incômoda falta de teorias que expliquem o atual campo magnético." No ano 2000, nada havia mudado. O que pensam hoje os cientistas? Nosso campo magnético é eletromagnético, todo mundo sabe. O que isso significa? Bem, como nosso planeta gira, o magnetismo é induzido de um modo muito semelhante à indução pelo fluxo de uma corrente elétrica, através de uma bobina. Em outras palavras, a Terra é um dínamo gigantesco, com um pólo norte e um pólo sul. Isso é tudo. Não lhes façam outras perguntas porque, na verdade, não sabem mais nada!

Os geólogos comprovam a ocorrência das inversões de polaridade. Elas acontecem a cada 11.500 anos, mas ninguém sabe por quê. Todas as especulações conduzem a uma "força desconhecida" que as produz, mas ainda não há respostas definitivas. Alarmante? É claro que sim! Isso nos remete ao Sol, onde se observa como pode ser poderosa uma inversão magnética. São forças magnéticas que disparam milhões de explosões nucleares no Sol. Isso ocorre porque nosso Sol é uma estrela magnética, com um pólo norte e um pólo sul, além de um equador.

Assim como a Terra, o Sol gira e o faz muito rapidamente, a mais de 6.400 km por hora na superfície, criando milhões de campos magnéticos que aquecem sua coroa a mais de um milhão de graus. Uma única labareda solar, provocada por um curto-circuito num campo magnético, produz tanta energia quanto dois milhões de bombas de hidrogênio. Imagine essa explosão na Terra e conseguirá calcular a magnitude do estrago.

Depois, há as manchas solares. Sua propriedade predominante é o intenso campo magnético. A força magnética de uma mancha solar é imensa, 20.000 vezes mais poderosa do que a da Terra. As manchas solares surgem na superfície solar a cada onze anos, esse é o seu ciclo. No começo de cada ciclo, sua polaridade magnética se inverte, criando gigantescas explosões nucleares.

Isso nos remete aos nossos antepassados. Eles tinham uma teoria sobre os campos magnéticos do Sol. No livro *The Mayan Prophecies* [As profecias maias], Cotterell expõe essa teoria e apresenta os cálculos maias referentes às inversões no campo magnético do Sol, estabelecendo que, em milhares de anos, ocorre uma inversão realmente grande. Quando isso acontecer, enormes labaredas escaparão do Sol e cairão sobre os pólos da Terra. Com isso, o campo magnético da Terra se inverterá e ela começará a girar em outra direção, o que fará com que o pólo norte se converta em pólo sul e vice-versa. Leu isso? A Terra começará a girar em sentido contrário e os pólos se inverterão!

Depois de ler essas advertências, um terrível temor se apoderou de mim. É evidente que um desastre mundial de proporções desconhecidas está se formando e vai se abater sobre nós. Quase toda a população da Terra perecerá. A Europa entrará em outra era glacial e se tornará inabitável, já que a corrente do Golfo terá desaparecido. A América do Norte estará em pior situação, pois desaparecerá de um momento para outro sob o Pólo Sul, como ocorreu com a Atlântida. Fui tomado de tal desespero que poderia ter me matado. Por sorte, não tive tempo para isso, pois precisava primeiro terminar minha investigação. Não há nenhuma dúvida de que isso vai acontecer. No livro *The Path of the Pole*, o professor Charles Hapgood escreve:

> Encontrei evidências de três posições diferentes do Pólo Norte, em tempos recentes.
>
> Durante a última glaciação da América do Norte, parece que o pólo ficava na baía de Hudson, a uns 60° de latitude Norte e 83° de longitude Oeste.
>
> Parece que ele se deslocou para a sua localização atual, no meio do Oceano Ártico, há uns 12.000 anos.
>
> Os métodos para se obter dados sobre a radiação nos sugerem também que o pólo chegou à baía de Hudson há uns 50.000 anos. Antes disso, estava situado no Mar da Groenlândia, a uns 70° de latitude Norte e 10° de longitude Leste. Trinta mil anos antes, é provável que o pólo ficasse no distrito de Yukon, no Canadá.

Se o Pólo Norte se desloca, o Pólo Sul se desloca também. Hapgood escreve o seguinte:

> Uma poderosa confirmação de outro corolário de um pólo situado na baía de Hudson provém da Antártida. Com um Pólo Norte a 60° de latitude Norte e 83° de longitude Oeste, o Pólo Sul correspondente ficaria a 60° Sul e 97° Leste no oceano que banha as costas de Mac-Robertson, na terra da Rainha Maud, na Antártida. Com isso, o Pólo Sul ficaria umas sete vezes mais distante da calota do Mar de Ross, na Antártida, do que está agora (veja a figura). É de se supor, então, que o Mar de Ross não tenha congelado nessa época.

O CAMINHO DO PÓLO SUL

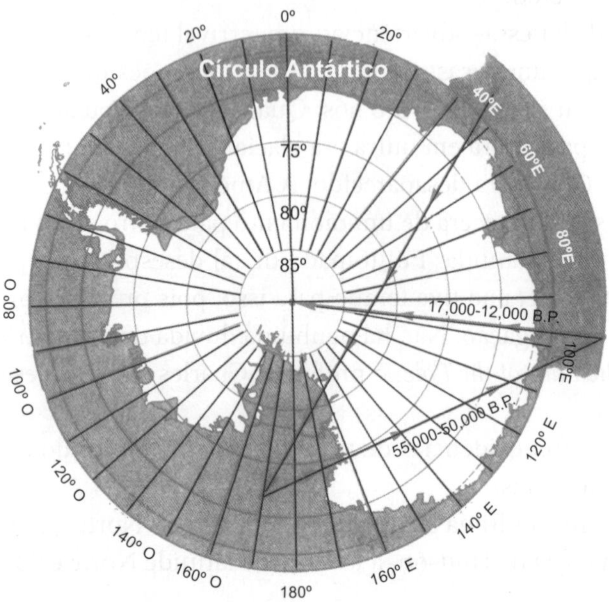

Figura 5.
O caminho do Pólo Sul segundo Hapgood.

Temos precisamente a confirmação desse fato.

Junte a precessão dos equinócios — que é um deslocamento da crosta terrestre — com as inversões magnéticas, e terá criado um assassino colossal, que leva ilhas e montanhas em direção ao céu, provocando extinções numa escala gigantesca. É inegável que existe um vínculo entre as eras glaciais e as inversões magnéticas. O céu teve um papel fundamental em quase todas as extinções da história. Steven M. Stanley — da Universidade Johns Hopkins — diz que o esfriamento climático foi o "agente dominante" da extinção cambriana, como também no período permiano, devoniano, etc.

Há pouco mais de cem anos, as pessoas se assombravam com a idéia de grandes placas de gelo, com cerca de 1,6 km de espessura, terem se depositado certa vez sobre as terras amenas da América do Norte e Europa. Mas logo aceitaram a idéia não apenas de uma era glacial, mas de várias. Com o tempo, surgiram evidências de eras glaciais em todos os continentes, até mesmo nos trópicos: placas de gelo já cobriram grandes áreas da Índia tropical e da África equatorial. Coleman, uma das maiores autoridades em eras glaciais, escreve em *Ice Ages Recent and Ancient* [Eras glaciais recentes e antigas]:

Descobriu-se também que essas placas de gelo se distribuíram de maneira aparentemente caprichosa. A Sibéria, uma das partes mais frias do mundo de hoje, não era coberta de gelo, assim como a maior parte do Alasca e o território de Yukon no Canadá, enquanto o norte da Europa, com seu clima relativamente cálido, se encontrava debaixo do gelo na altura de Londres e Berlim. A maior parte do Canadá e dos Estados Unidos estava coberta de gelo, até a altura de Cincinnati e do vale do rio Mississippi.

Segundo alguns autores mais recentes, a descrição de Coleman é muito precisa em sua essência. O professor J. K. Charlesworth, da Universidade de Queen, em Belfast, expressa sua opinião da seguinte maneira: "A causa de todas essas mudanças, um dos maiores enigmas da história geológica, ainda não foi descoberta, apesar do esforço realizado por gerações de astrônomos, biólogos, geólogos, meteorologistas e físicos."

Coleman, que fez um grande trabalho de campo na África e na Índia, estudando as evidências das eras glaciais, narra de maneira interessante as

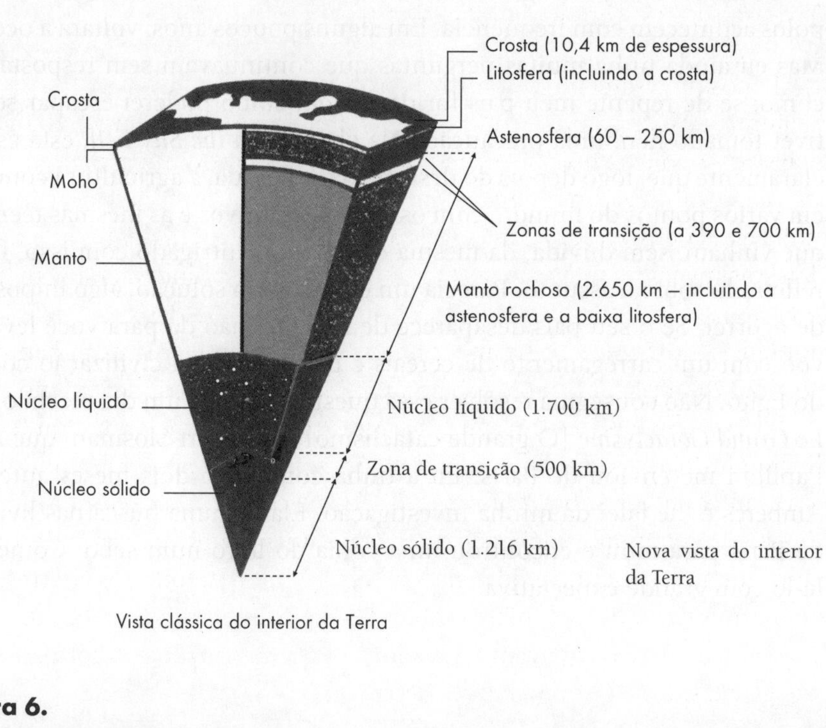

Figura 6.
Nova vista do interior da Terra.

descobertas que fez de sinais de um frio intenso em áreas onde tinha que trabalhar no calor escaldante do sol tropical:

> Numa tarde quente de começo de inverno, a dois graus e meio para dentro da zona tórrida, em meio a um entorno tropical, era muito difícil imaginar essa região coberta por milhares de metros de gelo, durante milhares de anos. Um tal contraste entre o presente e o passado explica por que alguns dos primeiros geólogos lutaram tanto tempo contra a idéia da glaciação na Índia, no final do período carbonífero.
>
> Algumas horas martelando sob o intenso sol africano, a 27° 5 minutos de latitude, sem uma gota d'água, juntando pedras estriadas e uma laje de ardósia polida, deixaram claro o contraste entre o presente e o passado, pois embora a 27 de agosto a primavera ainda não tenha começado, o calor é tão forte como o de um ensolarado dia de agosto na América do Norte. A luminosidade agoniante e a transpiração tornavam absolutamente incrível, mas muito atraente, a idéia de uma placa de gelo com milhares de metros de espessura nesse mesmo lugar...

Portanto, sabemos agora que as eras glaciais e os deslocamentos dos pólos acontecem com freqüência. Em alguns poucos anos, voltará a ocorrer. Mas eu ainda tinha muitas perguntas que continuavam sem resposta, tais como: se de repente meu país for destruído, como poderei escapar se não tiver tomado nenhuma precaução? Na obra *When the Sky Fell*, está escrito claramente que, logo depois do desastre da Atlântida, a agricultura começou em vários pontos do mundo, com os mesmos cultivos e as mesmas técnicas, que vinham, sem dúvida, da mesma civilização! Intrigado com isso, fiquei refletindo sobre o assunto. Parecia um enigma sem solução, algo impossível de ocorrer. Se o seu país desaparece de repente, não dá para você levantar vôo com um carregamento de cereais e construir uma civilização como a do Egito. Não conseguia resolver essa questão, até que um dia recebi o livro *Le Grand Cataclysme* [O grande cataclismo], de Albert Slosman, que Anne Papillon me enviou de Paris. Eu a tinha conhecido dois meses antes em Amberes e lhe falei da minha investigação. Ela fez uma busca nas livrarias de Paris para mim e encontrou uma cópia do livro num sebo. Comecei a lê-lo com grande expectativa.

CAPÍTULO 3

O GRANDE CATACLISMO

Poucas vezes um livro me causou tanto assombro. A leitura não me deixou relaxar: na verdade, Slosman sabe como captar a nossa atenção. O leitor não é avisado de que não se trata de um romance, mas sim de uma história real, que se passou realmente. Foi uma tarefa árdua decodificar os hieróglifos que descrevem os últimos anos da Atlântida. Graças a seus enormes esforços, estamos agora familiarizados com os segredos de uma civilização que se esfumou num só dia, num gigantesco cataclismo. Em um minuto, eu lhe farei um breve resumo de *Le Grand Cataclysme*. O tema é chocante e se aplica diretamente a nós. Mais adiante você entenderá por que, mas primeiro deve saber que o conhecimento dos atlantes sobre o movimento das estrelas e a posição dos planetas era muito superior ao nosso. É de suma importância conhecer esse fato, pois ele nos permite desvendar seus segredos. Veja você: eles perceberam o fim da Atlântida graças a seus conhecimentos de astronomia. No dia em que a Atlântida desapareceu sob as águas, 27 de julho de 9792 a.C., Órion, Vênus e alguns outros planetas e estrelas ocuparam "posições codificadas". Os sumos sacerdotes que escaparam do cataclismo levaram os conhecimentos com eles e os guardaram no labirinto (o Círculo de Ouro) no Egito. Ali, foi traçado um plano mestre para avisar a humanidade a respeito do cataclismo seguinte. Essa história assombrosa deve ser conhecida por todos porque, no ano 2012, as estrelas estarão exatamente na mesma posição que ocuparam no ano em que a Atlântida submergiu.

Osíris

A história de Osíris (Órion) começa no ano 10000 a.C. L'An-Nu, o sumo sacerdote de Aha-Men-Ptah, reuniu seu conselho. Tinha notícias alarmantes pois, graças a "cálculos matemáticos das configurações estelares", estava em condições de calcular a data do fim do mundo. Baseava-se nos acontecimentos do cataclismo anterior, ocorrido no dia 21 de fevereiro de 21312 a.C., quando a Atlântida foi parcialmente destruída (a Terra girou 72 graus no zodíaco). Sua mensagem foi extremamente dura e dolorosa: "Irmãos, estamos reunidos hoje para falar dos aterradores acontecimentos que vitimarão nossos bisnetos. Não há dúvidas de que devemos organizar um êxodo do nosso povo para outras regiões, o que representa um enorme e prolongado esforço."

Ouviu-se um murmúrio e logo uma onda de protestos, mas o alto prelado manteve-se inexorável: "Não me baseio nas sagradas escrituras mas em combinações matemáticas que podem ser compreendidas por qualquer um. Todo o movimento das estrelas e dos planetas se produz em harmonia, segundo as leis de Deus. O que sabemos com certeza é que as 'combinações matemáticas celestes' têm influência sobre todos os organismos da Terra, por meio das configurações que representam. Isso, por um lado. Por outro, os cálculos dos meus predecessores e dos cientistas da nossa 'dupla casa da vida' de Septa-Rerep estabelecem que uma catástrofe de proporções desconhecidas nos aguarda. Durante a anterior, o Norte do nosso país se converteu num enorme *iceberg* e outras partes do mundo foram destruídas. Desta vez, nosso país inteiro desaparecerá. Recalculei o que nossos cientistas já calcularam tantas vezes e a única coisa que podemos dizer é que nosso país desaparecerá por completo sob as águas. Não sobrará nada e, se não tomarmos nenhuma medida, não haverá ninguém para contar a história da nossa pátria, que pertencerá ao reino dos mortos."

Os ouvintes, em sua maioria, permaneciam em silêncio, impressionados com o que estavam ouvindo. Um dos membros mais velhos deu voz à comoção geral: "Não duvido do poder das suas palavras! É lógico que, se aceitarmos esse grande cataclismo como algo que acontecerá com certeza, temos que começar a discutir com calma o êxodo. Mas isso significa a construção de centenas de milhares de barcos, sem mencionar toda a comida necessária para alimentar milhões de pessoas. Será necessária a intervenção de várias gerações de preparativos."

L'An-Nu voltou a falar. "A lei celestial determina a harmonia dos céus e o movimento matemático da Terra ao longo do tempo. A partir dessa base, 'os que conhecem os números' determinaram a data exata e a lei que causa a catástrofe. Acontecerá no dia 27 de julho de 9792 a.C., dentro de 208 anos, e será inevitável. Portanto, apressem-se, honoráveis membros do conselho, a tomar as medidas necessárias para que, dentro de dois séculos, todos possam abandonar estas terras e iniciar uma segunda pátria. Os primeiros sinais do que nos aguarda já estão visíveis no horizonte, onde o Sol está mais vermelho ao nascer. Aqui concluo minha argumentação: o Leste será vermelho, tão vermelho quanto o nosso sangue, porque nosso império pertencerá aos mortos."

Isso produziu o efeito desejado. A partir desse dia, começaram a tomar as medidas necessárias para levar a cabo um êxodo sem falhas.

Os anos transcorreram. Em 9842 a.C., nasceu o primeiro filho do rei Geb e da rainha Nut. Era um varão e sua mãe lhe deu o nome da constelação que dominava o céu meridional: Osíris ou Órion. Ele estava predestinado a se tornar o 589º governante de Aha-Men-Ptah. (Posteriormente, os filósofos gregos deram a Aha-Men-Ptah o nome de Atlântida). Em 9841 a.C., nasceu seu irmão Seth e, um ano mais tarde, suas irmãs gêmeas Ísis e Nepthys. Todos amavam as meninas, mas Seth se comportava como um pequeno tirano. Invejava o sucesso das irmãs e se revoltava por não ser o herdeiro do trono. Ísis gostava muito de rir e era comum vê-la em companhia de Osíris. O rei Geb observou a estreita relação entre os dois e decidiu que se casariam. Um grande público assistiu à cerimonia desse casamento. Seth não foi, pois tinha ficado ainda mais furioso ao saber do casamento. Num rasgo de raiva, foi-se embora depois de ameaçar se vingar e cometer fratricídio.

Da união entre Ísis e Osíris nasceu Hórus. Enquanto isso, Seth reunia um exército cada vez maior. Muitos dos seus rebeldes ficavam irritados com as medidas coercitivas que lhes impunham, dado o cataclismo futuro: recusaram-se a continuar participando de tarefas por algo em que não acreditavam. Nesses tempos difíceis, Osíris se converteu no novo governante, aos trinta e dois anos de idade. Era 9805 a.C. e faltavam treze anos para o cataclismo. Imediatamente, Osíris tomou medidas para garantir a fidelidade dos outros Estados do país. Formou um exército para dominar os rebeldes e também para proteger os portos e os armazéns. Milhares de botes foram guardados quando se descobriu que muitos tinham sido levados e transformados em lenha. Teve lugar uma profunda reorganização para permitir um êxodo tranqüilo aos que continuavam leais.

O resto do país vivia no caos causado por Seth. Uma grande quantidade de material preparado para o êxodo foi inutilizado, demolido, quebrado ou roubado. Seth exerceu uma ditadura criminosa e provocou o terror, reafirmando-o ao mandar de volta ao palácio dois embaixadores decapitados em seus ataúdes. Sua mensagem era clara: "Não vou negociar."

Faltavam apenas três anos. Hórus tinha 24 anos quando seu tio incorporou seu sétimo Estado e ordenou a imediata destruição de 4.000 "*Mand-*

jists". Esses barcos à prova de naufrágio garantiriam a sobrevivência de 30.000 pessoas dessa província! Depois dessa destruição insensata, houve um *impasse*, que durou três anos. Umas duas semanas antes do cataclismo, Seth intensificou vigorosamente seu ataque. Na noite de 26 de julho, atacou a capital de surpresa. É claro que todos estavam preocupados com o cataclismo iminente, o que prejudicou as medidas que se devia adotar para a defesa.

O resultado foi desastroso. Houve saques e assassinatos: só o palácio real não foi tomado. Seth discutiu com seus capitães a estratégia necessária, mas decidiu não atacar porque os soldados estavam bêbados demais e, nesse estado, não teriam condições de enfrentar as tropas de elite comandadas por Hórus. Então, ocorreu-lhe um ardil. Enviou um mensageiro ao palácio para oferecer uma rendição honrosa, com uma condição: para firmá-la, era indispensável a presença de Osíris. Apesar das advertências de Geb, Nut e Ísis, o rei decidiu ir, deixando a defesa nas mãos do filho Hórus. Foi escoltado por seis homens e um oficial. Osíris encaminhou-se ao local do encontro, passando pelas ruínas em chamas de sua capital. De repente, lanças penetraram a cabeça e o coração de seus homens, que foram brutalmente assassinados sem ter a oportunidade de reagir. Apenas ferido, o rei foi conduzido a uma casa onde Seth, na companhia de seus oficiais comandantes, o aguardava com impaciência. Convencido do próprio triunfo, Seth olhou o irmão com arrogância, enquanto este o observava com profunda tristeza. Então, tomado de uma raiva irracional, Seth pegou a espada de um dos capitães e a enterrou no corpo do irmão: Osíris morreu sem que um único som lhe saísse dos lábios. Seth olhou ao redor, viu uma pele de touro e jogou sobre ela o corpo ainda quente do irmão, amarrando depois as duas pontas. Ordenou então aos seus capitães que jogassem o "pacote" no mar. Os peixes carnívoros e os caranguejos fariam um festim.

No palácio, Nepthys, que tinha o dom da vidência, vislumbrou os trágicos acontecimentos. Ao receber a notícia, Hórus decidiu lançar um contra-ataque. Em muito pouco tempo, reuniu dois mil homens, explicou-lhes o ocorrido e lhes disse o que esperava deles. Com o coração cheio de desgosto, começaram o ataque, matando cada rebelde que encontravam no caminho. Logo chegaram ao local em que haviam assassinado o pai de Hórus, onde os aguardava uma cena apocalíptica: o lugar estava cheio de corpos destroçados, mas Osíris não estava ali. Hórus prosseguiu com a reconquista, recebendo reforços dos habitantes e das outras brigadas. Logo

Figura 7.

Hieróglifos da vida de Ísis e Osíris.

antes do entardecer, a capital foi libertada, embora estivesse completamente destruída!

No momento em que o Sol devia se elevar no horizonte, nada aconteceu.

Era 27 de julho de 9792 a.C. e esse seria o último dia da Atlântida. Houve um ocaso irreal, sem Sol e nem céu: uma bruma avermelhada, sufocante, de claridade difusa devido à densidade, foi se estendendo como um manto que parecia absorver não apenas os sons, mas também a luz do Sol. A respiração ficou difícil devido ao profundo odor de morte que dominava a atmosfera. Em todo o continente, as pessoas compreenderam que o inevi-

Figura 8.
Osíris retomou seu lugar à direita de Deus, o que indica que a Terra virará ao contrário.

tável estava por se desencadear. O instinto de sobrevivência se fez sentir no intenso temor do drama que estava por vir. Não há palavras para expressar o pânico que se espalhou. Os anais registram com detalhes o pandemônio que se formou, compreensível quando se pensa no terrível panorama que as pessoas tinham diante de si. A manhã transcorreu sem que ninguém conseguisse precisar as horas, pois o Sol permaneceu invisível atrás da névoa sufocante, que se tornou vermelha cor de sangue.

Hórus compreendeu que esse era o fim do seu país. Compreendeu também que, se a desesperança do povo era assim tão grande, muito pior deveria ser entre os rebeldes. Então, resolveu aproveitar essa situação e desferir um golpe definitivo contra as tropas do tio. Com poucas palavras, explicou o que estava pensando a seus comandantes, que se entusiasmaram muito com a idéia. Depois, garantiu aos soldados que todos partiriam a tempo com suas famílias. O asfixiante silêncio da bruma estava enlouquecendo as tropas, que quase perderam a razão devido ao odor insuportável e a esse fenômeno avermelhado. Como conseqüência, produziu-se um violento encontro com o inimigo, que pareceu quase um sonho, pois a bruma impedia uma visão mais clara.

Então, a fúria celestial se fez conhecer em sua onipresença: terremotos moderados puseram fim à batalha. Ninguém venceu porque todos iam morrer. Muitos foram lançados ao chão, com o corpo bambo devido às sinistras oscilações. Isso se prolongou com igual intensidade, enquanto a bruma impenetrável parecia se dissipar.

No palácio, Geb assumiu novamente o comando. O antigo monarca não tinha outra alternativa, pois o filho estava morto e Hórus ainda não tinha prestado juramento. Baseando-se nas leis reais, decidiu iniciar de imediato o êxodo geral. Deixariam para trás tudo o que tinham, sem nenhuma esperança de recuperar alguma coisa. Enviou primeiro uma ordem ao porto para que se desse início às ações planejadas e se evitasse, na medida do possível, o pânico. Os soldados reais estavam todos ali para facilitar a partida do povo, já preparado para o êxodo.

No porto real havia milhares de "*Mandjits*", barcos inafundáveis. Estavam rigorosamente protegidos e tinham, a bordo, equipamentos completos de sobrevivência, como garrafas d'água, tortas de cevada, cereais, etc. Essa saída tinha sido praticada muitas vezes e funcionava sem falhas. Num breve lapso de tempo, centenas de milhares de pessoas embarcaram. Depois, começou também a saída da família real e dos sumos sacerdotes. Todos se dirigiram aos botes que já lhes tinham sido designados com antecedência. Para essas pessoas, as medidas tomadas há anos agora rendiam seus frutos. Com calma, o sumo sacerdote distribuiu suas ordens, que foram acatadas ao pé da letra. Um grande contingente de seguidores pôs os tesouros a salvo. Ninguém tinha a menor idéia do alcance da catástrofe, embora todos imaginassem o pior.

A cento e sessenta quilômetros dali, antigos vulcões com mais de mil anos se reativaram. Com uma força enorme, lançaram rochas, terra e pó, e a bruma tornou-se novamente espessa. Uma chuva de pedras menores e fragmentos de todos os tipos caiu sobre a capital e o porto, ferindo e matando muita gente. Em meio ao pânico que sobreveio, perderam o autocontrole e começaram uma verdadeira corrida para o porto. Todos largaram o que levavam consigo para escapar mais rápido. Qualquer vestígio de pensamento humano foi substituído pelo puro instinto animal de sobrevivência. Os soldados foram atropelados por essa debandada. A turba saltou para os barcos de papiro recobertos com resina e betume, que os tornava indestrutíveis. O terror causado por aqueles acontecimentos inimagináveis fez com que as pessoas perdessem todo o senso de segurança. Não respeitavam mais o limite de dez pessoas por barco, procurando embarcar no primeiro *Mandjit* que estivesse ao seu alcance. Nem bem zarparam, centenas de barcos afundaram com seus passageiros. Milhares de desafortunados morreram no porto, que também não subsistiria por muito mais tempo.

Ouvia-se ao longe os vulcões, que voltavam a entrar em atividade. A parte da aterrorizada população que ainda estava em terra pereceu numa torrente de fogo. Centenas de milhares de litros de um infernal fogo líquido entraram pelos povoados e cidades, destruindo e cobrindo tudo em seu caminho.

Em meio a esses terríveis acontecimentos, Nepthys e Ísis procuravam o corpo de Osíris. Nepthys conduzia a irmã através da bruma e da invisibilidade. Dos soldados que as acompanhavam só sobraram três. Como o corpo estava envolto em couro de touro, era difícil para a "vidente" descobrir onde ele estava. O pânico onipresente e os milhares de cadáveres complicavam ainda mais a busca. Ao que parecia, eles eram as únicas pessoas vivas naquele imenso cemitério, onde as aves, os outros animais e as pessoas tinham morrido. Valia a pena continuar procurando se em breve morreriam?

Era isso exatamente que se perguntava Seth. Logo depois dos primeiros tremores, boa parte de sua brigada partiu. Homens que tinham rido de incredulidade diante das profecias do fim do mundo se apressavam para fugir de sua desobediência às leis de Deus, embora para muitos já fosse demasiadamente tarde. Seth se deu conta de que essa revolta contra as leis celestiais tinha, inclusive, acelerado o processo inevitável. Quedou-se estupefato, sozinho e sem entender o que tinha acontecido com sua honra e seu reino perdido.

Hórus deu aos homens restantes a liberdade de partir em ordem e resolveu continuar a procurar o tio, para matá-lo e vingar a morte do pai. Havia agora dois homens no bosque, com a cabeça cheia dos trágicos acontecimentos, sabendo os dois que um tinha que matar o outro para sobreviver.

Uma vez mais, a fúria celestial se fez sentir. No porto, o tumulto chegou ao seu ponto máximo. Centenas de milhares de pessoas se empurravam no denso nevoeiro na tentativa de encontrar uma embarcação. Os soldados não conseguiam conter essa massa de gente que se atropelava a caminho da morte. Os que estavam na frente foram simplesmente lançados à água. Nesse momento, os rebeldes que ainda restavam chegaram ao porto. Com violência desapiedada, abriram caminho para os botes. Qualquer um que se pusesse em seu caminho era lançado à água ou assassinado, para que conseguissem chegar onde estavam os barcos. Mas, devido ao medo, cometeram os mesmos erros dos que os precederam, sobrecarregando os barcos com homens demais. Afundaram em questão de segundos e os afogados se juntavam às pilhas de corpos flutuantes. Outros se dirigiram ao porto real, onde o êxodo se dava com toda a calma, mas com grande apuro. Os rebeldes provocaram um grande derramamento de sangue e se precipitaram em direção ao mar em barcos furtados. Felizmente, o sumo sacerdote e sua família, juntamente com outros barcos que também transportavam sacerdotes, já tinham partido. O denso nevoeiro não os deixou ver nem ouvir nada desse episódio criminoso no último dia do seu reinado.

Sem saber, os comandantes se aproximavam um do outro. O nevoeiro os tornava invisíveis e inaudíveis entre si. Seth olhou ao seu redor quando uma rajada de vento rasgou o nevoeiro. Foi então que viu Hórus, que meditava a uns vinte metros dali. Cheio de ódio e sofrimento, com desejo de matar o filho do seu irmão, deu um passo à frente. A terra voltou a tremer e espalhou-se uma terrível sinfonia, cuja imagem fantasmagórica era pesada e sinistra. A lava voltou a correr, continuando seu trabalho destrutivo. As árvores quebravam como se fossem gravetos e logo ardiam em chamas. Rugindo, o fogo matava tudo o que encontrava em seu caminho: plantas, animais e pessoas. Ninguém conseguia escapar. Um odor desagradável acompanhava esse panorama. Seth, que nesse momento se encontrava a uns três passos do sobrinho, sucumbiu ao medo: tomado de um pânico irracional, atacou sem pensar. Seu grito se perdeu no ruído atordoante do bosque envolto em chamas quando sua espada roçou o ombro de Hórus. Com outro golpe, atingiu o rosto do sobrinho. Hórus cobriu o rosto com as mãos, que logo começaram a sangrar. Julgando-se vitorioso, Seth tratou de escapar da torrente de lava que se aproximava. Mesmo que Hórus estivesse vivo, certamente morreria nessa torrente de fogo fantasmagórico. Enormes nuvens ardentes subiam da lava, que serpenteava emitindo silvos monstruosos e chegando cada vez mais perto do filho de Osíris que, só e muito ferido, estava à mercê dos céus. Ele tinha perdido o olho direito e o outro estava cheio de sangue, um dos joelhos estava destroçado e um dos ombros quebrado. Mas estava vivo, embora não conseguisse enxergar nem se mexer. Sabia que o inferno se fechava sobre ele e esperava que Ísis e o resto da família tivessem escapado a tempo. O rio fervente chegou às árvores próximas e as destruiu em poucos segundos. Um profundo suspiro lhe escapou dos pulmões e sentiu o calor intenso, que em breve o queimaria até reduzi-lo a cinzas. Então, aconteceu o milagre. Hórus jazia sobre um afloramento de granito, onde a lava não chegava: então ela apenas o rodeou, deixando-o a salvo por algum tempo.

Na costa, Nepthys finalmente teve êxito. Divisou uma pequena baía com uma enorme figueira. Ali, num galho que se estendia sobre a água, estava preso o couro que envolvia o corpo de Osíris. Comprovou-se que assim era. Ísis suspirou aliviada: a demora em abandonar aquela terra tinha sido recompensada. Com cuidado, as duas irmãs pegaram o couro e os soldados

Figura 9.
Hieróglifos que descrevem o combate entre Hórus e Seth.

o puseram num dos pequenos *Mandjits* que estavam por ali abandonados. Depois de uma rápida troca de idéias, a rainha ordenou à irmã e aos soldados que se reunissem à família. Ísis partiu sozinha em busca do filho, o herdeiro legal do reino que agora estava perdido. Chegou ao palácio, onde Geb e Nut estavam prontos para partir, aguardando notícias do filho e do neto. Vendo que Ísis estava determinada a buscar o filho, Geb deu suas últimas ordens. Sem mais demora, Nut e os chefes restantes deviam partir, sendo seu destino o ponto em que terminava o parque e começava o canal. Duas galeras, suficientemente fortes e resistentes para navegar pelos mares mais bravios, os aguardavam. Um novo país precisaria de uma nova mãe, senhora de um novo céu que, na ausência de Osíris e Hórus, ensinaria os sobreviventes a viver em sua segunda pátria. Seu nome seria Ath-Ka-Ptah, que significa literalmente "Segunda Alma de Deus", nome que os gregos logo transformariam foneticamente em Ae-guy-Ptos (Egito).

Nut, contrariada por deixar seu amado, foi arrastada pelos elementos incontroláveis. Uma enorme explosão no centro da capital sacudiu os sobreviventes, impelindo-os em direção ao caos. Geb, que tinha resolvido acompanhar a filha, apoderou-se de vários cavalos para se locomover o mais rapidamente possível. Diante de tanta devastação e de tanto caos, achava difícil que Hórus ainda estivesse vivo. Mas Ísis não queria nem ouvir falar de abandonar a busca. Confiante, animou-o a continuar, embora essa não fosse uma tarefa fácil em meio ao nevoeiro. De repente, sem mais nem menos, começou a clarear e, pela primeira vez, viu-se a luz nesse dia. Depois de ter lançado milhares de toneladas de lava, a atividade vulcânica parou e um silêncio sobrenatural os rodeou. Assim seria mais fácil encontrar Hórus! Mas onde procurá-lo? Ísis estendeu os braços para o céu e rezou: "Ó Ptah-Hotep, rei dos céus, abre tuas comportas e detém o fogo. Salva o filho do teu filho! Ordena que o dia do grande cataclismo não se converta no dia do grande luto. Ó Ptah-Hotep, rei da terra, ordena que o grande rio abra todas as suas reservas!"

Passados seis mil anos, essa súplica continua gravada em todas as tumbas do vale dos reis de Luxor e também em Dendera. E nos anais do livro *The Four Times* [As quatro vezes] se lê: "A súplica de Ísis foi respondida e uma chuva avermelhada se derramou sobre a terra, como se o sangue dos mortos tivesse se espalhado sobre a terra despedaçada." Ao cabo de algumas horas, a lava já tinha esfriado mas, para Ísis e Geb, era difícil subir por ela. A rainha, desesperada de tristeza, não sabia que caminho tomar nessa paisagem desolada. Como seu pai, estava completamente molhada e exausta, mal conseguindo se mover pelas rochas endurecidas. Então, Ísis viu o corpo que procurava... e parecia estar se movendo! Lágrimas de alegria brotaram dos seus olhos. Hórus pensou que estivesse tendo uma alucinação, pois sua mãe não podia estar ali ao lado dele. Mas uma mão o tocou e ele ouviu uma voz amorosa: "Não tenhas medo, meu filho. Deus me mostrou o caminho para chegar até aqui e te salvar."

Ísis juntou na mão um pouco da água que brotava da rocha e lavou o sangue do olho são de Hórus, que finalmente conseguiu enxergá-la e também chorou de alegria. Ele tentou levantar mas, com o joelho quebrado, teria caído pesadamente se o avô não o segurasse. Com a ajuda de Ísis, o avô o segurou e, lentamente, levaram-no para perto dos cavalos, que aguardavam pacientemente. Lá, Geb falou num tom de voz que não admitia réplicas: "Ísis, deves partir de imediato. Osíris escondeu um *Mandjit* num telheiro, no Lago Sagrado. Que se apressem os dois para chegar ao lago e remar o mais rápido possível para mar aberto. Há apenas um par de remos no barco e eu serei um peso morto se for junto. Além disso, ainda tenho assuntos a resolver no palácio. Não penseis em mim: é uma ordem! Pensai apenas no seu filho! Agora ide!"

"Mas pai!"

"Ide! É uma ordem!"

Era impossível se opor a essa decisão e Ísis se foi, com o outro cavalo a segui-la. Durante a travessia, falou de maneira alentadora com o filho. Sabia que seu sofrimento devia ser insuportável e procurava fazer com que ele esquecesse um pouco a dor. Chegaram ao barco sem dificuldade. Ísis pegou os remos e começou a remar com vigor em direção ao estreito, onde provavelmente poderia passar para um barco maior, onde Hórus seria cuidado por outros sobreviventes. Assim que passou pelos dois canais, o grande e o pequeno, ocorreu o primeiro choque sísmico verdadeiro. A terra foi atirada aos céus enquanto uma intensa luz cintilante atravessou o céu antes de desaparecer nas águas, em dantescas chamas saltitantes. Hórus não se deu conta de nenhuma dessas convulsões da Terra, pois estava inconsciente.

No decorrer desse dia — que parecia nunca chegar ao fim (27 de julho) —, o destino de Aha-Men-Ptah foi selado. No extremo meridional do continente que afundava, flutuavam os *Mandjits*. Eles eram considerados à prova de naufrágios e agora era a hora de comprová-lo. No Ocidente, o Sol brilhava com uma cor púrpura devido aos fenômenos desencadeados pelo cataclismo. Mas era mesmo o oeste? Avizinhava-se uma tormenta, enquanto ondas de vários metros de altura se chocavam contra os *Mandjits*. A água entrava pelos vãos das embarcações, impedindo-as de se manter a prumo. Depois de um período relativamente tranqüilo, a violência voltou a grassar. Desta vez, um ciclone despedaçou várias embarcações de papiro. Em meio às enormes massas de água, os capitães sobreviventes tentaram lutar contra o terror da natureza. Ainda não tinham ultrapassado o limite do impossível. No céu púrpura, agora tranqüilo, viram o Sol aparecer com movimentos abruptos. Angustiados, agarraram-se às amuradas dos barcos como que para ter certeza de que estavam mesmo a bordo. Alguns momentos depois, o Sol voltou a desaparecer e sobreveio a noite. Para seu assombro, as estrelas também adotaram esse ritmo rápido. Então, a Lua apareceu

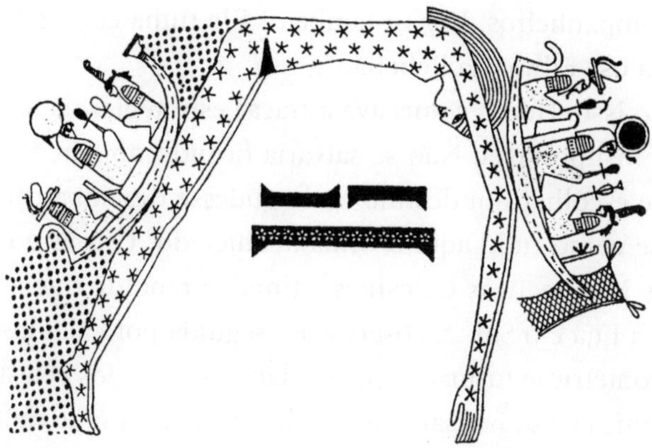

Figura 10.

Das ilustrações que aparecem nas paredes dos templos egípcios, esta é uma das mais fundamentais. Mostra a fuga de Osíris, Hórus e Ísis. À esquerda está a inundação e, à direita, os *Mandjits* quase destruídos. No meio, a rainha Nut. Ela os protege.

e se moveu com tanta velocidade pelo céu que parecia que ia se chocar com a frota. A noite passou em menos de uma hora. Ninguém sabia o que estava acontecendo, ninguém sabia se a esse dia se seguiria ou não um outro dia. O horizonte se manteve da cor do carmim, com uma claridade sobrenatural, fantasmagórica e enigmática. Todos achavam que seu fim chegaria em breve, assim como o fim do mundo, por obra de titânicos terremotos. Tudo tinha sumido, exceto a bruma.

No horizonte, a calma reinava outra vez. Um jato de pedras incandescentes foi lançado a distância e o mar turbulento se incendiou. Enquanto caía uma chuva de fogo, os sobreviventes se deram conta de que tinham presenciado as últimas convulsões de Aha-Men-Ptah. Para eles, era difícil acreditar naquilo: sua terra tinha sido o centro do mundo e agora se despedaçava, mesclando-se às águas que se elevavam, abandonando-os. Os que tinham bons olhos conseguiram ver, através da névoa púrpura, que as últimas montanhas desapareciam sob as águas. Não tinha sobrado nada! Nada!

Isso elevou o nível das águas. Uma onda gigantesca, de doze metros de altura e vários quilômetros de extensão, veio destruindo tudo em seu caminho. Centenas de pessoas foram lançadas ao mar mas, felizmente, muitas estavam amarradas aos mastros com as cordas que suspendiam as velas. Ísis e Hórus estavam amarrados em seu barco perdido, assim como Nepthys,

Nut e seus companheiros. E Seth também! Ele tinha conseguido escapar e agora buscava os "Filhos da Rebelião".

Enquanto isso, Hórus começava a traçar estratégias na tentativa de esquecer a dor insuportável. Não se salvaria ficando no barco: para sobreviver, tinha que escolher um destino onde pudesse desembarcar sem perigo. Perguntava-se como tudo aquilo tinha acontecido. Graças ao "Mestre das Combinações Matemáticas Celestiais", tinha aprendido que a Terra é uma esfera, como a Lua e o Sol. A observação, seguida por cálculos minuciosos de figuras geométricas formadas pelos planetas e corpos celestes, tinha revelado uma única lei universal, que conduzia a esse grande cataclismo. Mas a Terra continuaria existindo, embora grandemente destruída pelos acontecimentos. Isso trazia uma esperança.

De repente, Hórus se deu conta de que os *Mandjits* não se manteriam à tona. Tinham sido tratados com betume, que já estava derretendo por causa do calor. Logo começariam a ter infiltrações e desapareceriam nas profundezas. Depois dessa descoberta, voltou a dormir e a fartar-se de sonhos. Perguntava-se por que os sacerdotes apontavam a falta de fé como a causa principal do cataclismo. Será que o Criador não tinha piedade deles? Teria que começar tudo de novo para poder compreender essas coisas. Um grito de sua mãe o devolveu à realidade. Abriu o olho que lhe restava, embora com vários ferimentos e, através da bruma, perguntou: "Algum problema com os *Mandjits*, mãe?"

"Não. É o dia, que aparentemente está começando do lado certo."

"Do lado certo? Isso é impossível! Só seria possível se estivéssemos na direção errada."

"É o Leste com certeza, Hórus, porque há terra visível a Oeste."

O novo enigma deixou Hórus perplexo. Já era hora de encontrar uma solução para tantos acontecimentos apocalípticos. Um clamor angustiante veio de todos os barcos quando seus ocupantes viram esse inexplicável movimento do Sol. Todos estavam aterrorizados. Mas o dia transcorreu com o Sol do lado errado sem que nada acontecesse e a paz voltou a reinar. Ísis trocou de roupa e foi reconhecida por seu povo. Quando se aproximaram, ela falou com voz retumbante: "Falo a todos! Se estiverem dispostos a viver em paz com Deus, que os criou à sua imagem, então uma segunda pátria os aguarda: Ath-Ka-Ptah. Ali, os raios de um segundo Sol se encarregarão de nossa ressurreição."

Figura 11.
Osíris, Amo das Duas Terras: Aha-Men-Ptah e Ath-Ka-Ptah.

Em outro barco, Nepthys pensava. Na proa estava o corpo de seu querido irmão, envolto a salvo no couro de touro. De repente, ela "viu" uma pessoa morta, uma coisa que não conseguia explicar...

Então, encheu-se de alegria: compreendeu que um milagre tinha acontecido. Diante dela, Osíris apareceu no céu estrelado. Ele, que tinha nascido como um Deus e tinha sido associado a essa constelação, renascia no céu! Seu Pai, para dar-lhes a conhecer sua onipresença em qualquer circunstância, deu a vida outra vez a seu Filho!

De repente, sem saber por que, Nepthys ficou cheia de confiança em si mesma.

Aqui, a história dos mortos de Atlântida chega ao seu fim. Todos os fatos entrelaçaram-se depois na religião egípcia.

A constelação de Órion — nome com que Osíris foi designado — encontrará sua imagem na Terra nas três pirâmides de Gizé. O fato de que Órion (Osíris) voltou a "despertar" no céu estrelado se converterá na força condutora que sustenta a religião estelar egípcia. Todos os faraós posteriores quiseram "renascer" na abóbada de estrelas, como havia feito seu ilustre predecessor. Por isso, as Pirâmides são construídas à semelhança das estrelas: o culminância do ciclo real de nascer de novo. Tratava-se de uma religião baseada em estrelas, que nasceu da crença de que os reis mortos se convertiam em almas estelares. Essa religião duraria mais de 9.000 anos!

Os faraós se viam como sucessores de Hórus reencarnado, o Vivente. Ao morrer, renasceriam para subir às estrelas. Todos os funerais tiveram lugar na margem ocidental do Nilo, onde a região das pirâmides simbolizava a área em torno de Órion nas "margens" da Via Láctea. O traslado do corpo de quem morrera na margem oposta era uma passagem ritual da alma para o outro lado do Nilo celestial (a Via Láctea), onde estava o paraíso celestial e onde Osíris empunhava o cetro. Agora é possível compreender por quê: como Órion (Osíris) foi o primeiro rei-Deus que ressuscitou, o monumento erigido em seu nome é a maior obra "arqueoastronômica" da ressurreição que jamais existiu!

Os pontos cardeais dessa bússola eram importantes nesse ritual, pois o Sul marcava o começo do ciclo; o Oeste o início da morte simbólica no momento em que a estrela desaparecia no horizonte; o Leste simbolizava o renascimento da estrela. Tudo isso é uma reminiscência dos acontecimentos do dia do "Grande Cataclismo". Fora isso, há centenas de coisas que poderiam simbolizar a religião e os fatos interligados. Em Heracleópolis, por exemplo, era oferecido um touro por dia para que tirassem seu couro; no templo de Dendera, o couro do touro simbolizava grande santidade. O olho perdido de Hórus é encontrado no peito de todos os faraós. No Egito, é possível encontrar também "arcas" da Atlântida.

CAPÍTULO 4

OS *MANDJITS* DA ATLÂNTIDA

No capítulo anterior, vimos que os sobreviventes da catástrofe se salvaram graças aos *Mandjits*, que tinham a fama de ficar sempre à tona. Naturalmente, seus descendentes incluíram esse sucesso feliz em sua religião. A descoberta de embarcações no meio do deserto foi uma fonte de problemas insuperáveis e inexplicáveis para os egiptólogos. Em maio de 1954, o arqueólogo Kamal-el-Mallakh descobriu um poço de 31,5 metros de largura e 23,5 metros de profundidade, no lado sul da Grande Pirâmide. Dois metros abaixo, encontrou blocos de pedra calcária, alguns pesando mais de quinze toneladas. Debaixo desse teto de pedra, havia um bote de cedro, desmanchado. Levaram quatorze anos para reconstruí-lo, mas valeu a pena, pois era uma nave de 43 metros de comprimento, do mesmo tamanho das que os vikings usavam para cruzar o Atlântico. O achado levantou muitas questões entre os egiptólogos. Se esse barco tinha sido construído por armadores com conhecimento de navegação em mar aberto, quem seriam eles? Segundo a história ortodoxa, os egípcios foram nômades durante alguns séculos, antes da construção daquele barco. No meio do deserto, onde teriam adquirido o conhecimento para construir embarcações capazes de navegar em alto-mar? Talvez os faraós as usassem apenas em rituais, mas de onde veio o desenho? Perguntas, perguntas e mais perguntas. Sabemos agora que a única resposta lógica é que esse conhecimento veio de seus antepassados, que usaram embarcações similares para escapar de seu país. Em 1991, o mistério se tornou ainda maior para os egiptólogos. Em Abidos, fica um dos edifícios mais antigos do Egito, o Osireion. Segundo o professor Naville, que descobriu sua estrutura em 1914, esse edifício enorme foi um grande depósito de água, que se enchia quando as águas do Nilo subiam. O templo perto de Seti era dedicado a Osíris. Os textos da pirâmide dizem o seguinte: "Tu morreste mas viverás de novo. Vê o lago e segue pelo canal até Abidos."

Figura 12.
Oronteus Finaeus, mapa da Antártida. Oronteus Finaeus da Antártida.

Uma vez mais, vemos aqui a ligação com acontecimentos ocorridos quase doze mil anos antes. Osíris (Órion) estava numa baía e foi transportado pelo mar. Depois, "despertou" no céu. Examinando com cuidado o mapa estelar, veremos que a Via Láctea fica perto da constelação de Órion. No Egito, associava-se o Nilo com a Via Láctea (o mar de estrelas). Assim, a história é correta em todos os detalhes. Uma reconstrução desses dados resulta na seguinte história: Órion, que está na pirâmide, deve ir ao lago e, dali, ao Nilo, em direção a Abidos. Naturalmente, isso só é possível de barco. E o que encontramos a poucos quilômetros ao norte do Osireion? Doze barcos grandes. E por que doze? É provável que haja alguma ligação com o

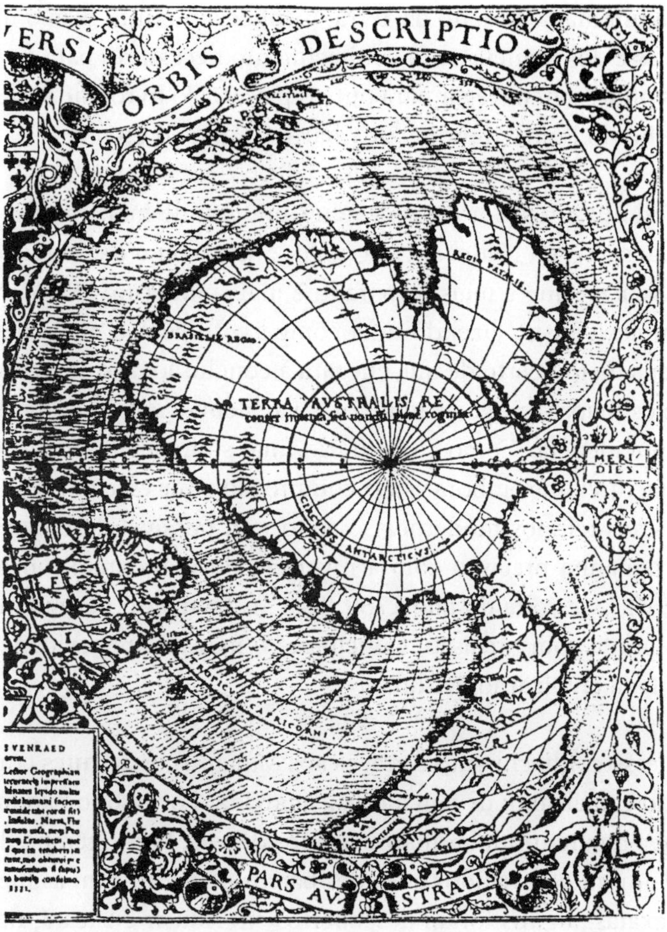

zodíaco. Na publicação *The Guardian*, de 21 de dezembro de 1991, lemos o seguinte: "Uma frota de barcos reais, de 5.000 anos atrás, foi encontrada a 31 quilômetros do Nilo. Os especialistas dizem que os barcos, cujo comprimento varia de 15 a 18 metros, são os primeiros barcos reais do Egito e os mais antigos que já se encontrou." Ocultas em suas sepulturas de ladrilhos, as embarcações devem ter ficado primeiro sobre a areia do deserto. A cobertura de greta branca ao redor dos sepulcros permitia que, sob o sol, seu brilho fosse avistado de longe. Segundo os pesquisadores, esses barcos podiam suportar as piores condições climáticas no mar. No entanto, eram 500 anos mais antigos do que o barco da pirâmide. Há um outro mistério: os mesmos barcos aparecem em pinturas murais que são 1.500 anos mais antigas. Os egiptólogos ainda não encontraram uma explicação. Mas nós a conhecemos, já que os atlantes eram navegantes muito habilidosos, que traçaram até um mapa perfeito da Terra. Conheciam muito bem o movimento das estrelas e dos planetas, um conhecimento necessário para que seus marinheiros pudessem navegar para outros países. No livro *The Path of the Pole* [O caminho do Pólo], o professor Charles Hapgood escreve:

> Todo pesquisador sério deve ter um grande mapa moderno da Antártida, seja o da *National Geographic Society* ou o da *American Geographic Society*, que é mais elaborado e mais moderno. Nesse mapa, deve examinar a costa, fazendo uma comparação com o mapa de Oronteus Finaeus. Estou certo de que chegará à conclusão de que a concordância entre os mapas antigos e modernos vai além de qualquer probabilidade de coincidência. Como comentário final sobre essa extraordinária evidência, direi que embora esteja comprovado que esse mapa já existia em 1531, nos tempos modernos só se tornou possível desenhar um mapa com tamanha precisão com a invenção do cronógrafo, no reinado de Jorge III, por volta do ano 1780. Esse instrumento permite determinar a longitude com precisão. Conclusão: o mapa é uma evidência de uma adiantada civilização perdida.

Com esse conhecimento e graças aos *Mandjits*, os atlantes conseguiram escapar do cataclismo: devem a eles a sua vida. Por isso, o êxodo pelo mar continuava repercutindo milhares de anos depois. Muito tempo depois, por exemplo, foram construídos enormes barcos de pedra com as mesmas proporções exatas: alguns foram descobertos em Abusir e Sacará, no caminho para Gizé, com as proas apontando para o Oeste.

O barco de Abusir mede cerca de 30 metros e é um verdadeiro monumento. O nome cinzelado nele em hieróglifos é bastante claro: "Pai de Osíris", ou seja, Deus! Esse *Mandjit* foi construído por ordem de Ni-Osiris-Ra, faraó da quinta dinastia, cujo nome significa "Descendente de Osíris e do Sol". A orientação do barco é Oeste-Leste, com a proa apontando para o Oeste, onde o Sol agora "está tranqüilo". A amarra, assim como outras partes, desapareceu, mas o barco conserva sua excelente estrutura. O notável casco da embarcação, capaz de agüentar os mares mais bravios, mostra uma engenhosa disposição de linhas, como os *Mandjits* de papiro.

O barco de pedra de Abusir é, portanto, tão importante quanto os de madeira. Então, faço aqui um pedido urgente aos egiptólogos para que se ocupem do alto valor simbólico de todos esses barcos.

Figura 13.
Réplica de um pequeno *Mandjit.*

Quando alguém tem diante de si uma dessas embarcações e conhece a história do êxodo, sonhar acordado é quase inevitável. O inesquecível espetáculo de milhares de *Mandjits* lançando-se ao mar durante o cataclismo nos aparece de pronto na mente. Sem esses navios, o Egito não existiria como o conhecemos hoje. Sem eles, Ísis, Hórus, Nepthys, o sumo sacerdote e sua família e mais um número incalculável de pessoas não teriam conseguido escapar. Como a civilização atual se baseia totalmente na egípcia, seríamos apenas uma cultura primitiva, muito distante da presente.

Quero apenas ressaltar a importância dos *Mandjits*. Sua existência permitiu que nos fossem revelados os segredos da Atlântida, sendo primordial nisso tudo o fato dos sacerdotes conseguirem prever o dia do cataclismo com a ajuda das "Combinações Matemáticas Celestiais". Esse dia se aproxima a grandes passos. Como aconteceu antes, teremos que construir uma frota de modernos *Mandjits* para sobreviver à catástrofe. A consciência disso fará com que os egiptólogos despertem, conferindo às ditas embarcações seu merecido lugar na história. Na verdade, todos os historiadores deveriam proceder assim. Finalmente, comecei e terminei o primeiro capítulo, observando que logo depois do último desastre — a destruição da Atlântida — a agricultura apareceu em várias planícies elevadas do mundo. O botânico russo Nikolai Vavilov fez um profundo estudo sobre isso e descobriu oito sítios agrários diferentes, onde se usaram *as mesmas* sementes. A questão que formulei (como fizeram os atlantes para fugir com as sementes se o país foi destruído num só dia) está agora resolvida definitivamente: sabendo de antemão que isso ia acontecer, eles construíram barcos e se encarregaram de repovoar o mundo. Por isso há hoje tantas pessoas nesta Terra, diante do maior cataclismo de todos os tempos. Resta ainda uma última pergunta: como fizeram para saber que isso sucederia? E isso nos conduz à próxima seção.

Figura 13

Parte II

EVIDÊNCIAS ASTRONÔMICAS

CAPÍTULO 5

O DESLOCAMENTO DO ZODÍACO

Todos conhecem o zodíaco. Esse vocábulo é grego e significa "círculo de animais". Consiste em doze sistemas estelares que formam um círculo ao redor da Terra. Ele é representado graficamente nesta ilustração:

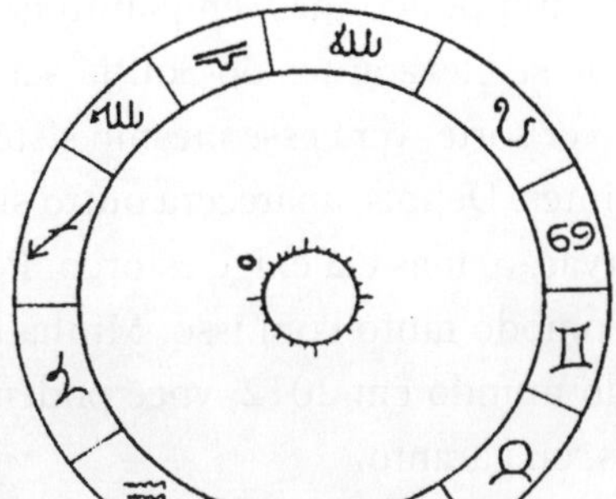

Figura 14.
O zodíaco.

A Terra "parece" se mover pelo zodíaco, de duas maneiras. Para compreender esse fenômeno, observe os ponteiros do relógio: verá que giram do Leste para o Oeste. É o que se verifica observando o Sol, que nasce a Leste e se põe a Oeste, já que a Terra gira no sentido anti-horário, ou seja, do Oeste para o Leste. Ao cabo de 24 horas, ou um dia, ela completa um giro completo. Quanto ao zodíaco, isso resulta no seguinte:

- No decorrer de um dia, o zodíaco parece girar ao redor da Terra, mas na verdade é a Terra que gira em torno do próprio eixo. O efeito será o mesmo se você desenhar um círculo à sua volta e depois girar o corpo: é simples.
- No decorrer de um ano, a Terra dá uma volta completa em torno do Sol, traçando um círculo de 360°. Mas parece que o zodíaco completa um grande círculo ao redor da Terra em um ano.

- Observando o Sol aqui da Terra, vemos que ele atravessa um signo zodiacal a cada 35 dias mais ou menos (365 : 12 = 30,4).
- Além disso, o círculo astronômico de 360 graus se divide em doze signos de 30 graus cada um (12 x 30 graus = 360 graus).

Se você achou difícil acompanhar esse processo, não entre em pânico. Eu lhe pedirei que faça algum esforço mental, mas nada que o deixe maluco. A partir de amanhã, comece a se levantar antes do amanhecer todos os dias. *O quê?!* Parece que o ouço gritar, dizendo que isso vai deixá-lo maluco. Isso não sei, meu querido leitor, mas permita-me terminar minha história. Instale-se num terraço e observe, com binóculo de lentes escuras ou com um telescópio, o ponto em que o Sol nasce. Procure esquecer sua rigidez e seu mau humor matinal e espie as estrelas, a Leste, ali de onde sai o Sol. E não esqueça de usar um filtro nas lentes do binóculo, ou poderá ficar cego! Está bem, resmungue um pouco mas, enquanto isso, aponte o binóculo para o sistema solar que se eleva antes do Sol. Já sei, a ciência do fim do mundo não é fácil. Se tiver sorte, verá esse mesmo sistema sair antes do Sol durante os 30 dias seguintes. Depois, aparecerá outro signo do zodíaco. Não é difícil fazer essa observação, mas ela exige esforço. Pode ser que você se pergunte por que me incomodo tanto com isso. Minha resposta é a seguinte: depois da destruição do mundo em 2012, você poderá se aborrecer com milhares de outras coisas, eu garanto.

Mas onde eu tinha parado? Sim! A cada mês você poderá observar um sistema diferente do zodíaco sair antes do Sol. Essa é *uma* parte da história. A outra são as quatro estações. Talvez você grite: *As estações eu conheço! Verão, outono, inverno e primavera!* Corretíssimo, direi eu. Mas será que você sabe por quê? Não precisa ficar vermelho de vergonha, vou lhe explicar rapidamente. A posição da Terra com relação ao Sol é oblíqua. Quando o Norte está mais distante dele, é inverno no hemisfério norte. Na Austrália, onde vivem nossos antípodas no hemisfério sul, é verão nesse momento e vice-versa. Quando o Pólo Norte (ou seja, o hemisfério norte, que inclui a Inglaterra, a Holanda, a Bélgica, os Estados Unidos, etc.) gira em direção ao Sol, este fica mais alto acima do horizonte. Então, faz mais calor porque os raios solares percorrem uma distância menor pela atmosfera. Também é fácil explicar por que a temperatura é mais baixa no inverno: o Sol fica numa posição mais baixa e os raios têm que percorrer um longo caminho. Com isso, perdem uma grande quantidade de energia e você acaba pondo um gorro, encerando os esquis e descendo disparado pela montanha nevada. Muito bem, você já pode dizer que se sente como um verdadeiro astrônomo.

Felicitações, lhe digo eu, mas esse não é o fim da história.

Todos os anos, no dia 21 de junho, começa o verão nas regiões do norte. Nesse dia, o Sol alcança seu ponto máximo no céu e todo mundo sabe que esse é o dia mais longo, com a noite mais curta. O oposto se aplica a nossos antípodas pois, para eles, essa é noite mais longa, quando começa o inverno. No decorrer de um ano ocorrem outros dois acontecimentos notáveis: o momento em que a noite e o dia são iguais em ambos os hemisférios: o equinócio. O equinócio de primavera em um dos hemisférios corresponde ao de outono no outro.

"Já entendi", eu o ouço murmurar nervosamente. "Continue contando sua história." Acalme-se, querido leitor, pois estou chegando ao clímax. Na Atlântida e em outras civilizações antigas, as pessoas eram muito inteligentes. Havia astrônomos encarregados de anotar diariamente as posições do zodíaco. Depois de muitos anos, descobriram que havia alguma coisa que não condizia. Muito lentamente, outro signo estelar começou a se elevar no primeiro dia da primavera (quando o dia e a noite têm a mesma duração). Ficaram tão impressionados com esse fenômeno que deram nomes diferentes aos diversos signos estelares. A Era de Peixes termina e, durante o equinócio de primavera, o Sol começará a subir sobre a nova formação de Aquário. No musical *Hair*, ela é saudada na canção "A Era de Aquário".

Nas últimas décadas, esse fenômeno tem tido grande influência na popularidade da "nova era". Foi editada uma enorme quantidade de livros e discos compactos sobre o tema. No entanto, esquece-se de que a "sabedoria antiga" criou muitos mitos em torno dessas ocasiões. Os antigos sabiam que a desorientação dos sistemas estelares não duraria para sempre e que continha em si um desastre. Por isso, ocultaram inúmeras advertências em códigos que revelariam o giro ultralento da Terra ao redor do eixo polar. Para eles, o movimento do eixo polar equivalia à queda de uma árvore no mundo, ao final de cada era. Vimos os resultados disso nos dramáticos acontecimentos da Atlântida. É um fato irrefutável que a Era de Aquário está desorientada. Desde o ano 100 a.C., aproximadamente, o equinócio de primavera vem avançando lentamente através de Peixes e agora está iniciando seu curso pelo segundo peixe desse signo. Em 2813, alcançará um grau de longitude igual ao da estrela Beta Piscium na cabeça do peixe. Só que, embora sem muita precisão, não chegaremos ao limite de Aquário antes do ano 2300. Será que isso indica uma catástrofe iminente?

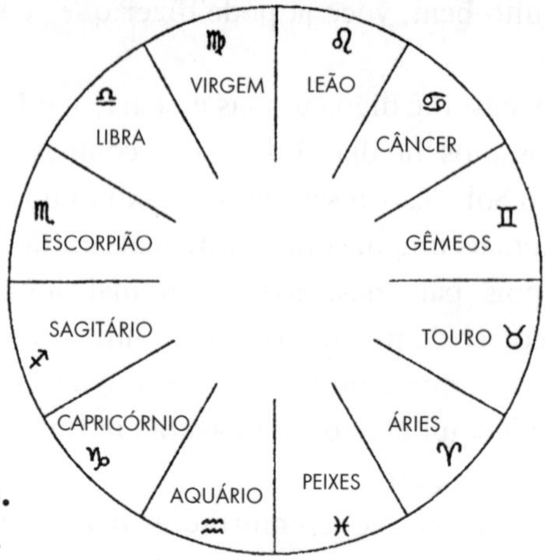

Figura 15.
O zodíaco.

No Egito, o zodíaco era "sagrado". Sempre que uma nova era começava, reconstruía-se de acordo com ela os templos, os jardins, as estátuas, as esfinges, etc. Os arquitetos paisagistas (filhos e filhas de Ptah, o arquiteto do céu e da Terra) tinham que redesenhar tudo, de acordo com as mudanças radicais da "era da precessão". Quando a Era de Touro chegou ao fim, os arquitetos e construtores começaram a trabalhar. Os templos, esfinges, estátuas, etc., dedicados a Touro foram derrubados. Tudo deveria ficar de acordo com a nova Era de Áries. Em Luxor, por exemplo, foram construídos caminhos inteiros com esfinges. Elas ainda estão lá, mas quando a Era de Áries terminou e a atual Era de Peixes começou, a civilização egípcia tinha desaparecido. Portanto, o faraó não pôde dar intruções para erradicar os remanescentes da era anterior e substituí-los por obras novas. Essas intervenções não devem ser subestimadas. Um templo construído com milhares de pedras, algumas pesando várias toneladas, não é derrubado com facilidade. Gravar fileiras inteiras de hieróglifos e relevos não é tarefa fácil, mas para os egípcios isso não importava. Eles eram profundamente religiosos e tinham muita consideração pelo zodíaco. Por volta do ano 2100 a.C., o equinócio de primavera foi em direção ao signo de Áries. Fontes históricas revelam que o nome "Mentoe", o Touro, desapareceu e foi substituído pelo Carneiro de Amon [homens]. Os faraós agregaram o nome de Amon aos próprios nomes, a saber, Amenotep, Amenófis, Tutancâmon. Numa das salas do templo de Akh-Menor, em Karnak, que faz parte do templo de Amon, está escrito: "Palácio de retiro para a Alma majestosa, alta sala de Áries que viaja pelo céu." A razão da importância que os egípcios davam ao zodíaco talvez se encontre na história de Aha-Men-Ptah, ou Atlântida. A partir de vários textos sagrados, Albert Slosman conseguiu reconstruir a época desse país, que já existia 26.000 anos antes da formação do Egito. O primeiro rei é Ptah-Nou-Fi, que escreveu as primeiras "Combinações Matemáticas Celestiais" em rolos de couro. Em 864 anos, o Sol tinha passado por doze graus do zodíaco, no "cordão" que vai de um lado a outro da Terra. Ao signo estelar que depois desapareceu ele deu o nome de Khi-Ath, ou "Juiz dos Corações": nessa época, pesava-se o coração das pessoas para estabelecer a diferença entre o bem e o mal. Não muito tempo depois, foi dado a esse signo estelar o nome de "Balança" (Libra).

Quando li essa passagem pela primeira vez, não dei atenção aos números mencionados. Alguns meses depois, eu já a tinha relido várias vezes e, então, algo aconteceu de repente. Um círculo mede 360 graus e 12 graus correspondem a 30 avos desse total: 360 : 12 = 30. Multiplicando 864 por 30, temos 25.920, a duração de um ciclo zodiacal completo! Além disso, 12 é o número de signos do zodíaco. Então, esses números continham um código. Meses se passariam antes que eu conseguisse decifrar esse código, que na verdade é muito simples. Mais adiante falarei dele, pois agora continuarei com a história de Aha-Men-Ptah. À nova era que tinha começado, Ptah-Nou-Fi deu o nome de sua mãe, que o havia gerado quando era uma jovem "virgem". Sucederam-se a ele 71 reis, num período de 2.592 anos. Durante esse tempo, a civilização evoluiu e aprendeu a viver em harmonia com o ritmo celestial. O 73º descendente ainda era jovem quando foi coroado. No mesmíssimo momento dessa pomposa consagração, um leão veio perturbar essa tradicional cerimônia. O jovem monarca largou a coroa e correu atrás do animal. Muito formoso que era, recebeu o nome de Er-Kaï, que significa "forte como um leão". Vale destacar que os gregos o renomearam, chamando-o de Héracles, que nós mudamos para Hércules. Passaram-se os séculos nessa Era do Leão. Quando o Sol chegou ao 32°, houve um desastre. Massas de terra submergiram e o nível do mar subiu de maneira catastrófica, o Sol se movia à deriva pelo céu e a Terra girou ao redor do próprio eixo até se deter no signo de Leão.

Depois disso, os movimentos do Sol, das estrelas e dos planetas foram monitorados rigorosamente. O Leão não se converteu apenas em símbolo de força, mas também de Deus e do Sol. Depois de 1.440 anos, o signo de Leão ficou para trás e o mundo voltou ao signo de Virgem. A rainha desse período deu à luz um filho, Ath-Aha-Ptah, que aperfeiçoou a escrita para melhor anotar os mandamentos celestiais. Os 2.592 anos que o Sol passou nesse signo trouxeram apenas paz e justiça. Muitas ciências, assim como a agricultura, alcançaram a perfeição. Começou então a Era de Libra, que nessa ocasião completou sem problemas o período esperado de 1.872 anos. Foi uma época dourada porque todos respeitavam as leis celestiais, segundo as quais o Senhor julgava, uma vez ao ano, as disputas existentes. Como todos aceitavam seus veredictos, quase não existiam contradições. Por esse motivo, a passagem para outra era foi considerada com grande inquietude. Essa constelação ainda não tinha nome, o que aumentou a sensação de incerteza nos círculos reais. À medida que a data da mudança se aproximava, o mal-estar foi crescendo. As alterações na força da luz de algumas estrelas foram consideradas maus presságios. No 16º ano da nova era, o castelo desmoronou e o rei morreu soterrado, mas, seu filho, que estava em outro edifício, sobreviveu. No entanto, quando o povo quis coroá-lo no dia seguinte, ele tinha se suicidado. Os sacerdotes, sentindo aí o dedo de Deus, deram a esse signo estelar o nome de escorpião, já que esse animal está associado ao suicídio. Logo depois, um primo do rei subiu ao trono e reinou como um tirano. Sessenta e um reis o sucederam, mas todos esses reinados foram marcados pela injustiça e por contínuas batalhas. O último rei — o número 64 — recusou-se a se casar, embora vivesse rodeado de belas mulheres. Morreu sem deixar descendentes e as lutas pela sucessão foram cruéis e sangrentas. Por fim, um parente distante resolveu fazer valer a sua vontade sem piedade alguma: matou não apenas os outros possíveis candidatos, mas também aos pais, amigos e familiares deles. Os sacerdotes celebraram o juramento sem protestar e o chamaram de Maka-Sati, ou Arqueiro, e decidiram dar esse mesmo nome à nova constelação regente. Esse rei organizou uma caçada no bosque, a noroeste do palácio. Nessa época, essa era uma empreitada perigosa, já que se caçava mamutes. Esses animais eram pacíficos e se alimentavam só de plantas mas, quando eram perseguidos se assustavam, seu peso esmagava tudo o que estivesse no caminho. Uma caçada atraía muitos espectadores, já que seu alvo eram esses animais gigantescos. Apenas oito caçadores se animaram a acompanhar o novo rei, levando nada além de arcos e flechas. O público convidado reuniu-se nos terraços do palácio para assistir ao espetáculo.

O monarca e os caçadores chegaram à orla do bosque. De repente, dois mamutes vieram em sua direção, fugindo de perseguidores que tinham entrado no bosque do lado oposto. Rápido como um raio, o rei sacou seu arco e disparou quatro flechas em poucos segundos. Ferido entre os olhos, o primeiro animal caiu a uns poucos centímetros do monarca. O segundo mastodonte tombou exatamente da mesma maneira, mas sobre o cavalo do rei. Os outros caçadores não tiveram tempo para fazer um só movimento! Todos os espectadores observavam essa proeza com admiração: sem dúvida alguma, deus apoiava o rei. A partir desse dia, o rei passou a ser respeitosamente aclamado como o cavalo humano com flechas invisíveis. Durante 16 gerações, foi sucedido por seus descendentes. O último, Maka-Aha-Sati, implantou um reinado de terror como jamais se havia visto e dominou seu povo por 64 anos. Foi então que o Sol chegou a 10° de Sagitário. No lapso de um dia, deu-se um verdadeiro desastre geológico, seguido de uma onda gigantesca. O que tinha acontecido? Em poucas horas, o eixo da Terra tinha se movido uns 72 graus em direção ao signo de Aquário: foi esse o nome que unanimemente se atribuiu à nova era, já que a água tinha inundado tudo. Depois do cataclismo, restou apenas uma parte de Aha-Men-Ptah, tendo o resto desaparecido debaixo do céu. Sob o impacto desses acontecimentos, os sacerdotes ampliaram ainda mais seus estudos das "Combinações Celestiais". As palavras do Dr. David D. Zink, autor da obra *The Ancient Stones Speak* [As pedras antigas falam], me vieram à mente: "As mudanças presenciadas nos céus e associadas a essas catástrofes levaram os homens da antigüidade a uma precisa observação dos céus... o começo da astronomia foi motivado pela sobrevivência, não pela superstição."

Sem dúvida foi assim. O templo da "Casa da Vida" foi fundado logo depois desse dia fatal: 21 de fevereiro de 21312 a.C. Os "peritos em números" estudariam as leis celestiais por mais 11.520 anos. Com dois mil anos de antecedência, fizeram uma advertência sobre a catástrofe futura. No ano 10000 a.C., o Sumo Sacerdote anunciou os planos finais para o êxodo de seu amado país. Dentro de 208 anos, o inevitável aconteceria. Seus códigos nos dão uma idéia de como eram inteligentes. Pode-se observar alguns deles na Figura 16.

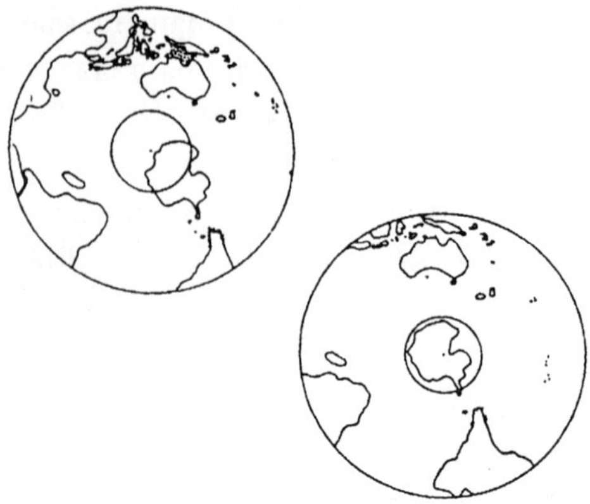

Figura 16.
A Atlântida foi parcialmente destruída por ocasião do cataclismo de 21 de fevereiro de 21312 a.C. O norte ficou enterrado sob o Pólo Norte, que já existia nessa época (o círculo indica a região polar). O deslocamento da Terra, ocorrido em 27 de julho de 9792 a.C., enterrou totalmente a Atlântida (depois da mudança dos pólos) debaixo do Pólo Sul.

CAPÍTULO 6

A DURAÇÃO DO CICLO ZODIACAL

Na descrição da Atlântida, foi ocultado um código. Como? Simples: como só uma mensagem numérica seria compreendida, eles tomaram isso como base, evitando os cálculos complicados. Então, a divisão, a multiplicação, a subtração e a soma são as opções mais lógicas. Os códigos eram simples e deviam conduzir comodamente a um resultado fácil de entender. No livro *Fingerprints of the Gods* [As impressões digitais dos deuses], aprendi que o ponto decimal pode ser ignorado, o que significa que 2.592 é tão correto quanto 25.920.

Assim como o *Popol Vuh* original (o manuscrito sagrado do povo quíchua, do grupo lingüístico dos maias), a história da Atlântida contém chaves para suas profecias de destruição. Os que escreveram a história eram os "senhores do universo", também mencionados no *Popol Vuh*:

> Eram dotados de inteligência, conseguiam enxergar e, de fato, viam longe de imediato, conhecendo tudo o que havia no mundo. Ao primeiro olhar sabiam de imediato o que havia ao seu redor e contemplavam em turnos o arco do céu e a redonda face da Terra. O que estava oculto, eles viam sem precisar se mover e, ao mesmo tempo, viam o resto do mundo, do ponto onde estavam. Sua sabedoria era grande.

Com isso em mente (escondido do pesquisador e do pensador), comecei a trabalhar. Os atlantes tinham raciocínio lógico mas também gostavam de "jogar" com os números. Então, é absolutamente necessário adotar seu padrão de pensamento para descobrir sua maneira de raciocinar. Seu ponto de partida é que só seres humanos inteligentes podem decifrar seu código. Os primeiros sinais disso se encontram na história de sua criação, que tem mais de dez mil anos. Quem é suficientemente inteligente para decifrar os primeiros códigos que lá se encontram, está em condições de descobrir todos os outros porque fica familiarizado com sua maneira de pensar. No começo, essa é uma adaptação importante. Procure compreender o raciocínio a seguir e terá dominado uma parte substancial da questão.

Há dois números que definem a "criação" da Atlântida: 864 e 12. Com eles, dá para calcular muitos outros. Usando-os em seus cálculos, você chegará a 25.920 anos, que é a duração do zodíaco inteiro. Isso você já provou, mas agora o fará de outra forma, para compreender a maneira de raciocinar dos atlantes (se estiver interessado nessa matemática, vá ao Apêndice).

Ainda há mais. Seus números despertaram minha curiosidade e, por dedução, cheguei a números de códigos da astronomia de precessão. Minhas descobertas demonstram que existe um código oculto cheio de chaves e de matemáticas inconfundivelmente inteligentes. Ele emite sinais sobre referências de tempo específicas, que vinculam o passado ao presente e o presente ao futuro. Ao decodificá-lo, determinou-se que um ciclo de precessão tem, em princípio, cerca de 25.920 anos. Com esse raciocínio, pode-se demonstrar que eles sabiam que, quando a precessão chega a 25.776 anos, o fim de um ciclo se aproxima, como está acontecendo agora!

Mais adiante, veremos que os textos funcionam como o *software* para os acontecimentos reais e os monumentos como o *hardware*. Com isso em mente, decodificamos o código mais valioso do Livro dos Mortos. Nele, a precessão é muito importante. Portanto, não subestime tais achados porque todos dizem o mesmo: o fim de um grande ciclo está muito próximo. Só nos restam alguns poucos anos!

Em outras palavras, usaram seus mitos como veículos de informação técnica específica e conseguiram nos transmitir essa informação. O que os motivou era lógico, ou seja, a sobrevivência da espécie humana. Quase tudo o que sabiam de importante provinha das estrelas. Estavam sumamente preocupados com a astronomia e prestavam uma atenção constante e minuciosa nas estações, solstícios e equinócios. Esses Newtons e Einsteins esquecidos estavam obcecados por medidas, contas e números, codificando-os em seus mitos. Eles os dispuseram em poderosos números astronômicos e cabe a nós explicar a codificação da precessão dos equinócios.

Nossas principais descobertas são as seguintes:

Um ciclo de precessão, de 25.920 anos, nunca se completa. Quando está a meio caminho, o ciclo é abruptamente quebrado. Quando chega aos 25.776 anos de precessão, o ciclo toma outra direção: é então que o Leste se transforma em Oeste e vice-versa. Esse mecanismo explica o deslocamento dos pólos e a destruição da Atlântida, e nós seremos destruídos pelo mesmo mecanismo. Para compreender essa decodificação, veja também os outros capítulos: a matemática é a mesma (veja, no Capítulo 23, o Código Desdren Decodificado).

A precessão e o campo magnético

Os cientistas sabem que a precessão afeta nosso campo magnético. Esse fenômeno está sendo estudado intensamente e muitos especulam que a intensidade do campo magnético aumenta e declina num ciclo. E sabemos que a precessão muda junto com o campo magnético. Ao longo dos últimos 2.000 anos, a força do campo bipolar — prenda a respiração — decaiu em 60%. Isso significa que vivemos num período que precede uma nova inversão, que pode acontecer a qualquer momento. Normalmente, a intensidade magnética decai de maneira gradual mas, perto do fim, cai como uma pedra. Robert Coé averiguou que o campo magnético da Terra se inverteu com a incrível rapidez de oito graus por dia (ou até mais rápido), do mesmo modo que uma lâmpada fica mais fraca quando giramos o botão que regula a intensidade da luz. Depois, como um reostato gigante aceso, volta a brilhar. Mas o Norte se converte em Sul e vice-versa. Entre um e outro, há muitas flutuações. Na publicação *Nature*, Coé diz: "Houve rápidas flutuações, muitas vezes, durante a inversão." E mais adiante especula: "É provável que uma atividade aumentada do campo magnético externo... do Sol, produza os saltos de alguma maneira." ("Nova evidência da mudança extraordinariamente rápida do campo geomagnético durante uma inversão", *Nature*, 20 de abril de 1995).

Com isso em mente, é bom saber que esse dia se aproxima de forma acelerada. Dependendo da inclinação da Terra, o mundo ficará inundado e a maioria dos animais e pessoas se afogará de maneira catastrófica. Em *Visud-dhi-Magga*, livro da antiga Índia, lemos: "... há sete eras e cada uma delas está separada da anterior por uma catástrofe mundial." Mais ainda: lemos que esse livro foi escrito para preservar e transmitir a sabedoria do mundo antediluviano.

O mesmo se pode dizer dos textos Edfu. Reymond, no magistral estudo denominado *Mythical Origin of the Egyptian Temple* [Origem mítica do templo egípcio], confirma:

> O tom geral do registro transmite aparentemente a visão de que um mundo antigo foi destruído e, como mundo morto, chegou a ser a base de um novo período de criação, que a princípio foi a recriação e a ressurreição do que tinha existido no passado.

Os textos Edfu afirmam repetidamente que os "Seguidores de Hórus" tinham conhecimento e sabedoria provenientes de uma época anterior da Terra. É isso que estamos decodificando neste preciso momento.

O ciclo do cataclismo

É incrível que os egípcios e os atlantes tivessem conhecimento do número 25.776. A supersofisticada astronomia moderna tomou conhecimento dele há poucos anos! Só isso já mostra como eram minuciosos e precisos em suas observações. Além disso, sabiam processar seus resultados de maneira brilhante, numa simples série de números, que nos avisa do juízo final que se avizinha. O número comprova que:

1. O conhecimento astronômico dos atlantes se acha no mesmo nível da astronomia computadorizada atual. Ele nos diz que o fim de um grande ciclo está próximo e que o cataclismo ocorrerá a qualquer momento.
2. Sua ciência era tão avançada que sabiam muito mais do que pensamos.
3. Esse povo sumamente civilizado e supercientífico para sua época fez grandes esforços para codificar a sua ciência.

Agora, a grande pergunta é *por quê*. Bem, estimado leitor, a esta altura você já deve saber a resposta. No capítulo sobre o grande cataclismo que atingiu a Atlântida, você leu que os sacerdotes conseguiram prever o desastre. Na *Sing-li-ta-tsiurn-chow*, uma antiga enciclopédia chinesa, lemos: "... numa convulsão geral da natureza, o mar é tirado do seu leito, as montanhas saltam do chão, os rios mudam de rumo, os seres humanos e todos os outros seres são arruinados e os antigos traços são apagados."

É disso que trata a ciência! Uma feroz atividade vulcânica, terremotos destruidores, uma onda gigantesca, a destruição de continentes, etc., são o resultado de acontecimentos que foram vaticinados através desses números. Os egípcios descreveram várias catástrofes em sua história, e a reconstrução do seu mundo. Portanto, seus mitos estão relacionados a hecatombes como o Dilúvio. Mas as "eras" que terminam em catástrofes e destroem grande parte da humanidade se devem à precessão dos equinócios. Obviamente, atribuíam uma grande importância a isso. Qualquer civilização que esteja familiarizada com os números deveria estar em condições de decodificar essa mensagem da antigüidade. Digo "deveria" porque nem sempre é assim tão simples. Passei meses dando tratos à bola antes de conseguir decifrar

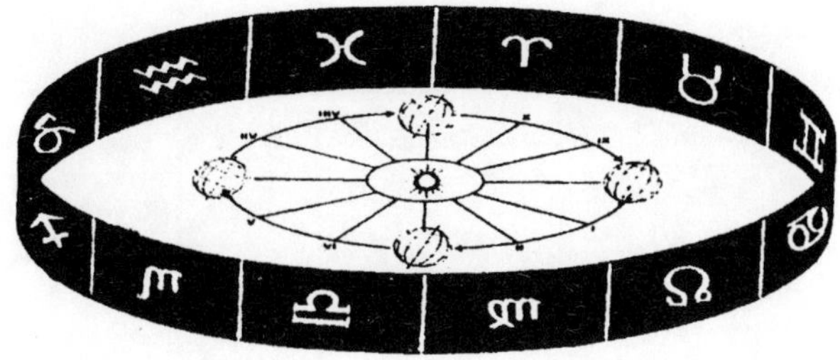

Figura 17.
O zodíaco.

esses códigos e, mesmo então, estava só no começo da história. E a chave é a precessão do zodíaco, que se desenrola a passo de tartaruga! Mas consegui chegar às seguintes conclusões:

- O zodíaco descreve a próxima destruição da Terra.
- O zodíaco contém infinitos outros códigos que permitem prever esses acontecimentos.

Com essas conclusões em mente, comecei a trabalhar. Mas onde procurar? Fixei-me nas diferentes durações dos signos do zodíaco. Na realidade, temos períodos iguais para cada era, mas os atlantes não. Para serem mais precisos, deveriam ter tomado o número 25.920 dividido por 12 = 2.160 anos, mas esse não era o caso para os atlantes. Minha intuição me disse que deveria me concentrar nesse ponto. Os sábios da antigüidade tinham posto um "esquema de computação" em seus códigos. Eu tinha certeza disso: era só uma questão de encontrá-lo. Com isso, eu me poria em contato direto com eles. Consegui decifrar uma parte da série de números, incrivelmente longa, que descreve o caos mundial que está por vir. É disso que trata o próximo capítulo. Se você sabe dividir, somar, subtrair e multiplicar, poderá com certeza acompanhar meus cálculos. Mas sei que encontrei apenas uma parte deles. Tenho a certeza de que outras pessoas encontrarão muitos mais. Eu as receberei de braços abertos!

CAPÍTULO 7

A DURAÇÃO DAS DIVERSAS ERAS

Atualmente, calcula-se que uma era dure uns 2.148 anos em sua constelação. Mas os atlantes faziam um cálculo diferente. Eles sabiam que os signos estelares não tinham todos o mesmo tamanho e, portanto, correspondiam a períodos diferentes. Com a ajuda do livro *Le Grand Cataclysme*, consegui localizar oito eras com suas respectivas durações:

Leão	2.592
Virgem	2.592
Áries	2.304
Touro	2.304
Peixes	2.016
Gêmeos	1.872
Câncer	1.872

Para os egípcios também as diversas eras tinham durações diferentes, sendo de 720 anos a diferença entre o ciclo mais curto e o ciclo mais longo.

Observando o zodíaco, vemos que Áries e Touro estão lado a lado e têm a mesma duração, ou seja, 2.304 anos. O signo de Aquário está junto ao de Peixes e os dois também têm a mesma duração: 2.016 anos. Escorpião e Libra também estão lado a lado e devem ter, cada um, 1.872 anos. O ciclo completo abarca 25.920 anos.

Virgem	=	Leão	=	2.592
Áries	=	Touro	=	2.304
Capricórnio	=	Sagitário	=	2.304
Peixes	=	Aquário	=	2.016
Escorpião	=	Libra	=	1.872
Câncer	=	Gêmeo	=	1.872
Duração total	=	25.920 anos.		

Séries numéricas zodiacais

A duração das diferentes eras pode ser representada numa série específica de números, e não há outra possibilidade!

Descobri essa série ao subtrair o período mais curto do mais longo (2.592 – 1.872 = 720). Isso é dez vezes 72. Depois de fazer alguns cálculos, dei-me conta de que outras subtrações também resultavam em múltiplos de 72. Pondo-os em ordem, do maior para o menor e seguindo os múltiplos de 72, obtive:

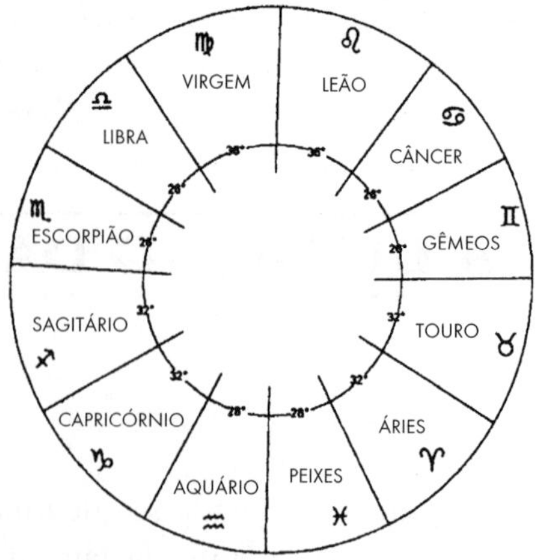

Figura 18.
O zodíaco dos egípcios.

2.592 – 1.872 = 720 = 72 x 10
2.592 – 2.016 = 576 = 72 x 8
2.304 – 1.872 = 432 = 72 x 6
2.304 – 2.016 = 288 = 72 x 4
2.016 – 1.872 = 144 = 72 x 2

O número 432 tem uma posição central e é igual a 1/6 da duração do zodíaco: 4.320 x 6 = 25.920. É multiplicado por seis porque, a seu lado, está a série 72 x 6.

Mais conclusões: os signos com períodos de 2.592 e 2.016 anos estão no começo e no final dessa série. Isso significa que estão em oposição, como no zodíaco real. Os signos que duram 2.304 e 1.872 anos ficam no meio.

Além dessas, descobri outras séries de números. Nos cálculos precedentes, pode-se observar, junto às séries de múltiplos de 72, as multiplicações equivalentes (por exemplo, 720 = 72 x 10). Multiplicando os múltiplos pelos números que equivalem a eles, cheguei às seguintes séries:

720 x 10 = 7.200
576 x 8 = 4.608
432 x 6 = 2.592
288 x 4 = 1.152
144 x 2 = 288

Nesta última série, subtraí do número maior (7.200) o número logo abaixo dele (4.608) e obtive como resultado o número 2.592, que é muito importante. Repeti esse exercício algumas vezes e surgiu uma série de quatro números. Usando o mesmo método em outra subtração, obtive três vezes o resultado 576. Esse resultado assombroso conduz à seguinte solução:

7.200 – 4.608 = 2.592	2.592 – 2.016 = 576
4.608 – 2.592 = 2.016	2.016 – 1.440 = 576
2.592 – 1.152 = 1.440	1.440 – 864 = 576
1.152 – 288 = 864	

Como 576 aparece três vezes, eu o multipliquei por três: 576 x 3 = 1.728. Dividindo-se a primeira série por esse número, temos:

7.200 : 1.728 = 4,1666666
4.608 : 1.728 = 2,6666666
2.592 : 1.728 = 1,5
1.152 : 1.728 = 0,6666666
288 : 1.728 = 0,1666666

Quando se subtrai a série encontrada duas vezes entre si, como foi indicado antes, temos:

4,1666666 – 2,666666 = 1,5
2,6666666 – 1,5 = 1,1666666
1,5 – 0,666666 = 0,8333333
0,6666666 – 0,1666666 = 0,5
1,5 – 1,1666666 = 0,333333
1,666666 – 0,8333333 = 0,333333
0,833333 – 0,5 = 0,333333

As séries são claras: é preciso dividir ou multiplicar por três. Depois de alguns trabalhos de investigação, encontrei o vínculo. Nesses cálculos, os números 288 e 864 aparecem no final das séries onde encontrei três vezes o número 576, como resultado final. Então, é lógico que devem ser multiplicados por três.

288 x 3 = 864
864 x 3 = 2.592

Ambos os números apontam para códigos que vamos decifrar a seguir.

864 : 2.592 = 0,3333333

O número 864 corresponde ao primeiro período numa progressão estelar na Atlântida; 2.592 corresponde ao segundo. Se 864 tem que ser dividido por 2.592, então deve-se seguir o mesmo procedimento para todos os períodos seguintes.

Os códigos secretos do zodíaco da Atlântida

Duração	Era	Duração acumulada	
864	Libra	864	864 : 2.592 = 0,333333
2.592	Virgem	3.456	3.456 : 2.592 = 1,333333
2.448	Cataclismo de Leão*	5.904	5.904 : 2.592 = 2,277777
1.440	Leão	7.344	7.344 : 2.592 = 2,833333
2.592	Virgem	9.936	9.936 : 2.592 = 3,833333
1.872	Libra	11.808	11.808 : 2.592 = 4,555555
1.872	Escorpião	13.680	13.680 : 2.592 = 5,277777
720	Cataclismo de Sagitário*	14.400	14.400 : 2.592 = 5,555555
576	Aquário	14.976	14.976 : 2.592 = 5,777777
2.016	Peixes	16.992	16.992 : 2.592 = 6,555555
2.304	Áries	19.296	19.296 : 2.592 = 7,444444
2.304	Touro	21.600	21.600 : 2.592 = 8,333333
1.872	Gêmeo	23.472	23.472 : 2.592 = 9,055555
1.872	Câncer	25.344	25.344 : 2.592 = 9,777777
576	Cataclismo de Leão*	25.920	25.920 : 2.592 = 10,0!

* Nesses anos, houve um cataclismo durante o qual a Terra se viu sacudida por grandes mudanças.

No último ano desse ciclo, aparece o número 10: nesse ano, a Atlântida foi completamente destruída!

Quando descobri essas séries de números, fiquei em silêncio por alguns momentos, pois precisava pensar. Os cálculos mostravam, com bastante clareza, que a Terra não poderia, de forma alguma, percorrer um ciclo completo do zodíaco. A cada tantos milhares de anos ocorria algo desastroso, que invertia o seu curso pelo zodíaco. Mas, como faziam para prever o fim do mundo continuava sendo um mistério para mim. Aqui e ali vislumbro um raio de esperança e continuo decifrando os códigos. Se você estudar, por exemplo, o movimento pelo zodíaco antes e depois de cada cataclismo, notará que às vezes ocorreram mudanças drásticas. Antes do primeiro cataclismo, o zodíaco passou da estrela de Libra a Leão (Libra > Virgem > Leão). Em Leão, a superfície da Terra mudou drasticamente: regiões secas submergiram no mar, novas ilhas surgiram, vulcões entraram em erupção, etc. Quando tudo voltou a se aquietar, era como se a precessão do zodíaco houvesse girado, indo agora para o outro lado.

Em outras palavras, algum mecanismo no interior da Terra tinha se invertido completamente. Isso fez com que o movimento se desse no seguinte sentido: Leão > Virgem > Libra. Umas duas semanas antes, eu tinha lido um artigo sobre a inversão do campo magnético da Terra e, felizmente, eu o tinha guardado. Voltei a lê-lo com grande atenção e logo me convenci de que havia ali uma chave importante para resolver o mistério. Eu o resumirei aqui para você: a parte ígnea da Terra — o "magma" — pesa ao redor de quinze mil milhões de toneladas. Em seu centro, gira um núcleo, a uma velocidade só um pouco maior do que a das massas circundantes. O núcleo interno sólido da Terra tem um raio de 1.200 quilômetros e "flutua" no núcleo externo líquido, que tem consistência de xarope e raio de 3.500 quilômetros; ambos são formados em grande parte de ferro. Como a temperatura do núcleo interno é superior à do externo, seria de se esperar que ele também fosse líquido. No entanto, como ali a pressão é maior do que a do núcleo externo, o ferro não derrete. Devido à transferência de calor, aparecem correntes convectivas no núcleo externo, gerando um campo magnético que reforça a si mesmo. O núcleo externo pode ser considerado um dínamo auto-reforçador, como o dínamo de uma bicicleta que, em vez de luz, gera magnetismo. Isso pode ser constatado com a ajuda de uma bússola que aponte para as linhas de força. É realmente importante o que se segue à descoberta de que a velocidade do núcleo interno é 1,1 grau maior do que a da capa terrestre, pois isso significa que o núcleo interno é 0,8 segundo mais rápido por dia e que, no limite entre o núcleo interno e o núcleo externo, há uma defasagem de mais ou menos setenta metros por dia.

Achei que poderia ser essa a explicação da precessão do zodíaco porque, se a rotação da crosta terrestre é mais lenta do que a do núcleo interno, isso deve ter conseqüências, mesmo que sejam insignificantes.

Para ser exato, a Terra completa um "giro" pelo zodíaco em 25.920 anos. Isso está em conformidade com uma rotação da Terra sobre seu eixo, de 360 graus. Como a Terra gira sobre seu eixo em um dia, isso significa que ficamos 24 horas atrás. Isso fez soar uma campainha. Vinte e quatro horas corresponde a um número específico de segundos. Há sessenta segundos em um minuto e, em uma hora, 60 x 60 = 3.600. Multiplicando esse resultado por 24, temos 86.400.

"Como é possível?", perguntava a mim mesmo em voz alta, "os atlantes manipularam o tempo a tal ponto que é possível usá-lo para calcular o código da precessão do zodíaco."

Na verdade, não é tão difícil assim: basta fazer uma divisão. Se a Terra atrasa 86.400 segundos em 25.920 anos, isso implica uma mudança anual de 86.400 : 25.920 = 3,33333333 segundos, exatamente a mesma série de números que eu já tinha encontrado no zodíaco. Fiquei atônito. Os atlantes não estavam apenas na origem da nossa matemática, mas também do nosso tempo. E tudo isso é um indício de que a mudança no tempo de rotação da Terra gira sobre um mecanismo, que só termina numa catástrofe. Essa era a sua maneira de descrever o misterioso comportamento do campo magnético da Terra.

Vamos agora dar uma olhada nos outros cataclismos. Antes do segundo, a Terra se movia do signo de Escorpião ao de Sagitário, e de um só golpe foi catapultada à era de Aquário. Ali, o movimento não se inverteu. Como vimos anteriormente, esse movimento tem sua origem no comportamento autodeterminante do núcleo da Terra. Como houve apenas uma mudança repentina de eras, isso prova que o núcleo da Terra continuou girando na mesma direção porque, se a direção tivesse se invertido, as eras teriam ido na direção oposta, como antes e depois do primeiro cataclismo.

Chegamos finalmente ao terceiro cataclismo, o que destruiu por completo a Atlântida. O dia da destruição e a magnitude da catástrofe foram previstos corretamente, com base em dados anteriores. Isso é uma coisa que não compreendo, a despeito de desesperadas tentativas. Deduzi que o zodíaco foi de Câncer a Leão e depois se deteve abruptamente. O campo magnético da Terra mudou, o núcleo interno foi em outra direção e o zodíaco, na direção oposta. É essa direção que ainda seguimos na atualidade. Como terminará isso?

Para fazer esse cálculo, devemos adotar a maneira de pensar dos atlantes e dos egípcios. Eles supunham que havia uma força R proveniente do universo, tendo como ponto inicial o postulado de que cada ação é seguida de uma reação R, ou seja, o resultado da interação dos elementos, o pensamento dos seres humanos e sua imagem refletida no espelho. É a partir dessa dualidade do bem e do mal dos seres humanos e de sua imagem refletida que os sacerdotes conseguiram calcular as "Combinações Matemáticas Celestiais". Com base nisso e nas diversas combinações da radiação de enormes sóis dos signos zodiacais, obtiveram números absolutos que permitiam prever o bem e o mal. Isso pode parecer um pouco complicado mas, como já demonstrei, as seqüências de séries numéricas simples estão por trás de tudo isso: é só uma questão de descobrir o código. É preciso seguir a mesma estratégia para continuar desvendando os segredos da Atlântida. Do ponto de vista deles, as gerações futuras, devido a esses fatos, não conseguiriam ler os textos sagrados. Mas talvez conseguissem compreender e decodificar uma mensagem numérica, o que levou às "Combinações Matemáticas" que descobri. Elas devem se inserir num plano gigantesco, do qual são apenas uma parte: são vestígios de um plano computadorizado de mil anos atrás. Para compreender tudo isso, vamos precisar de muito mais informações do que as que temos agora, mas elas só serão obtidas com novas escavações ou submetendo a um novo exame todos os dados astronômicos que possuímos. Temos que estudar urgentemente ambas as possibilidades porque, na transição da Era de Peixes para a Era de Aquário, a Terra se destruirá, como provam as antigas escrituras:

1) Os atlantes conseguiram determinar o dia exato da destruição do seu mundo baseando-se nas "Combinações Matemáticas Celestiais".
2) Essas "Combinações" estão relacionadas à passagem dos diferentes signos do zodíaco.
3) Os planetas têm sua importância para determinar a "data do fim" de uma era, e o planeta Vênus é especialmente relevante para os maias.

Com base nesses dados, deve ser possível decifrar o código do Plano Mestre que está por trás disso tudo. Tenho um pedido urgente a fazer a todos vocês, sejam astrônomos, matemáticos, físicos, etc.: procurem desvendá-lo! Se não o fizermos a tempo, então o mundo acabará sem que se tenha feito uma advertência. Mas podemos encontrar esses conhecimentos nos monumentos deixados por nossos predecessores.

CAPÍTULO 8

O LABIRINTO: A SUPERCONSTRUÇÃO DOS ANTIGOS EGÍPCIOS

Depois de minhas leituras sobre os acontecimentos da Atlântida, eu me senti frustrado. Como os atlantes conseguiram determinar a destruição do seu país? Eles mencionam algumas vezes as "Combinações Matemáticas Celestiais", em que basearam as previsões. Lembrei-me de ter lido alguma coisa sobre o tema no livro anterior de Slosman. Depois de muito procurá-lo, finalmente o encontrei. Segundo os anais, os sobreviventes haviam feito uma construção no Egito, logo depois de sua chegada: era um templo em honra do criador, expressando sua gratidão por terem encontrado sua segunda pátria. A ação imediata que empreenderam foi a construção de um observatório de onde pudessem estudar as "Combinações Matemáticas Celestiais". Seria erigido nas margens do Nilo, cujo hieróglifo corresponde ao da Via Láctea. Quando se põe o mapa do Nilo junto ao da Via Láctea, percebe-se claramente a semelhança. Há várias estrelas importantes na Via Láctea que correspondem a locais onde foram construídos templos.

Como foi mencionado antes, ao chegar ao seu novo reino, os sobreviventes da catástrofe construíram um observatório original, que já não existe mais. Ali, registravam as posições das estrelas e dos planetas. Juntos, esses dados formavam combinações geométricas específicas, das quais foram deduzidas as principais leis harmônicas, que permitem que se viva em harmonia sobre a Terra com o consentimento dos Céus. Diodorus Sicilus, da Sicília, confirma essa investigação. O que se segue está escrito no capítulo 89 do seu primeiro livro: "Em nenhuma outra parte se encontra uma observação tão exata das posições e movimentos das estrelas e planetas, como a que fizeram os egípcios. Eles têm todas as observações que fizeram ano após ano, remontando-se a tempos incrivelmente remotos."

Isso confirma que os sumos sacerdotes eram "mestres das matemáticas e dos números" desde tempos imemoriais. Com esses dados astronômicos e baseando-se nas "Combinações Matemáticas Celestiais", fizeram previsões sobre o movimento planetário, seu tempo de rotação e muitos outros fenômenos estelares. E tudo isso sem nenhum esforço. Quando me dei conta disso, tive que parar e tomar fôlego: se tivéssemos tais conhecimentos, poderíamos enfrentar com êxito o próximo cataclismo. É certo que encontraremos suficientes indícios do valor inquestionável da evidência de seus achados. Mas onde procurar? Com calma, reli o resto, que já tinha lido há algumas semanas. Recordei que os seguidores de Seth e Hórus continuaram dividindo o país por milhares de anos. Exaustos com uma guerra que já durava milênios, decidiram construir um centro astronômico idêntico ao da Atlântida. Era o ano 4608 a.C. e começava a Era de Touro. A gigantesca tarefa foi concluída 365 anos depois. No dia predestinado por Deus para esse acontecimento, Athothis (Thoth) declararia oficialmente a unificação do Egito. A partir das pesquisas realizadas, sabemos que o primeiro dia de Thoth foi 19 de julho de 4243 a.C. e que começou então a Era de Sothis ou Sirius* — e com ela o calendário clássico egípcio.

Indubitavelmente, havia um significado mais profundo em tudo isso, pois não se tratava apenas da celebração da unificação, mas também de certos ciclos do Sol, da Lua e das estrelas. Os agricultores egípcios precisavam de um calendário especial para fazer previsões mais exatas das inundações anuais do Nilo. No calendário sotíaco (de Sírius), o ano tinha 365 dias e era dividido em doze meses de trinta dias, mais cinco dias divinos. Depois de quatro anos, esse calendário já estava defasado, sendo preciso agregar um dia inteiro a um ano para sincronizá-lo. Os egípcios sabiam que existia um ano de 365,25 dias, mas se negavam a usar essa contagem porque seu calendário sagrado continha os números que lhes serviram de base para a previsão do fim do mundo. Com o uso do novo calendário, os agricultores puderam prever com mais exatidão as inundações cíclicas do Nilo e nem sempre precisavam dos conselhos dos sumos sacerdotes.

Além desses dois calendários, usavam também um calendário lunar, contando alternadamente meses de 29 e 30 dias, que coincidiam num ciclo preciso de 25 anos e 365 dias. O pesquisador francês Schwaller de Lubicz

---

* Sothis, a estrela mais brilhante do céu, também chamada de Sírius. Refere-se ao antigo calendário egípcio de 365 ¼ dias. É também o ciclo de 1.460 anos de 365 dias desse calendário.

observou que esse lapso de tempo coincidia com 309 períodos lunares. Ele fez o seguinte cálculo:

25 x 365 = 9.125 dias

9.125 : 309 = 29,5307 dias por período lunar.

Esse é um resultado extremamente exato. A astronomia moderna emprega um período lunar de 29,53059 dias, ou seja, uma diferença de apenas um segundo. Esse calendário egípcio pode ser considerado, sem dúvida, uma maravilha de precisão.

Voltemos agora à unificação do Egito. Às margens do Nilo, numa cerimônia de adoração pública, os sumos sacerdotes se dirigiram ao rio e disseram: "Tuas fontes celestiais nos deixam viver porque permitem que nossas terras se inundem todos os anos."

Depois, disseram ao público: "De agora em diante, viverão em harmonia com as leis e a ordem de Deus porque elas lhes concederam a vida na terra e no céu. Fertilizem a terra para o seu trabalho. A terra, por sua vez, os brindará com cereais."

Diante dos chefes de ambas as facções, eles juraram: "Vossa autoridade continua sendo o símbolo de todas as vossas ações porque vossa maneira de governar determinará a felicidade de vosso povo."

Com as mãos erguidas para o céu, falaram com Deus: "Ó Senhor da eternidade, Tu que tudo sabes, que tua lei e tua ordem governem deste dia em diante e que nossa vida esteja livre de problemas. Que nossos filhos sigam o nosso exemplo, conforme a tua harmonia, e que não se produza nenhuma catástrofe! Que tua sabedoria celestial, que nos ofereceste por meio das Combinações Matemáticas Celestiais, nos seja concedida e nos inspire a evitar más ações que possam provocar tua cólera."

Foi depois desse dia memorável que começou a reconstrução de um grande centro astronômico, a que deram o nome de "Círculo de Ouro". Ele compreendia dois templos: a "dupla casa da vida" e o "templo da senhora do céu: Ísis". Nele, havia duas escolas diferentes: os que estudavam o firmamento à noite e o reproduziam sobre a Terra e os que preferiam um estudo mais matemático, puramente teórico, sem observar o céu. Com isso, eles tinham uma incrível quantidade de combinações possíveis entre o Sol, os planetas e as estrelas do zodíaco. Como os egípcios dividiram cada uma das doze constelações do zodíaco em três, temos trinta e seis possibilidades. Multiplicando os planetas por esse número, temos 7 x 36 = 252. Multiplicando esse resultado por doze, temos: 252 x 12 = 3.024. Por isso o edifício tinha tantas câmaras!

A descrição de Heródoto

Como Heródoto viu uma parte desse edifício e o descreveu num livro, achei que precisava ler essa descrição para conhecer melhor o tema. Fiz várias buscas num bom número de bibliotecas, mas a tarefa foi em vão: encontrei várias referências ao livro, mas nada que me ajudasse a localizá-lo. Achei melhor abandonar a tarefa por algum tempo. Foi então que recebi, pelo correio eletrônico, um catálogo de um clube de livro holandês. Como de costume, dei uma folheada no catálogo e lá estava! O título me saltou aos olhos: *Herodotus: The Report of my Research* [Heródoto: Relatório da minha pesquisa]. Era uma tradução holandesa especial. Alguns dias depois, comprei o livro de 700 páginas e comecei a lê-lo de imediato, nem bem cheguei em casa. Começava assim: "Meu nome é Heródoto, sou de Halicarnaso e quero falar ao mundo sobre a pesquisa que realizei para manter viva a recordação do passado e imortalizar as grandes e imponentes obras dos gregos e de outros povos."

Eram essas as palavras de abertura. Meu interesse era tanto que queria ler o livro inteiro mas, felizmente, meu senso comum me aconselhou a parar por ali, pois essa tarefa me tomaria vários dias e eu não dispunha desse tempo. Então, consultei o índice e abri o livro na página sobre o labirinto. Dizia o seguinte:

> "Como mostra de sua unanimidade, resolveram deixar um monumento comemorativo, o que os levou a construir o labirinto, que está situado na margem meridional do lago Moeris, num lugar chamado Crocodilópolis. Estive ali e o lugar supera qualquer descrição. Se fizéssemos um estudo de todas as paredes, de todos os muros e de todos os edifícios públicos da Grécia, veríamos que todos juntos não exigiram tanto esforço nem tanto dinheiro quanto esse labirinto: e veja que os templos de Éfeso e Samos não são exatamente obras pequenas! É verdade que as pirâmides deixam sem fala o observador e que cada uma delas equivale a muitos dos edifícios gregos, mas nenhuma se compara ao labirinto."

Essas palavras me deixaram aturdido. As pirâmides de Gizé estão entre os edifícios mais imponentes da antigüidade e, no entanto, para Heródoto — que também fez uma elaborada descrição das pirâmides — o labirinto sobrepujava a todos. Meu entusiasmo aumentou mais ainda e continuei lendo avidamente o livro.

Figura 19.
Impressão do labirinto.

"Para começar, há uma dúzia de jardins interiores: seis alinhados do lado norte e seis do lado sul. Estão construídos de um modo tal que seus portais ficam frente a frente. Uma parede externa sem aberturas rodeia todo o complexo. O edifício em si compreende dois pisos e 3.000 câmaras, das quais a metade fica no subsolo e a outra metade ao rés-do-chão."

Uma vez mais, tive que parar de ler. Três mil câmaras com jardins interiores e uma única parede circular rodeando o edifício! Acho que nunca houve uma construção mais gigantesca do que essa. Metade das câmaras ficava ao rés-do-chão e as restantes num nível inferior. Se elas tivessem apenas dois metros de largura, a longitude total seria de três quilômetros. Isso me deu até tontura: esse deve ser o maior edifício já construído. Não tinha nenhuma dúvida a esse respeito. Por que não era mais conhecido? Será que tinha sumido da face da Terra? Em 448 a.C., ainda estava lá. Será que tinha sido destruído e suas partes usadas na construção de outros edifícios?

Telefonei para Gino. "Gino, aqui é o Patrick. Tenho algumas perguntas. Você sabe se foi construído algum edifício importante no Egito, depois de 450 a.C.? Refiro-me a algum período anterior à idade moderna."

"E por que você está perguntando isso?"

"Li a descrição do labirinto nas histórias de Heródoto. Parece ter sido incrivelmente grande! Uma coisa assim só desaparece quando é derrubada."

"Deixe-me pensar. Não, não sei de nenhum grande monumento que tenha sido construído depois dessa data. Já não se erguiam mais pirâmides e nem templos novos: parece que preferiam manter os que já existiam. Na verdade, não havia mais muitas construções."

"Nem dos romanos?"

"Não que eu saiba. Mas podem tê-lo usado para construir casas."

"Já ouviu falar alguma coisa a esse respeito?"

"Não, nunca. Mas se é mesmo tão grande, alguma coisa deve ter sido escrita sobre ele."

Depois dessa conversa, tive certeza: o maior edifício já construído ainda existia! Jazia oculto em algum lugar, debaixo de toneladas de areia do deserto. Mas onde eu tinha parado a leitura? Ah! Aqui! Intrigado, continuei lendo. Disse Heródoto:

> "Visitei e vi pessoalmente as mil e quinhentas câmaras situadas ao rés-do-chão e, portanto, falo com base na minha experiência. Mas, quanto às câmaras do subsolo, tenho que confiar na autoridade dos outros, já que nelas os egípcios não me permitiram entrar. Lá estão as tumbas dos reis que construíram o labirinto e dos crocodilos sagrados. No entanto, nunca estive nesse lugar e tudo o que sei é de ouvir falar. Mas me mostraram as câmaras construídas acima dessas e foi difícil acreditar que tinham sido construídas por mãos humanas. Os passadiços que ligavam as câmaras e as passagens ziguezagueantes que iam de uma antecâmara à outra me deixaram sem fôlego por sua colorida variedade. Foi com total admiração que caminhei do pátio para as câmaras, das câmaras para os peristilos e dos peristilos novamente para outras câmaras, e dali

para outros pátios. A cobertura de todos esses lugares é de pedra, assim como as paredes, cheias de figuras em relevo. Cada pátio é rodeado por uma fileira de colunas de mármore branco sem emendas."

"Meu Deus", murmurei. Que luxo! E em nenhum lugar se menciona que esse labirinto monumental, com as tumbas dos doze reis, tenha sido saqueado ou demolido. Mas, então, onde está ele? É ali que se escondem, sem dúvida, os maiores tesouros do Egito. O tesouro de Tutancâmon não é nada, comparado a isso. Disso vocês podem ter certeza. Fui ficando cada vez mais entusiasmado. Se as câmaras superiores tinham desaparecido, ao menos as do subsolo deviam continuar no seu lugar: era só uma questão de encontrar algum vestígio da gigantesca parede e dos alicerces dos peristilos. Depois, seria fácil encontrar as 1.500 câmaras em que estão guardadas mensagens da antigüidade à espera de serem decifradas. Essa possibilidade me fascinava sobremaneira. Seria impossível fazer uma descoberta mais sensacional! O mundo inteiro ficaria emocionado quando essa maravilha ainda desconhecida fosse levada a público. Sim, para encontrá-la precisava descobrir uma pista do lugar onde tinha que procurar. Com a "cabeça fervendo", continuei a ler: "Bem na esquina onde o labirinto termina, ergue-se uma pirâmide com pelo menos setenta e cinco metros de altura, decorada com figuras em relevo de grandes animais. Chega-se a ela através de um passadiço subterrâneo."

Ah! Essa sim era uma pista importante. Uma pirâmide com figuras de animais! Telefonei de novo para Gino: "Gino, você já ouviu falar de uma pirâmide com figuras de animais?"

"Por quê?"

"Segundo Heródoto, junto ao labirinto havia uma pirâmide com 75 metros de altura e grandes figuras de animais talhadas em relevo."

Do outro lado da linha, o silêncio se estendeu por alguns instantes. Eu esperava algum avanço, mas as palavras de Gino foram um golpe no meu entusiasmo irrefreável: "Para ser honesto, nunca ouvi falar de uma coisa assim, mas isso não quer dizer nada: as pirâmides de Gizé eram cobertas de pedra calcária branca mas, quando o Cairo foi destruído por um terremoto, os blocos de pedra calcária foram retirados e usados na reconstrução das cidadelas e de outras obras de arte. Esses blocos estavam cobertos por inúmeros desenhos e hieróglifos, que agora se perderam. Pode ter acontecido a mesma coisa com essa pirâmide. Neste caso, restaria apenas uma pirâmide com blocos feitos de rocha."

Eu me senti um desventurado, com vontade de maldizer a sorte. Todas as pistas pareciam levar a becos sem saída. Mas vamos lá... vamos nos pôr outra vez em ação. Talvez haja alguma outra indicação na obra de Heródoto. Às vezes não é preciso muita coisa: basta uma pirâmide com 75 metros de altura e figuras de animais em relevo. Mas onde estaria ela? Será que ainda existe? Sentindo-me infeliz, balancei a cabeça e continuei lendo o relato de 2.500 anos. Heródoto prosseguiu:

> "Mas, embora o labirinto seja espetacular, o lago Moeris, aqui ao meu lado, é realmente de perder o fôlego. Seu perímetro é de 3.600 estádios, ou sessenta *shoinoi*, ou 666 quilômetros, tão extenso quanto a costa egípcia inteira. Esse grande lago tem uma orientação Norte-Sul e mais de 90 metros de profundidade nas partes mais fundas. É provável que tenha sido feito pelo homem porque tem no meio duas pirâmides, com noventa metros acima da água cada uma, enquanto a base tem uma longitude similar debaixo d'água."

Tive que dar uma parada. Pirâmides com 180 metros de altura? Era difícil acreditar nisso. Provavelmente Heródoto se referia a edifícios ou colossos. Havia uma nota dizendo que Heródoto podia estar se referindo aos colossos de Biahmu — e mais nada. Isso não facilitava as coisas, era desanimador. Suspirei e continuei a ler:

> "Em cima de cada um dos edifícios há uma estátua representando um homem num trono. Calcula-se que a altura total chegue a dezenove metros porque cem *fathom* equivalem a um estádio de seiscentos pés; um *fathom* é igual a seis pés ou quatro *anas* e um pé é igual a quatro palmos, portanto um *ana* corresponde a seis palmos (um pé é igual a 29,6 cm, um *fathom* é 178 cm, um *ana*, 44,4 e um palmo cerca de 7,2 cm)."

A referência àquelas estátuas dos homens nos tronos, feitas de pedra, era uma nova pista, que talvez levasse a algum lugar. Se, depois da provável obstrução com sedimentos do lago, não foram levadas para muito longe, então poderia valer a pena seguir essa indicação. Mais adiante, eu lhe daria a devida atenção. Enquanto isso, continuei lendo:

> "A água do lago não vem de fontes naturais: isso seria impossível porque a região circundante está seca. Um canal é sua ligação com o

Nilo. A água corre por ele até o lago durante a metade do ano e, nos seis meses restantes, volta a fluir para o rio. Durante esse período, vai para o tesouro real pelo menos um talento de prata por dia, devido aos peixes que se pescam ali."

Muito bem, pensei, é provável que esteja situado no deserto. Como não há fontes naturais, o lago pode ter secado totalmente se não houver mais uma ligação com o Nilo. Por mais que procure, não encontrarei água atualmente. Heródoto continuou:

> "Os habitantes da região me disseram que havia um túnel ligando o lago a Sirte, na Líbia. Desse modo, era possível seguir terra adentro, pelo lado oeste de uma região montanhosa ao sul de Mênfis."

Outra pista. Devia haver uma região montanhosa não longe de Mênfis, indo em direção ao interior do país. Isso poderia ajudar a localizar o lago, mas não seria fácil. Disso eu tinha certeza. Mas quem nada arrisca nada ganha. Provavelmente era apenas uma questão de trabalhar as informações. Escrevi tudo de maneira ordenada e mandei para Gino. Umas duas semanas depois, num domingo, ele me telefonou:

"Acho que descobri a localização do labirinto", disse ele.

"Como conseguiu?", perguntei, surpreso.

"A construção começou na Era de Touro. As Híades são um labirinto de estrelas. Calculei sua posição sobre a Terra, com as pirâmides (que representam Órion) e Dendera (que representa a estrela Deneb) como pontos de referência. É tudo o que tenho por ora. Você pode vir aqui e dar uma olhada?"

"Que tal amanhã à noite?"

"Estarei esperando."

No dia seguinte, nós nos debruçamos sobre os mapas. Com orgulho, Gino me mostrou o lugar: Hawuara. "É aí que deve estar", disse com confiança. Concordei com a cabeça: parecia possível. Só uma profunda análise da localidade poderia nos dar uma resposta definitiva. Mas tinha uma coisa me incomodando: o nome Hawuara era muito parecido com outro nome que eu tinha visto em algum lugar. Procurei não pensar naquilo, enquanto Gino continuava sua explicação: "Segundo a tradição, quando morria, o faraó tinha que passar por um labirinto antes de subir às estrelas. Atualmente, os astrônomos chamam as Híades de 'o labirinto' porque essas estrelas pare-

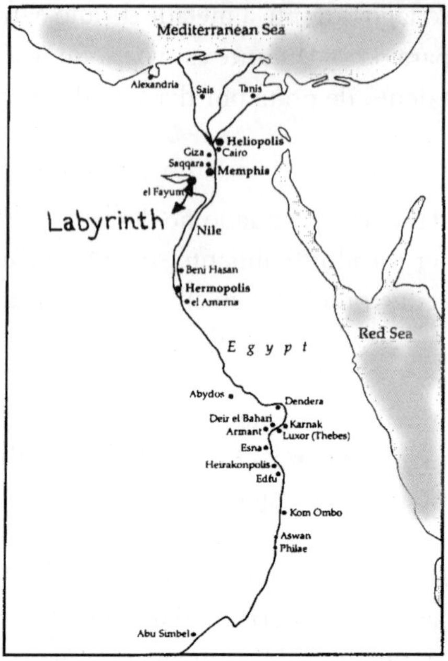

Figura 20.
A localização do labirinto.

cem formar um nó inextricável. Os antigos egípcios também deviam vê-las assim e por isso acho que o lugar é esse."

Por ora, não encontrava defeitos nesse argumento. Quando cheguei em casa, mergulhei numa enciclopédia e logo encontrei Hawara. Era esse o vocábulo inglês para a palavra francesa Hawuara. Fiquei estupefato porque o labirinto descrito por Heródoto talvez ainda estivesse ali. Estava aturdido. "Será que tinha chegado ao fim da minha investigação?"

Comecei a ler:

"A maioria dos egiptólogos acha que o labirinto foi descoberto em 1843 pelo famoso arqueólogo alemão Richard Lepsius (que morreu com 34 anos). Trata-se da pirâmide sepulcral, com ruínas circundantes, do faraó Amenemhat III (1844-1797 a.C.), descoberta por Lepsius, não longe do oásis El Fayum. Lepsius escreveu sobre isso: a disposição é tal que três grandes grupos de edifícios de trezentos pés de largura encerram um lugar retangular de seiscentos pés de largura e quinhentos de comprimento. O quarto lado, um dos menores, é delimitado pela pirâmide que fica atrás. Esta mede trezentos pés quadrados e, portanto, não alcança a ala dos edifícios."

Depois de estudar um mapa que vinha com o verbete, fiquei com sérias dúvidas de que fosse esse o labirinto.

A descrição não concorda em nada com os primeiros indícios fornecidos por Heródoto. Em Hawara, a pirâmide segue o mesmo eixo das ruínas do templo; segundo Heródoto, a pirâmide se encontrava num dos cantos. Nada se fala de paredes cobertas de relevos, de uma construção gigantesca, de uma parte subterrânea com 1.500 câmaras, colunas de mármore, etc. E onde, por todos os arqueólogos, estão as tumbas dos faraós míticos? Lepsius não encontrou nenhum rastro delas. Então, o que foi que ele descobriu? Centenas de câmaras, uma ao lado da outra, umas em cima das outras, umas pequenas e outras ainda menores. Isso não podia ser um labirinto! Resolvi deixar por isso mesmo e fui dormir. No dia seguinte, telefonei para Gino: "Gino! Tenho que felicitá-lo e decepcioná-lo!"

"Mas por quê?"

"Bom, o lugar que você calculou é exatamente o ponto em que foi descoberto um labirinto. Mas, e aí vem um grande "mas", a descrição do complexo não corresponde em nada com o que Heródoto disse a respeito. Você não tem alguma enciclopédia especializada que traga mais informações?"

"Mas claro! Tinha esquecido completamente!" Uma hora depois, Gino me ligou: "Tem razão, Patrick. Nas páginas 513 e 514 fica claro que as escavações realizadas ali não concordam com a história."

"Você pode me fazer uma cópia disso até sábado?"

"Não tem problema."

No sábado seguinte, Gino me trouxe não apenas cópias do labirinto, mas também de um antigo manuscrito egípcio mencionado num livro sobre as pirâmides, dizendo-me que se tratava de algo muito especial. Mas isso era para depois, já que primeiro examinamos o movimento do zodíaco sobre as pirâmides. Nessa noite não descobrimos nada e, no dia seguinte, li o texto sobre o labirinto. Parte dele era a descrição de Heródoto, mas incluía também o que o geógrafo grego Estrabão escreveu sobre o tema. Diz ele na décima sétima parte da *Geographica*, no capítulo 37: "Um peristilo rodeia uma série de câmaras palacianas adjacentes, todas enfileiradas ao longo de uma parede. Diante das entradas há uma grande quantidade de passadiços baixos e com muitas voltas e curvas. Assim, sem um guia, é impossível achar uma câmara específica ou inclusive a saída."

Isso me deixou sonhando por algum tempo. Não era à toa que o chamaram de labirinto: se o achássemos, íamos acabar nos perdendo. Continuei lendo: "A cobertura plana dessas câmaras é feita de uma só peça de pedra e as paredes dos passadiços cobertos também são feitas com pedras extraordinariamente grandes. Não se usou madeira e nenhum outro material de construção em lugar algum."

Eu estava tão impressionado quanto Estrabão. O que pode ter acontecido com esse legendário complexo? No ano 25 a.C., quando Estrabão o visitou, ainda estava ali. Segundo sua descrição, enormes monolitos foram usados em sua construção e tais pedras gigantes não poderiam ter sido usadas para construir outra coisa. Agora eu tinha certeza: o observatório astronômico continuava em seu lugar. Mas onde era esse lugar? Essa pergunta não me abandonaria até que o encontrasse, embora não me restasse muito tempo, já que dentro de dezesseis anos e quatro dias ocorreria a maior catástrofe da história. Tinha que encontrar esse complexo antes dessa data, de preferência alguns anos antes. Caso contrário, ele será destruído e também será tarde demais para avisar a humanidade da catástrofe vindoura...

Continuei lendo as cópias:

> "A situação no Reino Médio era tal que a construção é uma possibilidade realista, já que se cuidava então da unificação do país, tanto no aspecto administrativo quanto no prático. Essa enorme construção talvez fosse um símbolo da unidade. Pode ter tido também uma importante função administrativa no novo Estado unificado. Mas essa solução não resolve totalmente o enigma. Esse complexo edifício arquitetônico, segundo Heródoto e Estrabão, tinha dimensões tão gigantescas que não havia nada parecido no Egito. Mas, como não houve nenhum trabalho de restauração, será que ele suportou a passagem do tempo? Para resolver esse problema de uma vez por todas, é preciso realizar novas escavações, com base nos conhecimentos históricos e arqueológicos que agora temos."

Eu estava totalmente de acordo com essa conclusão. Faltava apenas considerar a questão teoricamente e depois fazer as avaliações necessárias no lugar. Estou totalmente convencido dessa possibilidade!

Fatos acerca do labirinto

- É o maior edifício já construído pelo homem.
- A construção levou 365 anos (de 4608 a 4243 a.C.).
- O diâmetro de Leste a Oeste era de 48.000 *codos* egípcios (um codo egípcio = 0,524 metros); 48.000 x 0,524 = 8.384 km.

- Contém o "Círculo de Ouro", uma legendária câmara a que se refere o Livro dos Mortos. Ela é feita de granito e recoberta de ouro, e contém um legado tecnológico deixado por uma civilização perdida, muito mais antiga do que o próprio Egito.
- O conhecimento astronômico dos egípcios está escrito em grandes paredes. Todas as suas descobertas astronômicas estão descritas em hieróglifos; todas as constelações figuram num gigantesco zodíaco.
- Muitas paredes se movem e isso o transforma num verdadeiro labirinto. Os textos antigos falam de pessoas que perderam o caminho e morreram, falam também de câmaras secretas, cheias de utensílios e documentos de uma civilização que floresceu em escala mundial há milhares de anos.
- Contém câmaras com documentos sobre a história do Egito e seu conhecimento astronômico.
- Em 36 enormes hieróglifos, os antigos egípcios descrevem como calcularam a última inversão polar, um conhecimento que precisamos achar urgentemente. Ali, podem estar também os cálculos para o ano 2012.

CAPÍTULO 9

OS SIGNOS ESTELARES

A principal razão de nossa viagem ao Egito, que incluiu a busca do labirinto, foi a descoberta de Gino a respeito de uma conexão entre a Via Láctea e várias pirâmides e templos desse país. Eu chamei a atenção dele para isso quando, ao ver o mapa do Egito junto ao da Via Láctea, percebi de imediato que o templo de Dendera parecia corresponder à estrela Deneb da constelação Cygnus (do Cisne). Uma das voltas do Nilo, na área de Dendera, corresponde exatamente à da Via Láctea. Era como se tivesse sido feita de propósito: uma tal semelhança não podia ser uma coincidência. Isso revela que os egípcios conseguiam determinar com exatidão posições que distam 800 quilômetros uma da outra, um procedimento muito difícil, que exige equipamentos modernos. Então, decidimos comprar um Sistema de Posicionamento Global (GPS), um instrumento que, via satélite, determina qualquer posição a partir de um determinado local.

Dendera é a estrela Deneb

Dendera, Egito, terça-feira, 25 de março de 1997. A viagem do hotel até Dendera foi uma aventura. Pouco antes de nossa visita, dezenas de pessoas tinham morrido vítimas de ataques terroristas e só nos permitiram ir ao templo com proteção especial da polícia. Havia uma barreira policial atrás da outra e muitos, muitos soldados. Parecia que tinha sido declarada uma guerra. Na entrada do templo, Gino encontrou Mohammed Aldawy Barbary, arqueólogo e chefe de segurança. Ele ficou conosco por algum tempo e nos permitiu ficar o dia inteiro. Foi uma sorte. Ele confirmou que Dendera estava associada à estrela Deneb, como tínhamos calculado.

Logo ao entrar no templo, um forte sentimento nos atingiu: tudo irradiava opulência e poder. No dia anterior, tínhamos visitado o Vale dos Reis, mas nada se comparava a Dendera.

Aqui tudo era mais misterioso, mais enigmático, mais complexo, como se houvesse um poder oculto: era uma fonte insondável e profunda de conhecimento, e cabia a nós desvendá-la. Contemplamos com assombro as maravilhosas colunas e os tetos requintados. Um guia veio falar conosco. Ele nos mostrou arcos subterrâneos e nos disse que muitos elementos do templo tinham como base o número 12: os doze signos do zodíaco, as doze colunas, os doze pólos do quadrante solar, etc. Levou-nos a um local no meio do templo, onde se ouvia vozes cantando. Miriam e Brigit, que tinham viajado conosco, estavam frente a frente num pequeno recanto e suas vozes soavam com uma beleza sobrenatural. Uma onda de prazer me atravessou o corpo: parecia que todo o edifício tremia e vibrava com elas. Imaginei-me um faraó. A tradição nos diz que esse ritual se realizava ao nascer e ao pôr-do-sol. Se dependesse de mim, duraria para sempre. Quando terminaram de cantar, continuamos estudando o templo. Na cobertura, tomamos as coordenadas importantes com nosso GPS e depois admiramos a cópia do zodíaco. O original está no Louvre (Paris), mas se encontra em piores condições. Aqui, Gino se deu conta de um primeiro desvio no conceito. Segundo suas medições, o zodíaco se dirigia para o Norte, com um desvio de cinco graus para Leste. Como era uma cópia, talvez se tratasse de uma coincidência. Então, decidiu medir o eixo Norte-Sul do templo e, para seu assombro, este também mostrava um desvio de cinco graus para Leste.

Meditei sobre isso e encontrei uma explicação possível. Um círculo tem 360 graus e, dividindo 360 por cinco, chega-se a 72.

Multiplicando esse resultado por 360, obtemos o número que indica a precessão do zodíaco: 360 x 72 = 25.920 = precessão. Como o templo era dedicado ao zodíaco, essa podia ser uma boa explicação. Mais adiante, surgiu outra hipótese plausível.

Depois de medir a posição, passamos o resto do dia admirando o edifício. O complexo inteiro era tão imponente que nos deixou boquiabertos. Daria para escrever um livro sobre o tema. A construção nos impele a aprender. Então, começamos a nos dar conta de como é avançada aquela construção e dos segredos que esconde. Aquilo que se passou há 12.000 anos está prestes a acontecer de novo. Esse é o poder que emana do templo de Dendera, que permanecerá em mim pelo resto da vida.

Esna é a estrela Altair

Esna, Egito, quarta-feira, 26 de março de 1997. Logo de início, calculamos que o nível do templo está abaixo do nível do Nilo. O arqueólogo de

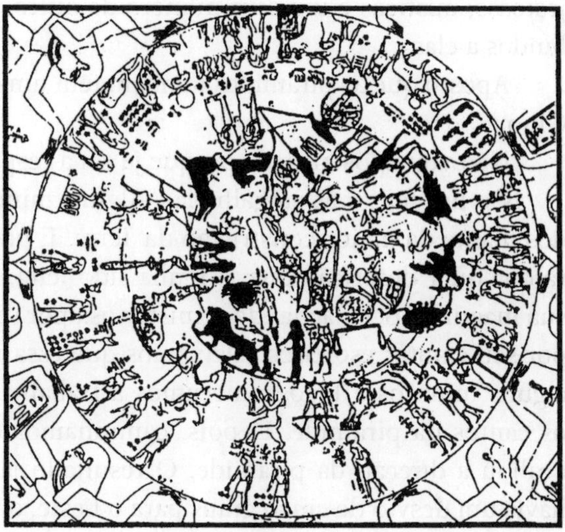

Figura 21.
O zodíaco circular de Dendera.

plantão nos explicou que só a essa profundidade havia terreno sólido para se construir. Devido ao nível baixo, havia infiltrações de água que prejudicavam a conservação dos hieróglifos.

Como os egípcios eram muito inteligentes e capazes de guardar tudo no melhor estado de conservação possível, chegamos à conclusão de que havia alguma razão especial para construir um templo logo ali, uma razão muito mais importante do que o grau de dificuldade de se construir naquele lugar. Gino logo encontrou o signo de Altair (na constelação da Águia), o que reforçou nossa teoria. Além disso, vimos colunas semelhantes às de Dendera, o que indica que o templo tinha sido construído na mesma época. Outros elementos de correspondência são os signos do zodíaco e o padrão das coberturas. Ambas as construções contam com um poço, mas em Dendera há um pequeno oásis. Depois de algumas medições, descobrimos que o templo aponta para o Norte com um desvio de cinco graus para o Leste. Dois desvios tão óbvios não podiam ser uma coincidência.

As pirâmides são a constelação de Órion

Gizé, Egito, segunda-feira, 31 de março de 1997. Caminhávamos em direção às pirâmides, que ficam a menos de um quilômetro do hotel. Eu tinha lido uma descrição detalhada no livro *Fingerprints of the Gods* [Impressões Digitais dos Deuses] e, no dia anterior, já tinha saboreado uma primeira visão das pirâmides, debruçado na janela do nosso quarto: grandiosas, majestosas, místicas e um sem-número de outros adjetivos poderiam ser atribuídos a elas.

"Aposto que as pirâmides também têm um desvio de cinco graus", disse Gino.

"Não vou apostar nada porque já sei a resposta."

Isso nos fez rir às gargalhadas. Alguns minutos depois, estávamos parados diante da maior construção da Terra. É preciso ver para crer: ela supera qualquer descrição que já tenha sido feita. Eu me sentia esmagado por sua magnificência, achando-a misteriosa por seus segredos ocultos, mística por seu caráter esotérico. Deixamos que essa impressão nos invadisse por alguns minutos e logo começamos a trabalhar. Com o GPS, Gino mediu os cantos da pirâmide. Depois, caminhamos de um canto ao outro e ele avaliou a direção da pirâmide. O resultado já não era surpresa para nós: havia um desvio de cinco graus para o Leste, o mesmo desvio detectado nas outras duas pirâmides.

O eixo Norte-Sul

Durante o cuidadoso estudo que fizemos dos arredores, topamos com uma flecha feita no granito vermelho de Assuã. Para quem está de frente para a entrada, ela fica à esquerda do eixo Norte-Sul da pirâmide de Quéfren. Para nossa surpresa, a flecha apontava precisamente para o Norte. Isso nos levou à conclusão de que o desvio de cinco graus tinha de fato uma razão específica, ainda mais porque já tínhamos nos deparado com esse ângulo várias vezes:

- Em Esna e Dendera
- No cruzamento dos passadiços no templo de Karnak.
- Na parede inclinada em Karnak (as paredes inclinadas são excepcionais).
- No sarcófago no templo de Karnak (câmaras em declive).
- Ao estudar os celtas.

Como já mencionei, esse ângulo pode ser explicado através da precessão ou movimento do zodíaco. É como se os egípcios quisessem dizer às civilizações vindouras que é preciso estudar profundamente. Assim, quando se desvenda a construção da grande pirâmide, encontram-se vários ângulos de 72 graus, associados ao ângulo de cinco graus: 360 ÷ 5 = 72. Multiplicando 360 por 72, encontramos a precessão: 72 x 360 = 25.920.

No Egito, um ano tinha 36 semanas de 10 dias = 360 dias. Os últimos cinco dias eram dedicados aos deuses. Com o ângulo de cinco graus, os egípcios quiseram nos dizer também que mediam as horas e minutos do dia (24 x 60 = 1.440 minutos).

Multiplicando esse resultado por cinco, temos 7.200, que é múltiplo de 72. Isso também aponta para um código de precessão.

O enigmático desvio de cinco graus nos templos e pirâmides nos conduz às seguintes conclusões:

- As pirâmides estão construídas de modo a nos avisar que a constelação de Órion é crucial. Se, em virtude da precessão, ela se converte no centro de interesse, na Terra ocorrerá um desastre.
- Neste momento, Órion está quase em seu ciclo mais alto. É a constelação mais visível do céu. Isso nos diz que o desastre se aproxima.
- A disposição das pirâmides é semelhante à das estrelas de Órion em 2012 e em 9792 a.C.

Não subestime essas descobertas porque elas se baseiam no enorme conhecimento astronômico dos egípcios. As semelhanças entre os templos, as pirâmides e suas imagens celestiais são uma prova incontestável. Para levar a cabo uma tarefa tão difícil, eles deviam saber muitíssimo de astronomia, geologia, geodesia, projeção de mapas, etc.

Pesquisa sobre a localização

Hawara, Egito, quarta-feira, 2 de abril de 1997, 11 horas. O taxista cruzava o deserto a grande velocidade. O sol me queimava os olhos. A certa distância, já se via o contorno da pirâmide de Hawara. Eu me remexia impacientemente, para a frente e para trás. Gino apontou a pirâmide e assentiu com a cabeça. Era essa. Estávamos nos aproximando rapidamente do objetivo da nossa viagem.

Chegamos: era uma paisagem desolada, sem um único turista. Três guias e um vendedor de ingressos nos deram as boas-vindas com os braços abertos. Nenhum deles falava inglês mas, felizmente, o motorista facilitou a comunicação entre nós. O ingresso custava dezesseis libras egípcias, o que era muito para uma pirâmide feita de pedra calcária, mas pagamos com prazer. Os guias nos acompanharam. Gino e eu pusemos o chapéu na cabeça para nos proteger do sol abrasador e seguimos pelo caminho de cascalho. Fiquei surpreso ao ver que a pirâmide havia ruído no centro e que as pedras calcárias tinham se transformado numa pilha informe. No Vale dos Reis e em Dendera, eu tinha visto várias construções de pedras calcárias. Como chove apenas um dia por ano nessas regiões, elas permanecem em boas condições por milhares de anos. Era evidente que aqui não era esse o caso,

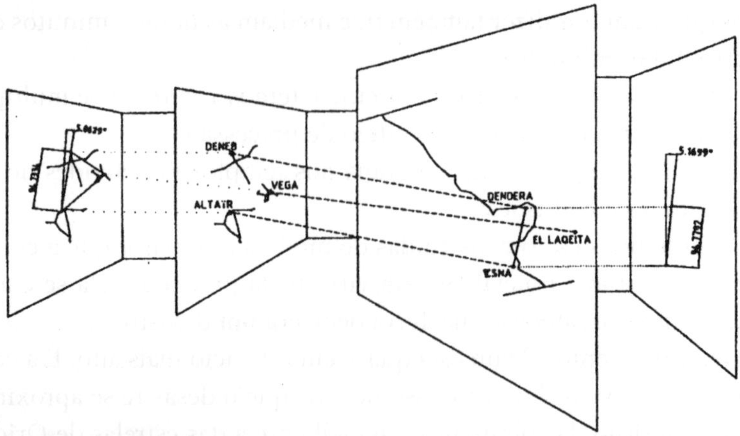

Figura 22.

Existe um código astronômico oculto na localização das pirâmides e dos templos. Aqui, podemos observar uma visão tridimensional da relação entre as estrelas Deneb, Vega e Altair e a posição dos templos no Egito.

embora a quantidade de chuva fosse provavelmente a mesma. Mas logo resolveríamos esse enigma.

Um de nossos guias fez gestos exagerados, apontando uma coluna branca brilhante, quase invisível sobre a areia, com a figura cinzelada de dois crocodilos. Esse era um indício de que estávamos no lugar certo: Heródoto mencionou que o labirinto estava situado perto da cidade dos crocodilos. Nossos guias se ajoelharam diante da entrada e fizeram na areia o desenho de uma pirâmide com três camadas. Depois, apontaram a camada inferior e um bloco de granito vermelho de Assuã. Essa pedra, muito dura, era usada apenas em construções importantes, quando havia uma boa razão para justificar seu uso. Neste caso, só a camada de baixo era feita de granito de Assuã: acima dela, tinha sido usado o mesmo tipo de pedra das pirâmides de Gizé. Quanto à última camada, era feita de pedras calcárias, como já observamos.

"Esse granito vermelho era usado para proteger da água as camadas superiores", disse Gino, confirmando o que eu já suspeitava. Assenti com a cabeça e nos dirigimos para a entrada. Depois de alguns poucos metros tivemos que parar porque a água tinha invadido toda a câmara mortuária. Gino acendeu a lanterna. Embora a luz fosse insuficiente para penetrar a escuridão que havia à nossa frente, dava para perceber que a água tinha invadido tudo. De repente, Gino iluminou as paredes com a lanterna e vimos que estavam cobertas de cristais de sal. Meu coração deu um salto: o labirinto era muito mais profundo do que a pirâmide e, nela, já estava armazenada a água que brotava da terra. Isso explicava também por que a parte de pedra calcária estava em tão más condições: a água tinha soltado as camadas de calcário, fazendo com que uma parte da pirâmide ruísse. Fui invadido por tremores frios no intenso calor da tarde: se o labirinto estivesse inundado, deveria conter milhares de milhões de litros de água, sem mencionar os danos. Isso, na verdade, arrefeceu meu entusiasmo. Nós nos olhamos em dúvida e então subi num muro que se encontrava bem ao lado da pirâmide. A uns vinte metros de distância e a uns oito de profundidade, vi um canal como o que Heródoto descreveu. A pirâmide era muito mais alta e, no entanto, estava totalmente inundada. Não dava para entender. Mais tarde, Gino me explicou que a terra tinha absorvido a água como uma esponja. Essa era uma boa explicação para a água que brotava da terra, mas não resolvia o problema. Não obstante, olhei a distância e nada mais vi, além de um oásis verde à minha frente. Imaginei se não teria existido ali um lago com praias. Lá longe, à direita, o oásis dava lugar à areia do deserto, que quase não difere da areia do mar. Muitos geólogos estão convencidos de que os desertos já foram mares que se elevaram por ação da terra. Sonhando acordado, continuei olhando ao redor e de repente tive a sensação de que estávamos no lugar certo. Durante minha investigação, tinha tido tais sensações várias vezes, e elas sempre estavam corretas. Desta vez não ia ser diferente. O labirinto estava bem ali, eu podia apostar!

Andamos mais um pouco pela pirâmide e Gino parou para medir sua posição. Ele já a havia calculado teoricamente e, para nossa satisfação, os resultados desse cálculo concordavam com os valores medidos. Novamente minhas suspeitas se confirmavam. Do lado norte da pirâmide, que apontava diretamente para Gizé, havia uma paisagem desolada onde jaziam ruínas de tumbas. Várias tinham ruído e havia grandes aberturas. Com muitos gestos, os guias nos indicaram que era perigoso ficar ali, pois poderíamos afundar. Tomamos algumas notas e prosseguimos na nossa busca. Não havia muito para descobrir, com exceção de um fato peculiar. Perto da pirâmide, Gino achou duas pedras dispostas em ângulo reto, com uma perfuração embaixo. Ele quase ficou louco ao ver isso. No percurso para o aeroporto, ele tinha me falado de um sonho de sua sogra. Segundo ela, se achássemos duas pedras com uma perfuração, esse seria o lugar do labirinto. Ele me disse também que vários sonhos dessa senhora tinham se tornado realidade. E agora ali estávamos, diante daquela perfuração no piso. Isso fez com que as coisas parecessem mais estranhas e mais emocionantes. Tentamos aumentar a brecha com as mãos, mas não conseguimos grande coisa. Gino fez inclusive várias fotos do local, mas o resultado foi pobre. Portanto, o enigma desse presságio ainda existe. Como não tenho experiência com previsões, eu só mencionei o fato por sua peculiaridade.

Depois, fomos ao outro extremo do lugar, onde Lepsius fez suas escavações, no século XIX. Ali mais parecia a superfície lunar, tal a desolação. Logo me dei conta de que as escavações de Lepsius não tinham sido muito profundas, uns dois metros no máximo. Era isso que dava para ver e, portanto, não era suficiente para descobrir o labirinto, que deveria estar uns cinco metros mais abaixo. Ao ver isso, tive a certeza de que ele estava ali, bem debaixo dos meus pés. Continuamos a nossa busca e topamos com a parte superior de algumas colunas: provavelmente essa era a parte superior do labirinto em tempos antigos. Por mais de uma hora esquadrinhamos a planície, seguindo um padrão de linhas cruzadas mas, a não ser pelos muitos fragmentos, não obtivemos outros resultados. De qualquer modo, já sabíamos o suficiente.

Elaborei uma lista das principais evidências, que mostram por que o labirinto deve estar situado nesse lugar:

1) O canal diante da pirâmide é um ramal do canal Bahr Jussuf. Segundo Heródoto, devia haver, diante da pirâmide, um canal ligado ao lago.
2) Atrás do canal há uma depressão onde se encontra o oásis de El Fayum. É provável que o lago ficasse ali.
3) A posição da pirâmide está de acordo com a estrela Aldebarã, da constelação de Touro. Essa semelhança indica a importância da posição.
4) Os extremos superiores de várias colunas que sobressaem da areia indicam que há mais sob a superfície. Provavelmente, elas sustentavam a cobertura do labirinto.
5) O templo foi construído no início da Era de Touro. Quando se observa de perto a estrela do signo de Touro, percebe-se a semelhança que tem com as Plêiades e as Híades. A região que corresponde às Plêiades fica muito no alto, de modo que essa possibilidade está descartada. Isso nos deixa com as Híades, e é aí que se encontra o labirinto!
6) As Híades compreendem doze estrelas brilhantes e várias outras. O doze está associado ao zodíaco. Os astrólogos chamam as Híades

de labirinto de estrelas. Além disso, as Híades cobrem cinco graus do céu, ou seja, o mesmo número do desvio medido nos templos e pirâmides, com relação ao eixo Norte-Sul.

7) O granito vermelho de Assuã foi usado nos alicerces da pirâmide para proteger os blocos de calcário da ação da água. O uso desse granito indica também a importância do lugar.
8) Dois crocodilos cinzelados são o símbolo de Crocodilópolis, que não ficava longe daí.
9) Lepsius não fez escavações suficientemente profundas para encontrar o labirinto.
10) E o argumento mais forte de todos: os egiptólogos do mundo inteiro dizem que o labirinto deve estar aqui. O que estamos esperando?

Nossa conclusão: é absolutamente necessário iniciar uma nova escavação aqui. Só assim o enigma do labirinto perdido pode se resolver.

Conseqüências mundiais

A busca do labirinto tem que começar urgentemente. Do contrário, a humanidade estará correndo um grande perigo. Há 12.000 anos, prevalecia uma civilização extremamente avançada. Eles dominavam a astronomia, a geologia, as matemáticas, a geografia, navegavam pelos oceanos, tinham calendários incrivelmente precisos, etc. As evidências de tudo isso estão reunidas no labirinto. Se conseguirmos recuperar esse conhecimento, a história da Terra se modificará para sempre. Além disso, teríamos uma prova de onde obtiveram seus conhecimentos e sua sabedoria, para conseguir prever a destruição da Terra. Saber que nossa civilização está para ser varrida da face do planeta por uma gigantesca catástrofe geológica causará de início uma tremenda reação de pânico. Mas depois será possível empreender ações em nível mundial para preservar o conhecimento mais importante e transmiti-lo aos sobreviventes da catástrofe.

Durante minha investigação, eu me surpreendi várias vezes com a alta qualidade da ciência desses antigos gênios. Em muitas frentes, sua ciência estava mais avançada do que a nossa: eles calculavam as órbitas exatas dos planetas com 4.000 anos de antecedência, algo que só recentemente descobrimos como fazer. A partir dos inúmeros dados com que trabalhavam, conseguiram calcular o dia final da destruição da Terra. Eles sabiam que esse fim é cíclico, que é um acontecimento recorrente, e nisso baseavam sua religião. Se eu não chegasse a desvendar esses segredos, a catástrofe nos atingiria sem nenhum aviso, com desastrosas conseqüências para a humanidade.

Felizmente, todos agora tomarão consciência de que a escavação desse centro astronômico exige total prioridade. Do contrário, a missão dos antepassados — alertar as gerações futuras sobre essa catástrofe — corre o risco de se perder para sempre. Como já ressaltei várias vezes no meu livro, esse desastre mundial pode significar o fim da humanidade se não der para desativar a tempo as instalações nucleares. Espero que haja um número suficiente de pessoas inteligentes para concluir com êxito essa investigação. Caso contrário, a maior das catástrofes ameaça apagar para sempre todos os vestígios da humanidade.

Cálculo da posição

A grandiosidade do conhecimento astronômico dos egípcios foi algo que Gino pôde constatar quando regressamos da nossa viagem. Partindo das posições das pirâmides e templos, ele calculou matematicamente como tinham sido estabelecidas. Depois de uma intensa busca, ele chegou à conclusão de que os egípcios deviam conhecer a circunferência exata da Terra e tinham meios para calcular a distância até as estrelas. Para isso, trabalhou a questão da seguinte maneira: perguntou-se como faria para projetar a posição de uma estrela na Terra.

Solução: congele os céus num determinado momento do tempo, como por exemplo o dia 27 de julho de 9792 a.C., que é a véspera da catástrofe. Calcule a distância entre as estrelas e registre-as em unidades específicas (por exemplo, *ana** real, etc.). Tome o centro da Terra como referência e projete nele a estrela. Adote uma escala ao fazer a projeção, de modo que tudo possa ser medido novamente. A projeção é tridimensional, o que complica consideravelmente a tarefa. Além disso, é preciso levar em conta o ângulo entre as estrelas, o que exige conhecimento de matemática espacial e o conhecimento necessário para projetar um ponto numa paisagem tridimensional. Atualmente, só os maiores matemáticos e astrônomos têm capacidade para tal. Depois, situe o templo na confluência com a Terra.

Nossas medições demonstram que os egípcios eram capazes de tudo isso. Eles estavam tão adiantados que sua ciência pode ser equiparada à atual.

---

* Ana: Antiga medida de longitude que equivalia aproximadamente a um metro.

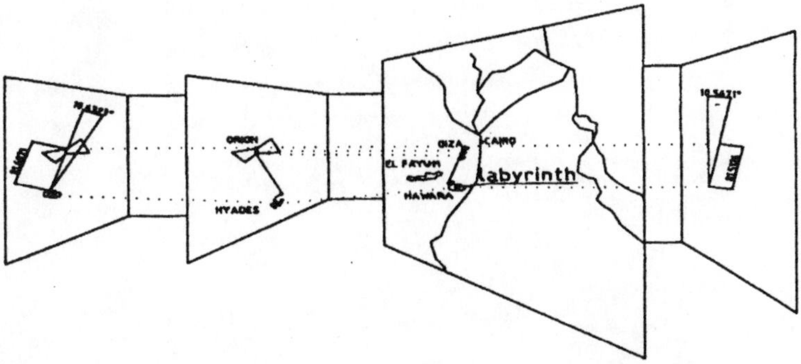

Figura 23.

Vista tridimensional da relação entre as pirâmides, a constelação Órion e as Híades (labirinto de estrelas). Ao ser decodificada, essa informação determina a localização do labirinto, que aparentemente contém utensílios e documentos da inundação mundial anterior.

Uma análise posterior dessa informação revela que o ângulo entre Esna e Dendera é de cinco graus, assim como o ângulo entre as estrelas Altair e Deneb. É provável que haja mais ocorrências desse ângulo, como o que existe entre Sírius e Aldebarã, que também tem cinco graus.

Ofiúco

Depois de descobrir a relação entre as estrelas mencionadas e seus lugares na Terra, Gino viu a constelação de Ofiúco.

Se a teoria está correta, essa constelação domina quase todo o território do Egito. Pode ser que haja uma explicação plausível para o que aconteceu durante a destruição da Atlântida. Quando Escorpião aparece no horizonte oriental, Órion desaparece no Oeste. Segundo a mitologia, Ofiúco curou o caçador Órion esmagando o Escorpião com o pé. Em linguagem astronômica, Órion reaparece a Leste sobre o horizonte, enquanto Ofiúco empurra o Escorpião para dentro da terra, a Oeste. Essa é uma história que merece ser estudada em profundidade.

Parte III

COMO FOI CALCULADA A DATA DO FIM DO MUNDO?

CAPÍTULO 10

O MISTÉRIO DE ÓRION, DECODIFICADO

Segunda-feira, 25 de novembro de 1996. Gino e eu repassamos uma vez mais toda a informação que tínhamos sobre o zodíaco, mas essa tarefa não nos levou muito longe. Então, decidimos continuar nossa busca por computador. Gino organizou os dados sobre as constelações estelares no ano 2012. Às vezes demorava porque a programação era difícil, mas ele é um gênio e o resultado foi sempre excelente. Eu procurava desesperadamente uma ligação entre todas as informações que tinha, mas não consegui grande coisa nessa noite. Dezenas de imagens de posições planetárias, constelações estelares e complicados padrões interiores passaram diante dos meus olhos. Um tanto aturdido, mas sem perder o entusiasmo, voltei para casa. Alguma coisa estava fermentando dentro de mim, mas o quê?

Íamos nos encontrar de novo na noite seguinte para fazer uma busca pela Internet. Essa era uma revelação para mim, pois era a primeira vez que eu trabalhava com essa ferramenta. Decidimos buscar dados sobre o zodíaco. Aparentemente, havia muitas e muitas publicações, que nos manteriam ocupados durante dias. Por isso, Gino mudou de tática e incluiu as palavras "zodíaco" e "Egito". Havia apenas três artigos. Um deles parecia ser extremamente importante e cito a seguir algumas passagens:

> "*Secret of the Great Pyramid Revealed*" [Segredo Revelado da Grande Pirâmide], de J.P.E.
>
> "Há milênios elas causam admiração. Por que foram construídas? Quem as construiu?
>
> Uma descoberta recente revelou que o desenho da Grande Pirâmide se baseou nas mais complexas medições astrológicas de que se tem conhecimento.

A medição da precessão do ano 25.920 parece ser a mais importante no desenho da Grande Pirâmide e a verdadeira razão de sua construção. É uma espécie de santuário para a medição do movimento do zodíaco para o Grande Pai.

Demonstrou-se que os eixos da Grande Pirâmide estão em perfeito alinhamento com as estrelas-chave do zodíaco, nas mudanças importantes das diversas casas zodiacais.

Seria a Grande Pirâmide um relógio monumental?

Mede a precessão e outras mudanças diversas na condição de antecessor do zodíaco."

Logo que li esse artigo, ficou claro para mim que a pirâmide é, com efeito, um relógio gigantesco, que está funcionando. Dentro de dezesseis anos, seu tique-taque vai parar porque ocorrerá então a maior catástrofe da história da humanidade. Por isso a pirâmide foi construída com uma precisão tão grande. Para nos deixar essa advertência, os construtores tiveram que realizar uma obra superior. O mínimo desvio poderia impedir que as civilizações futuras tomassem conhecimento da última e definitiva mensagem: prestem atenção, uma destruição mundial ocorrerá quando o relógio deixar de dar a hora! Que raciocínio brilhante! E fomos descobrir só agora, quando já é quase tarde demais para tomar as precauções necessárias.

Os pesquisadores já se perguntaram por que os eixos foram construídos com um grau de precisão tão incrível: não há nenhum desvio e deve ter exigido uma quantidade enorme de mão-de-obra. A construção dos quatro eixos é semelhante à de vários templos. Essa visão arquitetônica tem intrigado milhares de visitantes... até agora. Para mim, a cada minuto tudo ficava mais claro. Mas, para que tudo ficasse mais transparente ainda, Gino teria que fazer muitos cálculos, que lhe tomariam várias semanas. Quanto a mim, pedi para ver de novo as estrelas do ano 2012. Tinha a sensação de que acharia alguma coisa nova. E logo apareceu na tela uma constelação de estrelas com os códigos da destruição do mundo.

"Dá para ver de outro ponto de vista?", perguntei de repente, seguindo minha intuição.

As mãos de Gino se agitaram sobre o teclado e apareceu uma imagem que eu já tinha visto, mas sem lhe dar muita atenção: uma linha reta atravessava a tela.

Fascinado, murmurei: "O que é essa linha?"

"É o equador, a linha que divide a Terra exatamente em duas metades", respondeu Gino.

Senti que havia mais alguma coisa atrás disso, mas o quê? Continuei estudando a tela. Junto à linha, havia outra que indicava um movimento ondulatório. Elevava-se da base, alcançava um pico e logo descia abaixo do ponto de partida. Uma onda perfeita. Talvez a explicação pareça um tanto difícil, mas o quadro a seguir esclarecerá as coisas. Foi isso o que eu vi.

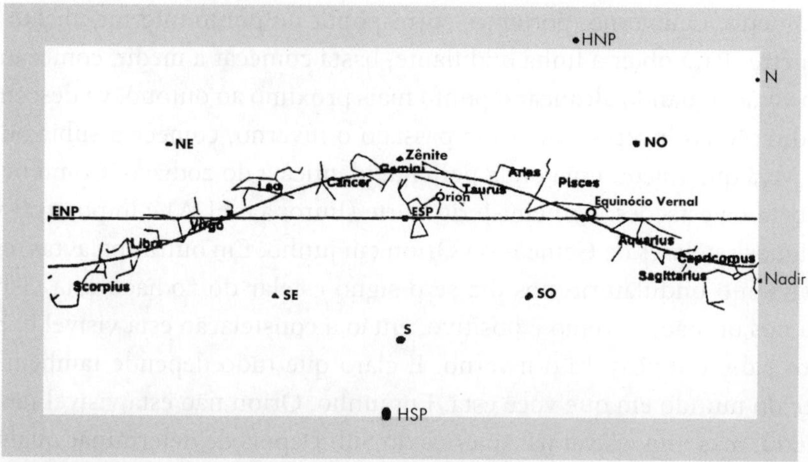

Figura 24.
O movimento ondulatório do zodíaco.

Muito bem, dirá você, mas onde você quer chegar? Era isso mesmo que eu me perguntava. Não conseguia tirar essa mensagem da cabeça, mas tampouco encontrava uma solução para o problema. Já passava da meia-noite e resolvi dormir porque no dia seguinte tinha que trabalhar. Quarta-feira, quinta-feira, sexta-feira... e eu não conseguia pensar em outra coisa. Onde estava o vínculo? Havia um vínculo, disso eu tinha certeza. Então, algo me ocorreu. Era uma coisa que tinha visto na capa interna do *The Atlas of the Universe* [O Atlas do Universo], de Patrick Moore. Ao chegar em casa, corri para a biblioteca e peguei o atlas das estrelas. Sim! Lá estavam exatamente as mesmas linhas. Como que obcecado, comecei a observá-las. De repente, prendi a respiração: era isso! A linha ondulante indicava as estrelas do zodíaco e o Equador da Terra passava exatamente por ela.

Dei um pulo, pelo simples prazer de pular, quando fiz essa descoberta. Como não tinha percebido isso antes? De fato, trata-se de astronomia elementar, como o conhecimento das estações. Todos estão familiarizados com a constante progressão das estações, que ocorrem porque a Terra tem uma posição um tanto inclinada com relação ao Sol.

Esse ângulo é o responsável pelas estações e faz com que o Pólo Norte e o hemisfério norte se afastem do Sol durante seis meses por ano. Quando no norte é verão, é inverno lá embaixo. Todo mundo sabe disso. Transformando esse raciocínio em simples matemática, obtemos um movimento ondulatório. O verão é positivo e se encontra em seu ponto mais alto sobre o diâmetro. O inverno, portanto, corresponde ao ponto inferior, abaixo do diâmetro. Para obter a linha ondulante, basta começar a medir, começando pelo verão. Quando alcançar o ponto mais próximo ao outono, vá descendo em direção ao inverno. Uma vez passado o inverno, comece a subir outra vez. Verá que traçou uma onda perfeita, idêntica à do zodíaco. Como neste também há estações, no hemisfério norte (Europa e EUA) é impossível ver os signos estelares de Gêmeos ou Órion em junho. Em outras palavras, esse movimento ondulatório nos diz se o signo estelar do zodíaco está visível para nós ou não. O verão é positivo, então a constelação está visível e, por outro lado, é invisível no inverno. É claro que tudo depende também da parte do mundo em que você está. Em junho, Órion não está visível na Inglaterra, mas está visível na América do Sul. Depois de determinar quais as partes que estão visíveis, é fácil localizá-las no céu.

Senti que estava prestes a resolver o mistério de Órion. Em menos de quatro dias, soube que os eixos acompanham os signos do zodíaco e, além disso, descobri que o zodíaco mostra um movimento ondulatório. Com certeza havia aí uma conexão! Há milhares de anos, os astrônomos e matemáticos alcançaram um nível incrivelmente elevado. Tinham chegado no mínimo até esse ponto, o que já é muito. Mas, com sua obsessão pelo fim do mundo, foram ainda mais longe. Eles já tinham decifrado códigos que só agora começamos a compreender. Isso é absolutamente brilhante! Mas prossigamos. Eu ainda não tinha descoberto o significado do signo estelar de Órion, até que vi uma luz. No livro *Le Grand Cataclysme*, li que Osíris (Órion), logo que nasceu, foi associado a um certo signo estelar na Atlântida, do qual sua mãe tirou seu nome. Isso me deu uma pista: a Atlântida ficava perto do Pólo Norte. Depois do cataclismo, os pólos se inverteram e a terra desapareceu sob o Pólo Sul. Então, Órion se converteu num signo estelar do hemisfério meridional. Mais ainda, esse signo devia ter um significado especial pois, do contrário, o último rei não levaria seu nome. Entusiasmado, comecei a procurar no meu atlas alguma conexão possível.

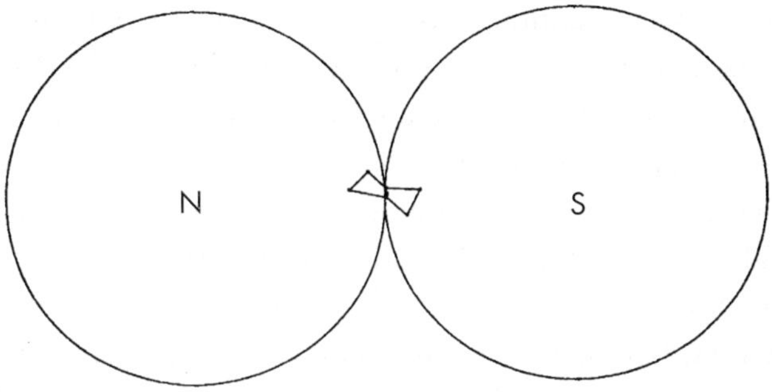

Figura 25.
Neste momento, Órion domina os céus estelares, setentrional e meridional. Isso significa que o cataclismo está muito perto.

Encontrei-a na página 217! Fiquei perplexo quando vi as projeções dos hemisférios norte e sul. Mas o que me emocionou mesmo foi a posição de Órion. Tive que olhar várias vezes antes de acreditar. Órion era o signo estelar mais visível no limite do hemisfério sul. Isso não pode estar certo, pensei. Mas o mapa não deixava dúvidas: Órion era a única constelação no limite exterior, tanto do norte quanto do sul. Em termos astronômicos, isso significa que Órion é a única constelação reconhecida como um claro indicador em ambos os céus, norte e sul.

Algumas páginas adiante, li o seguinte: Órion é atravessado pelo equador do céu e, portanto, é visível de todas as partes da Terra. O cordão aponta, numa direção, para Aldebarã e, na outra, para Sírius, embora Procyon, Castor e Póllux, e Capela também sejam visíveis. Sua forma característica e sua alta luminosidade fazem com que Órion seja um ótimo ponto de partida para a identificação das estrelas. Todos os elementos principais desse signo estelar (exceto Betelgeuse) pertencem aos "primeiros" tipos espectrais e são muito quentes, brilhantes e brancos.

Senhor do céu em 2012 e em 21.312 a.C.

Com isso, meu guia estelar tinha resolvido um enigma muito antigo. Como os atlantes navegavam os oceanos do mundo, precisavam de uma baliza reconhecível no céu. Além do zodíaco, Órion também era um ponto de referência. Imediatamente depois da catástrofe de 21 de fevereiro de 21.312 a.C., Órion ficou numa posição quase idêntica à atual. Então, Órion deve ser o senhor do céu, simplesmente por se achar no meio de dois céus estrelados. Não há por perto nenhuma outra constelação que iguale seu brilho. Portanto, os atlantes fizeram de Órion seu indicador no céu. Em vista de seu pensamento ambíguo, este devia ter como contrapartida uma construção terrena, ou seja, a pirâmide de Quéops. O mistério de Órion estava resolvido! Meu coração saltou de alegria: eu estava exultante de entusiasmo. Quando Bauval observou que as pirâmides estão dispostas de acordo com a constelação de Órion, deixou em aberto o porquê: agora eu tinha a resposta para essa pergunta. (Coincidentemente, Bauval é belga, como eu. Os mais valentes dos gauleses — como disse César, o imperador romano — tinham conseguido de novo!)

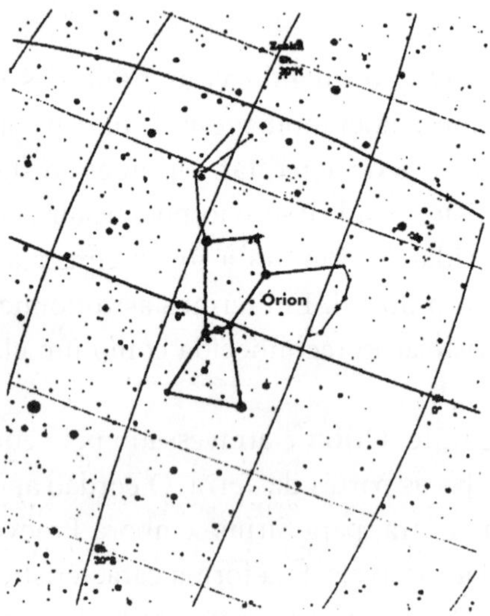

Figura 26.
De fato, Órion está sobre a linha central que atravessa o movimento ondulatório do zodíaco. Do ponto de vista astronômico, é o "Senhor do Céu" e o "Senhor do Zodíaco".

Mas eu ainda tinha um problema. Agora, Órion toca o diâmetro que corre pela linha ondulatória do zodíaco.

De imediato, pensei no artigo que tinha lido pela Internet. Se os eixos da pirâmide apontam mesmo para as posições do zodíaco correspondentes, então o que eu tinha descoberto aqui era sua contrapartida cósmica. Os códigos da destruição ficavam cada vez mais claros: em 2012, Órion não vai apenas dominar os céus estrelados setentrional e meridional, mas também o zodíaco! E nesse momento crucial, ocorrerá a destruição do mundo! As antigas escrituras o confirmam. Na queda da Atlântida, os sumos sacerdotes que conseguiram escapar ensinaram seus conhecimentos a seus seguidores.

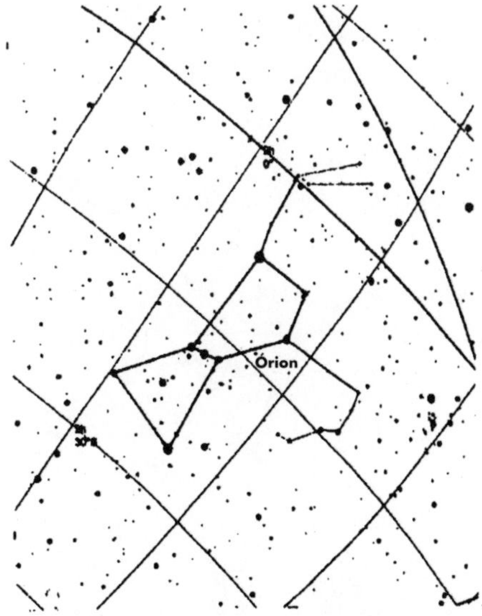

Figura 27.
No ano 3000 a.C., Órion estava longe da linha central que atravessa o zodíaco. A importância de Órion para os egípcios e sua verdadeira posição astronômica apontam para o final de um ciclo.

Zoroastro foi um deles. A seguinte citação vem do livro *Cosmos*, de Carl Sagan:

> "A ventura e as desventuras que se abateram sobre o homem e as outras criaturas procedem do sete e do doze. Os doze signos do zodíaco são, como nos ensina o santo mandamento, os doze regentes deste lado da luz; e dos sete planetas se diz que são os sete regentes da obscuridade. Os sete planetas eliminam toda a criação, entregando-a aos mortos e a todas as formas de maldade, porque os doze signos do zodíaco e os sete planetas controlam o destino do mundo."

Quando introduzimos no computador o "quinto sol" como a data maia para o fim do mundo, observamos na tela uma ordem especial dos planetas. Os astrônomos dizem que essa configuração só acontece a cada 45.200 anos. Com essa matriz "em mente", o alarme deveria soar. Zoroastro sabia do que estava falando porque dominava o conhecimento secreto da Atlântida. Quando me dei conta disso, fiquei sem ar. Mais que nunca, estava convencido do desastre iminente. Mas encontrei mais pistas no nosso programa.

CAPÍTULO 11

PROGRAMA COMPUTADORIZADO DO FIM DO MUNDO

Domingo, 2 de fevereiro de 1997. Fiquei andando em círculos como um cachorro ferido. Na noite anterior, eu e Gino tínhamos ficado muito tempo na frente do computador. Resultado: zero. Além disso, eu não tinha recebido um dinheiro que estava esperando e, sem ele, não poderia viajar para o Egito, continuar meu trabalho e resolver o mistério. Isso seria um desastre. Imagine como eu me sentia: nada estava dando certo!

De repente, tive uma idéia brilhante: dividir por números conhecidos o número de anos que se passaram entre uma catástrofe e outra. Ao cabo de algumas horas, tinha folhas e folhas cheias de cálculos: pelo visto, estava chegando a algum lugar. Mas, a essas alturas, ainda não percebera que tinha cometido um erro: só alguns dias depois ele veio à luz.

Mas esse erro me ajudou a chegar mais perto da solução do enigma. Primeiro, somei simplesmente o número dos anos, da última catástrofe até a próxima. No último cataclismo, ainda faltavam cinco meses para o ano 9792 a.C. terminar e, portanto, fiz a seguinte conta: 9791 + 2012 + 5 meses + 11 meses (a catástrofe será em dezembro de 2012) = 11.804. A partir daí, fui fazendo mais cálculos e descobri várias séries de números. Três dias depois, percebi meu erro: eu tinha contado um ano a mais. O ano zero não existe porque não é possível dividi-lo: o primeiro século começa no ano 1 e termina depois de 100. Nosso calendário salta de 1 a.C. para 1 d.C. Ninguém conta o ano zero simplesmente porque ele é incontável. Então, na realidade, devem ter passado 11.803 anos entre a destruição anterior e a que foi prevista. Mas na verdade isso não fazia diferença. Tanto os maias quanto os egípcios trabalhavam com números "sagrados", obtendo como resultado final um número grande demais. Então, subtraíam um determinado valor, chegando ao resultado correto. Aqui tinha acontecido a mesma coisa.

Eu tinha trabalhado por acaso com um número grande demais e, com isso, quase levei o enigma à sua solução. Para começar, dividi 11.804 por 117 porque os maias conheciam esse número e o usavam para obter números grandes (ver *The Mayan Prophecies* [As profecias maias]): 11.804 : 117 = 100,8888888888. Gostei dessa série de números, que parecia se ajustar ao padrão de pensamento dos atlantes. Além disso, eu tinha certeza absoluta que isso significava alguma coisa, já que a série numérica 888888888 era "sagrada" no Egito (segundo a tradução que Albert Slosman faz dos hieróglifos). Portanto, continuei dividindo. Entre outros, obtive os números 52 e 36, que eram conhecidos pelos maias e pelos antigos egípcios. Havia uma interessante correlação entre eles e o primeiro número que eu tinha encontrado:

11.804 : 36 = 327,88888888

11.804 : 52 = 227

327,88888888 – 100,888888888 = 227

Isso era bom demais para ser verdade. Então, cheio de coragem, comecei a multiplicar pelo número de dias do ano, seguindo os dois calendários:

11.804 x 365,25 = 4.311.411

11.804 x 365 = 4.308.460

11.804 x 360 = 4.249.440

Nos cálculos anteriores, eu tinha encontrado o número 227. Ao dividir os "supernúmeros" acima por 227, eu me vi de repente diante dos números "sagrados" dos maias. Meus olhos mal podiam acreditar no que viam. É fácil reproduzir esses cálculos:

4.311.411 : 227 = 18.993

4.308.460 : 227 = 18.980

4.249.440 : 227 = 18.720

Os números 18.980 e 18.720 são sagrados para os maias, mas 18.993 não é. Isso me pareceu meio estranho. Cocei a cabeça, mordi o lápis e peguei de novo a calculadora. Como os atlantes sabiam apenas subtrair, somar, dividir e multiplicar, o cálculo tinha que ser simples. Lentamente, digitei o número 18.993 na calculadora. Sem saber por que, subtraí dele o número 18.980: 18.993 – 18.980 = 13. Dizem que o número 13 traz má sorte e deve ser verdade, já que apareceu na minha série de cálculos sobre o fim do mundo. Eu precisava fazer alguma coisa com esse número. Mas o quê?

Um pouco nervoso, voltei a digitar o número sagrado na calculadora e depois o dividi por treze. Imaginem meu assombro quando apareceu o número sagrado dos egípcios. Se não acredita em mim, veja por você mesmo: 18.993 : 13 = 1.461.

Este último número indica o ciclo sotíaco (de Sothis, Sírius) no Egito. Todos sabem o que é um ano bissexto: a cada quatro anos, agregamos um dia ao ano para sincronizar a órbita da Terra em torno do Sol. Se não fizéssemos isso, levaria 1.461 anos (365,25 x 4 = 1.461) para que o calendário voltasse a corresponder ao ciclo solar. O dia em que ambos os anos coincidiam marcava o começo do que os egípcios chamavam de "ano novo". Aqui, demonstrei com clareza que há uma conexão entre os maias e os egípcios.

Novos cálculos levam aos números 1.460 e 1.440.

18.980 : 13 = 1.460

18.720 : 13 = 1.440

O número 1.440 nos dá quatro períodos de 365 dias. Segundo o egiptólogo Schwaller de Lubicz, isso era importante. Além disso, sabemos que 1.440 é o número de minutos do dia, o que completa a evidência.

Sim, com efeito: os "mestres dos números" da Atlântida tinham mais uma vez feito um bom trabalho. É provável que isso tenha ocorrido antes da destruição de sua terra. Então, devem ter calculado a longitude do ciclo seguinte. Para isso, dividiram-no em 227 períodos de 52 anos, o que traz o resultado 11.804. Os maias sabiam que a destruição só podia ocorrer a cada 52 anos. Se nada acontecesse então, estariam a salvo por mais 52 anos. Dividindo o supernúmero 4.308.460 por um número ao acaso do ciclo maia e multiplicando-o pelo número de voltas, obteremos sempre 227. Isso é lógico porque 11.804 é divisível por 52 e as voltas do calendário maia são sempre compostas pela mesma quantidade de anos. Se você não está entendendo, vou explicar melhor.

Os maias tinham um ciclo calendário de 52 anos. Multiplicando 52 anos por 365 dias, temos 18.980 dias. O dobro disso, ou seja, 104, nos dá 37.960 dias, etc.

Eis alguns exemplos:

Ciclos calendários	**Dias**	**Anos de 365 dias**
1	18.980	52
2	37.960	104
40	759.200	2.080
80	1.518.400	4.160
227	4.308.460	11.804 = destruição

Ao final de cada ciclo de 52 anos, ou 18.980 dias, os astecas (os astecas tinham alcançado o nível dos maias) ficavam mortos de medo. Na última noite do século que terminava, iam para as colinas porque temiam que o mundo chegasse ao fim e que o Sol não aparecesse mais no horizonte. Ali, observavam o céu e esperavam que as Plêiades chegassem ao hemisfério sul. Se o agrupamento de estrelas continuasse seu movimento, eles celebravam porque sabiam que o fim do mundo não viria. Acendiam uma nova fogueira e enviavam fachos de luz a todas as partes do reino para festejar o novo ciclo oferecido pelo deus sol Tonatiuh.

Se essa história é matematicamente correta, então, no calendário maia, o último dia de um ciclo coincide com o dia da destruição. De qualquer forma, seus anos "sagrados" eram curtos demais para permitir um cálculo correto. A cada 52 anos, seu calendário ficava defasado em 13 dias (52 x 0,25 = 13 dias). Portanto, seus cálculos deviam se basear no último dia.

Segundo Diego de Landa (*The Mayan Prophecies* [As profecias maias]), essa celebração se realizou pela última vez em 1507. Essa data não está de acordo com a conta de 2012. Para fazer esse cálculo, é preciso somar dez ciclos de cinqüenta e dois anos a 1507 (10 x 52 + 1.507 = 2.027). Isso nos dá uns quinze anos a mais. Se os astecas tinham sua grande celebração nesse dia, então isso estava errado. A contagem não começou no dia 12 de agosto de 3114 a.C. porque teria resultado numa diferença de cerca de cinco anos. Tampouco começou em 9792 a.C. porque senão haveria uma diferença de oito anos. Com isso, a pergunta ainda permanece: por que os astecas tiveram sua celebração nesse ano? Ou será que se tratava de outra celebração?

No entanto, a tradição de celebrar a cada cinqüenta e dois anos é correta. O intervalo entre as catástrofes cobre 227 períodos de cinqüenta e dois anos. Provavelmente, os astecas copiaram esses dados mas não chegaram a interpretá-los corretamente. Resolvi continuar a busca e tentar resolver o enigma. Então, trabalhei com os supernúmeros que tinha encontrado e os dividi pelos números "sagrados" egípcios. O resultado foi o seguinte:

4.311.411 : 1.461 = 2.951
4.308.460 : 1.460 = 2.951
4.249.440 : 1.440 = 2.951

Ao ver isso, pensei de imediato no código do zodíaco. Ali, eu tinha obtido três vezes o número 576. Somando-os e continuando a trabalhar com eles, descobri que a precessão do zodíaco é causada por um giro mais lento da Terra. Falando em termos práticos: a cada ano, a Terra tem um atraso de 3,33333 segundos em relação ao ano anterior. Provavelmente teria que usá-lo outra vez, mas comecei somando o número 2.951 três vezes numa linha: 2.951 + 2.951 + 2.951 = 8.853. Isso foi fácil. Mas agora começava a parte mais árdua do trabalho. O que eu devia fazer com esse número? Por pura curiosidade, eu o dividi por 117. O resultado foi 75,6666666. Esse número não tinha nenhum significado para mim, não me levava a lugar nenhum. Por mais que tentasse, nada consegui, até que recebi a ajuda do número da precessão do zodíaco. Então, brilhou na tela o seguinte resultado mágico:

75,6666666 : 0,3333333 = 227

Mais uma vez, meus olhos mal acreditavam no que viam, mas a mensagem dos antigos cientistas era bem clara: os números 117 e 227 estão corretos porque estão relacionados entre si e podem ser calculados por meio da precessão do zodíaco. Então, os 11.804 anos deviam estar corretos também. A partir daí, foi fácil continuar:

8.853 : 227 = 39
39 : 0,3333333 = 117!

O método de computação usado para o cálculo do final do mundo demonstrou estar mais do que certo. Mas, como eu já estava familiarizado com a maneira de pensar dos atlantes, sabia que essa não era a única possibilidade. Por isso, multipliquei os quocientes entre si e vi que eu estava certo: 39 x 75,66666 = 2.951.

Depois de chegar a esse resultado, foi fácil descobrir mais umas vinte maneiras de calcular e encontrar inter-relações entre os números. Qualquer um que souber calcular, pode fazer a mesma coisa.

Enquanto ouvia a canção "Noach" (Noé, em holandês) do CD de Lisbeth List, continuei pensando. Inconscientemente, eu também cantava:

Esta noite começará a inundação,
Precisamente como a do vale.
Eles estão construindo uma arca.
A embarcação está quase pronta.
Estamos vendo na TV
Como sobem as águas.
E agora é ali que todos querem estar.
Noé.

Melancólico, continuei cantarolando. A música já estava quase no fim e eu não conseguia deslindar por completo o método de computação. Ninguém acreditaria e as águas subiriam a alturas catastróficas.

Noé, Noé, por que tem que ser assim?

Minhas conclusões: partindo do período entre as duas catástrofes, obtemos os números "sagrados" dos maias e dos egípcios. As evidências disso são muito claras. Descobrimos também indícios de que a celebração maia, que ocorre a cada 52 anos, se origina na contagem regressiva da data final, já que há 227 períodos com essa mesma duração. Todos os números encontrados são preocupantes. Eles apontam de maneira ostensiva em direção à existência de um "plano mestre", idealizado pelos cientistas da Atlântida para advertir seus descendentes, e a nós, da catástrofe que se avizinha.

Eu lhes rogo encarecidamente e de joelhos que repassem meus cálculos: talvez consigam encontrar outras conexões. O último dia do mundo se aproxima cada vez mais. Ninguém pode ignorar o conhecimento dos supercientistas. Eles construíram pirâmides que ainda hoje nos inspiram reverência. Seus calendários são incrivelmente corretos. Só por aí dá para se ter uma idéia do seu conhecimento científico. Todo mundo deveria se dar conta disso. Então, poderíamos tomar as medidas necessárias para tentar salvar a humanidade. Se não se fizer nada, esse pode ser o fim de tudo.

O plano mestre decodificado

Finalmente, em outubro de 2000, consegui decodificar a série numérica. Com meus cálculos, é possível demonstrar matematicamente que, começando a contagem no dia 27 de julho de 9792 a.C., o cataclismo ocorrerá em 21-22 de dezembro de 2012. No entanto, isso é tão complicado que eu levaria vários meses para explicar tudo em linguagem simples. Esse será o tema do meu próximo livro. No próximo capítulo, você vai ver como conseguimos decifrar outros códigos superimportantes.

CAPÍTULO 12

O CÓDIGO DE ÓRION, REVELADO

Nos capítulos anteriores, ficamos sabendo que, para os maias e para os egípcios, a data do fim do mundo era a mesma. Em suas escrituras, há códigos secretos a respeito da estrela Órion e da passagem de Vênus pelo céu. Quando esses códigos condizem com determinados critérios, algo que acontece no céu terá um efeito demolidor sobre a Terra. Fazia meses que eu pedia a Gino que me conseguisse a resposta definitiva para minha pergunta premente: "O que é esse código?" Mas ele não conseguiu me dar essa resposta porque lhe foi impossível obtê-la com o programa *Skyglobe* e porque não conseguiu reconstituir o céu do ano 9792 a.C. Felizmente, ele tinha visto outro programa numa revista sobre astronomia, a *Loadstar*, que lhe deu esperanças. Ele o recebeu perto do Natal mas, quando foi experimentá-lo, seu computador travou. Chamou um amigo e os dois desmontaram totalmente a máquina e depois a remontaram. Depois de várias semanas, ele me telefonou dizendo que o computador estava funcionando.

Comecei a transpirar. "Você já sabe o que fazer: procure um vínculo entre Vênus e Órion e dê uma olhada também nos anos 9791 a.C. e 9793 a.C."

"Eu vou achar!"

Com a coragem renovada, ele iniciou a busca. Depois de uma semana trabalhando no computador todas as noites até depois da meia-noite, ele me telefonou: "Patrick, acho que encontrei alguma coisa!"

Com o coração aos saltos, gritei: "Então fale! Não consigo ficar esperando!"

"Depois de três dias de trabalho, descobri que Vênus fez um giro retrógrado por trás de Gêmeos e sobre Órion, no final do ano 9792 a.C. Depois disso, fiz um estudo mais sistemático e descobri que, dessa data até o presente, isso aconteceu várias vezes e vai voltar a acontecer no ano 2012!"

Com um tremendo entusiasmo, gritei pelo telefone: "Estou indo aí!"

A caminho da casa de Gino, eu me sentia tonto, como se tudo estivesse dando voltas. Se o que ele tinha dito estava certo, então estávamos perto da solução e ninguém mais duvidaria que uma catástrofe nos aguarda.

Gino me deu as boas-vindas com um largo sorriso e me mostrou a cópia impressa do trabalho. O primeiro era do ano de 9792 a.C.: nessa data, Vênus passou atrás de Gêmeos e sobre Órion, como se pode observar na figura da página 130. Depois de estudar essa figura por alguns minutos, passei para o giro de Vênus no ano 2012. Devido ao prolongado lapso, pensei que a constelação de Órion já tivesse outra composição, mas não tinha. Ela parecia igual, embora o movimento de Vênus fosse mais para a direita. Esse podia ser o código, mas eu já começava a duvidar: "Será que Vênus não faz esse mesmo movimento em outros anos?"

"Mais ou menos a cada 250 anos."

"Que código estranho!"

"É mesmo. Mas o importante é que a precessão não é a mesma num período de quase 11.000 anos. Ela só é igual nos anos 9792 a.C. e 2012."

Estávamos sem saída: tínhamos descoberto um acontecimento especial mas não havia como verificá-lo para obter uma prova absoluta. O ano do final do mundo coincidia com a data do código astronômico. Isso nos tomaria ainda semanas ou meses, disso eu tinha certeza. Por que os egípcios tornaram as coisas tão difíceis para nós? Eu estava ficando louco!

Uma semana se passara. Gino continuava a trabalhar no computador enquanto eu pensava e pensava sobre a diferença nos dados. De repente, um

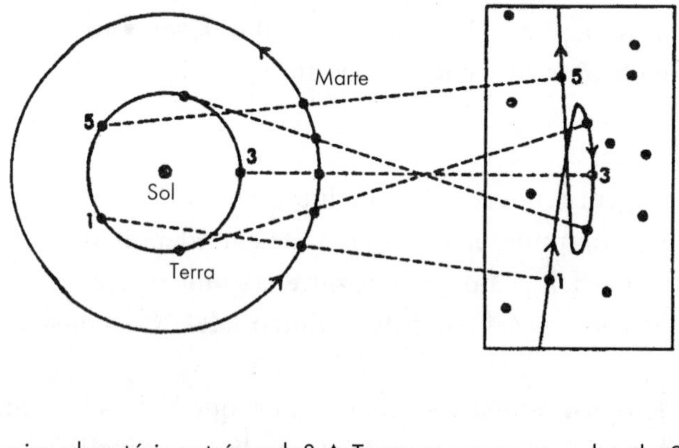

Figura 28.

O que é um giro planetário retrógrado? A Terra se move ao redor do Sol mais lentamente do que Vênus. É como se houvesse um giro planetário retrógrado com relação às estrelas. Em outras palavras: Vênus descreve um círculo no céu. O mesmo princípio funciona para os outros planetas. Aqui, vemos um giro de Marte.

pensamento me assaltou. O código devia estar descrito no livro egípcio *O livro dos mortos*. Peguei as cópias do livro de Slosman que Gino tinha preparado para mim. Lá estava! Nem sei como não tinha pensado nisso antes.

Mas na realidade eu não tinha culpa. A sagrada escritura dos egípcios era tão complicada que era preciso conhecer bem os códigos astronômicos para encontrá-los ali. Para que você acompanhe meu raciocínio, transcrevo aqui a tradução das passagens relevantes de *O livro dos mortos*, dos egípcios (*Le livre de l'au-delà de la vie*). Leia atentamente, procurando adotar a antiga maneira de pensar:

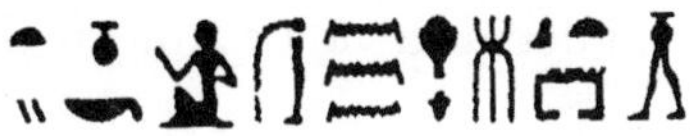

A consternação do incrível horror do catastrófico desastre,

torna impossível a fuga da aterrorizada população. É isso que dizem as palavras celestiais, depois que os Dois Irmãos se mataram.

Explicação: a vida começou outra vez depois disso, no curso do novo Sol; e os jovens voltaram a encontrar sua alma.

E suas vidas, sob a alta proteção dos filhos de Ísis e Nepthys, adotaram suas imagens celestiais,

e então as novas gerações existiriam para sempre. Assim, os sobreviventes da catástrofe que veio do céu estão purificados, a fim de cumprir as Ordens

que originalmente Osíris (Órion) transmitiu.

Essa história você já conhece. Ísis, Nepthys, Hórus e algumas centenas de sobreviventes fugiram para a nova pátria, o "segundo coração de Deus" (*Ath-Ka-Ptha* se transformou em *Aeguyptos* em grego, e em *Egito*, em português). A última frase desse verso nos chama especialmente a atenção. O texto diz literalmente que os sobreviventes têm que executar as ordens de Órion. Depois disso, vem a passagem mais importante do *O Livro dos Mortos*, ao menos no que nos diz respeito.

O texto é quase todo escrito em vermelho, para destacar sua importância. Foi nesse texto que encontrei os códigos da nova destruição. Mas sem a descoberta de Gino, eu não teria encontrado nada. Leia com atenção, porque o que está escrito aí decide a vida e a morte de milhares de milhões de pessoas.

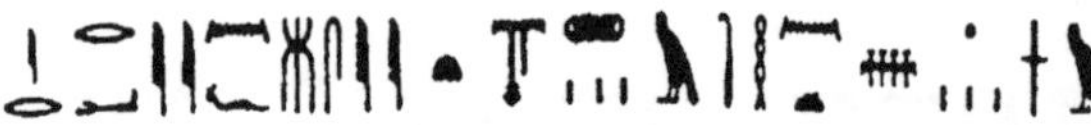

Assim, viver sob a abóbada estrelada, sob as leis das combinações matemáticas, geradas pelo verso celestial

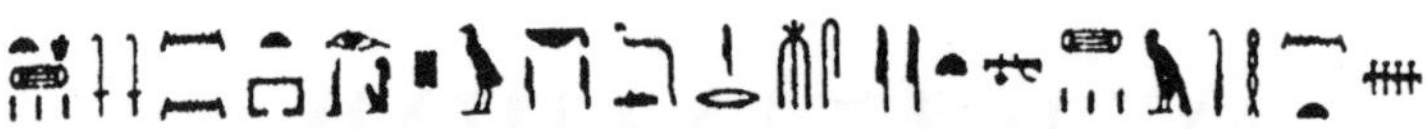

e suas importantes ordens, os Gêmeos, descendentes dos Dois Irmãos, graças a Osíris (Órion)... Variante: a abóbada estrelada e suas importantes combinações, sob o céu,

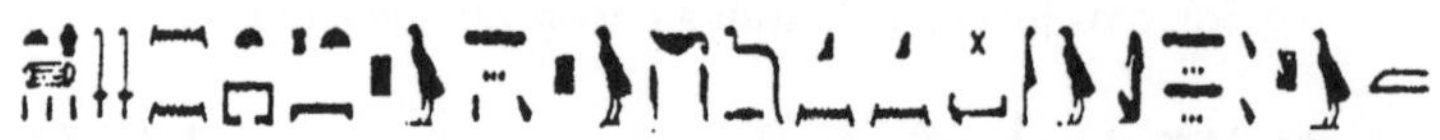

para que os Gêmeos transmitam as importantes ordens, as vidas dos descendentes e os filhos dos Dois Irmãos, estão se agrupando sob a mesma atenção devota. Outra variante: Os Dois Filhos das Duas Terras,

nascidos na segunda Terra: assim, a abóbada estrelada é o reflexo das elevadas ordens importantes, que a Palavra Celestial desejou. E os descendentes dos Dois Irmãos,

diante da importância das ordens, converteram-se nos Gêmeos de Osíris (Órion). Por isso, depois da destruição desejada pelas combinações celestiais, para obter a permissão do lugar, o velho Leão virou ao contrário

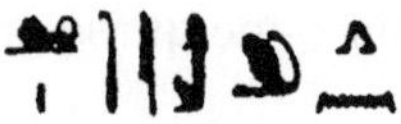

seguindo a ordem da Palavra, que lhe disse que virasse ao contrário.

Se você ficou confuso, não se envergonhe. Primeiro, permita-nos comentar o que Albert Slosman escreveu a respeito disso em sua tradução (*Le livre de l'au-delà de la vie*, página 199):

> "Indubitavelmente, esta é a explicação mais importante sobre a mudança do mundo estelar no céu. E isso vem depois do parágrafo que está quase todo escrito em vermelho para ressaltar sua importância. O código está oculto no final do parágrafo, de modo que a total relevância dos fatos o atinge diretamente no rosto.
>
> Esse grande cataclismo ocorreu no dia 27 de julho de 9792 a.C. Corria a Era de Leão e a Terra girou ao contrário sobre o próprio eixo. E como escreveu Heródoto: *O Sol caiu no mar*. É assim porque a Terra começou a girar no sentido inverso, tal como ainda faz em nossos dias."

Ainda assim, isso não significava nada para mim. Até que cheguei às pistas que Gino descobriu. Tinha lido o texto uma centena de vezes sem aprender uma única coisa. Mas quando se conhece o código astronômico, é possível obtê-lo sem muito esforço. Comecemos pelo princípio. Na primeira linha é estabelecida a importância das combinações matemáticas e das ordens principais, que estão formuladas em verso. Mais especificamente, trata dos Gêmeos, que são os descendentes dos dois irmãos de Órion. Ao observar os acontecimentos celestiais do ano 9792 a.C., o panorama se aclara rapidamente. Na simulação feita no computador, aparece Órion: acima dela, num ângulo, está a estrela dos Gêmeos. Nesse ano, Vênus descreveu um giro planetário retrógrado de três meses por trás do signo estelar dos Gêmeos, que se encontra à esquerda, sobre Órion.

Quando se vê que isso acontece, o código salta à vista. Leia a última frase, com atenção. Ela diz que o velho Leão virou ao contrário, SEGUINDO A

ORDEM DA PALAVRA, QUE LHE DISSE QUE SE VIRASSE AO CONTRÁRIO. Isso quer dizer que o campo magnético se inverteu!

O verso faz referência a esse giro: não cabe nenhuma dúvida a respeito. Há pelo menos cinco ligações entre os Gêmeos e os códigos que oferecem. Quando me dei conta disso, fiquei atônito.

Telefonei para Gino.

"Encontramos o código", disse-lhe quase gritando pelo telefone.

"O que você quer dizer?"

"Vênus descreve um giro por trás dos Gêmeos. Vá à página 197 da obra *Le livre de l'au-delà de la vie*. Lá, aparece exatamente o que você descobriu."

Françoise, mulher de Gino, ouviu minha voz carregada de excitação e pegou o livro. Encontrou a página e produziu-se um silêncio que durou mais de um minuto. Então, ouvi que Gino soltava um assobio. "Tem razão. O padrão que encontrei está descrito aqui. Mas como fizeram isso? Mais complicado seria impossível", suspirou Gino, e o ouvi ler tudo de novo.

Fez uma pausa para respirar e me perguntou: "Será que tem mais códigos ocultos nesse livro?"

"Aposto que sim. Agora que sabemos disso, vamos achar outros códigos. Mas se forem tão difíceis quanto este, vamos precisar de anos de estudo para encontrá-los."

"Mas é isso que eu gostaria de fazer. Lembre-se que temos apenas quinze anos antes que tudo se destrua: definitivamente, temos que achá-los."

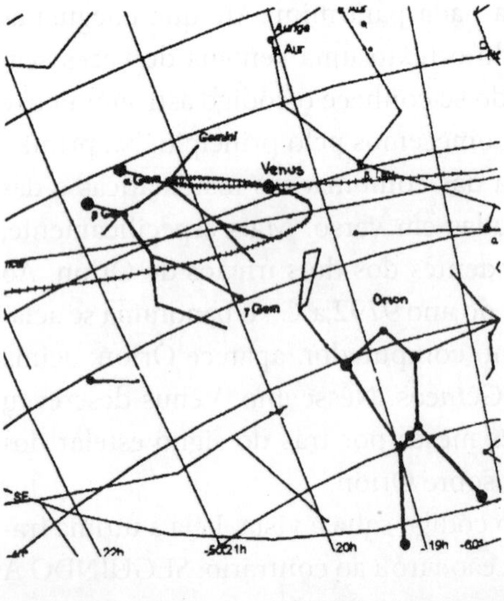

Figura 29.
Vênus descreveu um giro retrógrado à esquerda, sobre Órion, tendo começado em 25 de novembro de 9792 a.C. Parou em Gêmeos em 25 de dezembro de 9792 a.C. e logo girou novamente em direção a Órion.

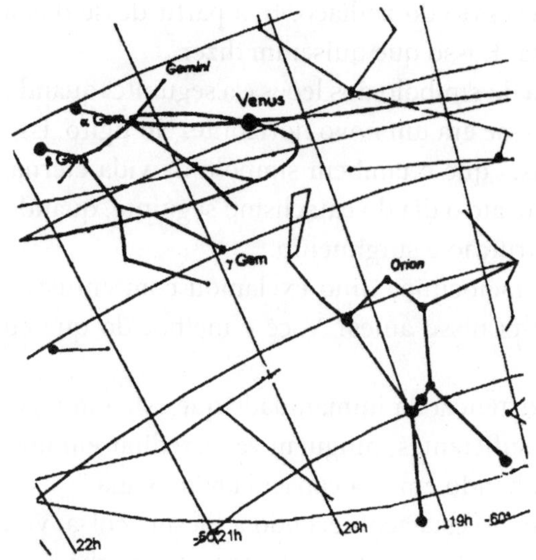

Figura 30.
O giro de Vênus significa - proverbialmente - que o campo magnético da Terra se inverteu. Em linguagem da Atlântida: "O velho Leão virou ao contrário, seguindo a ordem da Palavra, que lhe disse que virasse ao contrário."

"Se nosso livro virar um *best-seller*, poderemos dedicar todo o nosso tempo a essa tarefa."

"Bom, por hora não custa sonhar."

Gino riu e eu dei mais uma olhada no verso que descreve a destruição iminente. Então, de repente, entendi uma coisa: tinha encontrado outro código importante. "Há outro código ali! Leia a última frase com cuidado. Ela diz que o velho Leão virou ao contrário!"

Depois de alguns instantes em silêncio, Gino disse: "Já li. Mas onde está o código?"

"Ela diz que o campo magnético se inverteu. Como você sabe, antes da destruição, o zodíaco passou de Gêmeos a Câncer e depois a Leão. Foi na Era de Leão que ocorreu a catástrofe. Depois disso, o zodíaco seguiu na direção oposta: de Leão a Gêmeos, depois à Era de Peixes, em que vivemos agora e que logo chegará ao fim."

O zodíaco antes da catástrofe: Gêmeos > Câncer > Leão.

O zodíaco depois da catástrofe: Leão > Câncer > Gêmeos > Peixes.

Vi que meu raciocínio estava correto e continuei: "Observando o movimento de Vênus, vemos que se trata de um giro de 360 graus. Na religião dos atlantes, isso significava que, a partir desse dia, tudo aconteceria na direção oposta, como diz a sagrada escritura. Traduzindo para o nosso idioma, isso significa que o campo magnético da Terra sofreu uma virada. O Pólo Norte se converteu em Pólo Sul: isso provocou a rotação do interior da Terra e é responsável pela precessão do zodíaco. E, a partir desse dia, a precessão tomou a direção oposta. É isso que quiseram dizer.

Então, a interpretação correta do símbolo dos leões é a seguinte: quando o Sol voltou a sair no horizonte, esse era um novo horizonte. No Egito, isso era simbolizado pela cruz de ansa, que é também símbolo da vida eterna. Esse Sol se poria em seu horizonte até o dia do cataclismo seguinte, quando começaria um novo ciclo de destruição e surgimento.

Surpreendido por esse novo raciocínio, Gino exclamou com entusiasmo: "Mas claro! Como não pensei nisso antes? Você é melhor do que eu pensava!"

Respondi secamente: "É a existência da humanidade que está em jogo: se não encontrarmos evidências suficientes, ninguém vai acreditar em nós. Por ora, tudo em mim está trabalhando em sua capacidade máxima."

Rindo, Gino contestou: "Comigo está acontecendo a mesma coisa: vou para a cama pensando nisso e continuo quando me levanto de manhã."

Nossa conversa se deteve por alguns momentos. Depois continuei: "Já viu a página seguinte?"

Eu o ouvi virar a página e depois um suave murmúrio. Eis o que ele leu:

A importância das Palavras domina as pessoas sobre a Terra. Essa importância do verso garante um longo período de vida; e deve ser empregada para descobrir o fim de antemão.

Assim escreve Ani, escriba que provém dos sacerdotes, servos dos mais antigos, sob a ordem da vontade dos mais elevados de todos.

"Bom, isso está bem claro", respondeu Gino. "O código indica que a próxima catástrofe ocorrerá no ano 2012 e que será o fim da nossa civilização, provavelmente para sempre, se as usinas de energia nuclear não forem desativadas."

Com um suspiro, tive que concordar. "Essa é minha principal preocupação: temo pelo pior."

Então, nossa conversa voltou ao tema imediato. Eu disse: "O verso seguinte menciona que houve códigos no céu, que lhes permitiram chegar à sua segunda pátria. Mas até agora não os encontramos. Você consegue ver alguma coisa?"

Depois de uns bons dois minutos de silêncio ao telefone, Gino disse: "Não, por enquanto não vejo nada. Mas vou tomar nota disso: talvez a seu devido tempo surja alguma coisa."

"Segundo os comentários de Albert Slosman, temos que seguir a lei celestial e suas ordens. Caso contrário, haverá um desastre ainda maior do que o anterior. Mas sobre isso nós já concordamos."

"É claro", foi a curta e desalentadora resposta de Gino. Por alguns instantes ficamos em silêncio, embora meu cérebro continuasse trabalhando. Então, ocorreu-me que havia mais, muito mais. A catástrofe anterior tinha sido prevista com base em acontecimentos anteriores. Será que também nessa ocasião Vênus tinha descrito um giro sobre Órion?

"Gino, lembra quando lhe disse que essas previsões eram baseadas numa catástrofe anterior?"

"Claro, mas esqueci a data."

"No dia 21 de fevereiro de 21312 a.C., parte da Atlântida desapareceu sob o que era então o Pólo Norte (atual Pólo Sul). Essa catástrofe foi seguida de uma onda gigantesca. Mais adiante, está escrito nos anais que 8.496 anos antes dessa catástrofe, tinha ocorrido outra. Então, essa deve ter ocorrido no ano 29808 a.C. Com as combinações matemáticas celestiais, eles previram o dia correto do fim da Atlântida. O mesmo código devia estar presente nessa ocasião. Você acha que dá para encontrá-lo?"

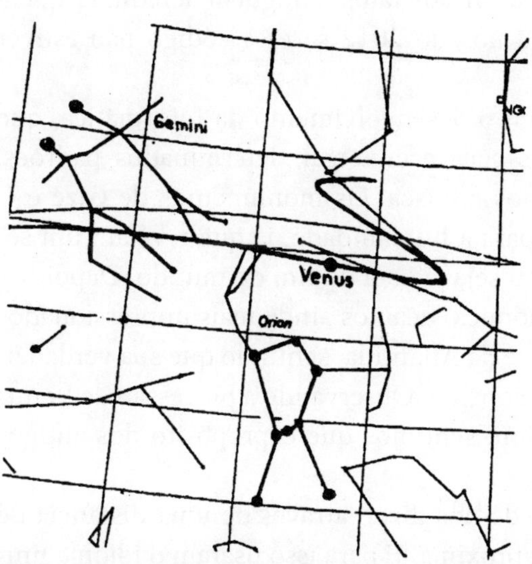

Figura 31.
Vênus descreverá um giro planetário retrógrado à direita, sobre Órion, na primavera e verão do ano 2012. Esse é o código astronômico OPOSTO ao anterior. Ele indica uma mudança catastrófica nos campos magnéticos do Sol e da Terra.

"Com este programa, só dá para retroceder ao ano 10 000 a.C., não mais."

"Não vá me dizer que eles sabiam mais naquela época do que nós agora."

"Pois é exatamente isso que parece. Eles eram muito mais sofisticados e evoluídos do que pensamos e devo admitir que me surpreendi bastante."

"Não dá para ampliar o programa?"

"É provável que sim, mas duvido que o resultado seja confiável. É melhor esperar por dados que nos permitam criar um programa que retroceda mais no tempo."

"Que falta de sorte" — murmurava eu em silêncio — "agora estamos empacados."

Uma decodificação absoluta extremamente sensacional

Os antigos egípcios decodificaram as inversões polares passadas e futuras, em textos religiosos e a respeito do renascimento. Herdaram essa sabedoria de seus predecessores e escreveram em linguagem esotérica. Nós descobrimos essa sapiência de transcendental importância, algo que abala o conhecimento que temos da história.

Nossa investigação nos convenceu de que *O livro dos mortos* expunha deliberadamente um idioma científico do ritmo da precessão e uma astronomia de alta tecnologia. Esse idioma lançará uma nova luz sobre a enigmática civilização egípcia. As coordenadas celestiais são tão extraordinárias que não há astrônomo no mundo que possa duvidar delas. Ao longo dessa investigação, procuramos nos ajustar aos fatos. Ninguém acreditará que a próxima inversão polar ocorrerá no ano 2012 se esse código não estiver certo.

Foi só nos últimos anos, com o desenvolvimento da informática, que pudemos reconstruir os antigos céus e enxergar determinados padrões, como os que se revelaram em nossa busca. Os monumentos de Gizé e *O livro dos mortos* são um legado para a humanidade, já que revelam um segredo de máxima importância, ou seja, a data do fim do mundo. Depois de nossa investigação arqueoastronômica, ficamos ainda mais impressionados com os mistérios do antigo Egito e da Atlântida, sentindo que sua verdadeira história só agora começa a ser contada. Observando a precessão de Vênus por trás de Gêmeos e sobre Órion, sentimos que o propósito dos antigos astrônomos era sublime.

Eles encontraram um modo de nos dizer, através de uma distância de milhares de anos, que o final se aproxima. E para isso usaram o idioma universal das estrelas e dos planetas: um círculo à esquerda e outro à direita, sobre Órion. Sua mensagem atravessou as eras num código estelar planetário tão simples e evidente que as palavras deixam de ser necessárias para descrever as coisas que aconteceram.

São estes os fatos:

1) Os códigos que temos são os corretos: Vênus fez e fará um giro planetário retrógrado sobre Órion. Órion está também por trás do signo de Gêmeos.
2) É só em 9792 a.C. e em 2012 que a precessão é igual. Assim, não há outros movimentos idênticos por quase 12.000 anos.

Nossas descobertas deixam clara a necessidade de um trabalho sério, a ser realizado por astrônomos contemporâneos. Nós PROCLAMAMOS FIRMEMENTE que o giro retrógrado de Vênus sobre Órion é o código correto. Os astrônomos podem verificar nossa descoberta com os programas mais modernos. Assim, comprovarão que o que descobrimos concorda perfeitamente com a tradução de Albert Slosman!

Simplesmente, os fatos

Albert Slosman concluiu sua tradução em 1979. É essa versão que transcrevo aqui. Estão todos convidados a verificá-la. Ele não tinha um programa de computação para procurar o código astronômico. Quem conseguir demonstrar que traduzimos incorretamente a obra de Slosman, pode ficar com os proventos deste livro. Depois de estudar a tradução, leia isto:

LE LIVRE DE L'AU-DELÀ DE LA VIE

161 – AINSI VEURENT SOUS LA VOUTE CELESTE, DANS L'OBSERVANCE DES COMBINAISONS MATHEMATIQUES, ENGENDRES PAR LE VERBE DIVIN

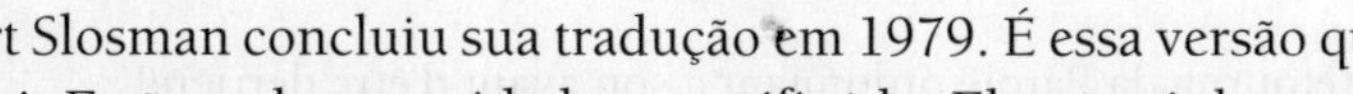

162 – ET SES IMPORTANTS COMMANDEMENTS, LES JUMEAUX, CES DESCENDANTS DES DEUX-FRERES GRACE A OUSIR. AUTRE VARIANTE: Ainsi, la voûte céleste et ses Combinaisons importantes, pour devenir sous le ciel

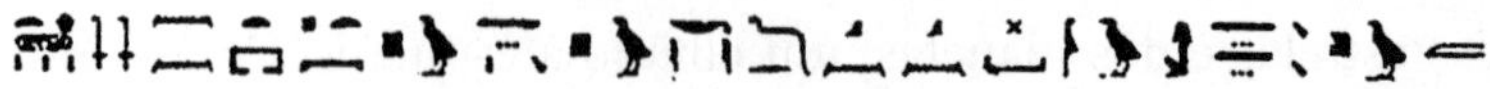

163 – les importants commandements transmis par les Jumeaux, groupèrent les Vies des Descendants, ces fils des Deux-Frères, sous une même attention bienveillante. AUTRE VARIANTE: des Deux-Fils des Deux-Terres

164 – nés sur la Deuxième-Terre: Ainsi, LA VOUTE CELESTE FUT LE REFLET DES IMPORTANTES COMBINAISONS D'EN-HAUT, VOULUES PAR LA PAROLE DIVINE. ET DES CADETS DES DEUX-FRERES, AINSI,

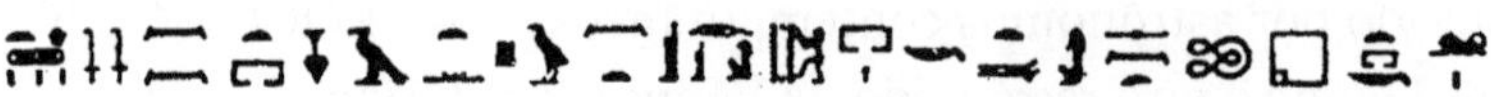

165 – devant l'importance des Commandements ils se firent Jumeaux pour Ousir. C'est pourquoi après l'Anéantissement voulu par les Combinaisons Divines pour permettre l'accession à la Demeure, l'Ancien Lion

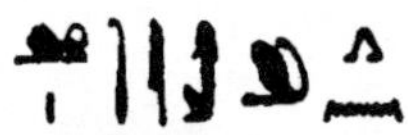

166 – se retourna, la Parole ordonnant à son avant d'être derrière!"

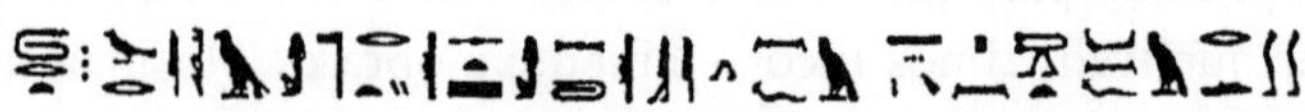

166 – L'importance des Paroles commande aux habitants du Pays. Cette IMPORTANCE du verbe perpétue la Vie et ce qui lui est propre pour prédéterminer la Fin!

167 — Ainsi écrit Ani, le Scribe descendant des Prêtres serviteurs de l'Aîné, aux ordres de la Volonté de l'Un-Primordial.

Revenons plutôt à l'explication de ce verset très important qui mérite que l'on s'y arete du point de vue astronomique avec la Constellation du Lion. Car manifestement il s'agit d'une explication concernant le plus important changement dans les configurations astrales de notre ciel. Et elle vient après un paragraphe écrit presqu'entièrement en rouge qui montre l'extrême importance du texte, tout en cachant la fin de l'alinéa non pas pour en amoindrir la portée, mais plutôt par une crainte instinctive d'en décrire les effets!

Lors du Grand Cataclysme, survenu le 27 juillet 9792 avant Christ, donc dans ce que nous appelons poru les natifs "en Lion" où le Soleil durant son périple annuel y séjourne 30 jours environ. Mais le Soleil avançait aussi précessionnellement (durant plus de 2.000 ans) devant la constellation de Lion, la Terre bascule sur son axe. Et, comme l'écrivait Hérodote "le Soleil tomba dans la mer". Ceci n'étant qu'une apparence puisque notre astre du jour es "fixe". Ce fut donc notre globe qui se retourna sur lui-même et fit apparaître depuis ce jour memorable le Soleil reculant dans l'Espace. Ce qu'il continue de faire encore aujourd-hui.

CAPÍTULO 13

O CÓDIGO DA IMINENTE CATÁSTROFE MUNDIAL

A decodificação final

Levando em conta as descobertas anteriores, temos certeza de que encontramos o ano correto. Mas não é só isso. No ano 9792 a.C., Vênus descreveu um círculo sobre Órion DEPOIS do cataclismo. No ano 2012, Vênus o fará ANTES do cataclismo. São esses os OPOSTOS de CADA UM deles. Descobri também que, para decodificar o Códice Desdren, teria que fazer uma incrível quantidade de cálculos OPOSTOS. Os astrônomos, por sua vez, descobriram que as pirâmides de Gizé são um reflexo OPOSTO da constelação de Órion. A Terra também começa a girar na direção OPOSTA depois da inversão polar. Então, começamos a estudar os giros de Vênus sobre Órion. No ano 2012, Vênus girará à direita sobre Órion e, em 9792 a.C., girou à esquerda sobre Órion. Esses são os OPOSTOS de cada um deles.

Mais especificamente, no ano 2012, Vênus alcançará seu ponto mais alto no dia 30 de junho e, depois, girará em direção a Órion. Nesse momento, Vênus estará entre Órion e as Plêiades. No ano 9792 a.C., Vênus alcançou seu ponto mais alto em 25 de dezembro e logo girou em direção a Órion.

O programa que usamos é "Skychart Pro 5". Verificamos nossas descobertas em setembro de 2000.

Nossas conclusões a respeito dessa investigação são as seguintes:

- O código de Vênus sobre Órion fornece o ano correto.
- Os giros OPOSTOS estão muito próximos dos dias do cataclismo.
- A tradução de Albert Slosman deve estar correta. Ele decodificou o ano correto. Isso é incrivelmente exato.
- A história da Atlântida (segundo a tradução de Albert Slosman) deve estar certa (ver o Capítulo 3, "O grande cataclismo").

- Houve uma reversão polar no ano 29808 a.C. e um giro muito rápido no zodíaco no ano 21312 a.C. Isso também deve estar certo porque Albert Slosman chegou à mesma data que eu: 9792 a.C. Partindo desse ponto, pode-se averiguar por que os maias usaram os números de Vênus, além do ciclo egípcio e de Sírius (ver mais adiante).

A data correta

Com o giro retrógrado de Vênus sobre Órion, temos o ano correto. O giro sugere também que o dia correto deve ser perto de dezembro. Outros astrônomos encontraram uma ligação entre Vênus, as Plêiades e o último dia do calendário maia. As Plêiades estavam fortemente associadas ao maior dos deuses maias, conhecido como Itzamna. Ele reinava nos céus e era também o deus do eixo da Terra, que era de suma importância. Como sabemos agora, a Terra logo sofrerá um deslocamento em seu eixo. Os maias acreditavam que houve destruição e morte no final de cada um dos mundos anteriores. Sabemos que tinham razão e que isso voltará a acontecer no ano 2012. Essa data está alarmantemente próxima. Usando o nosso calendário gregoriano, será logo antes do pôr-do-sol, hora da América Central, nos dias 21-22 de dezembro de 2012. Vênus desaparecerá no horizonte ocidental e, ao mesmo tempo, as Plêiades surgirão no horizonte oriental. Simbolicamente falando, veremos a morte de Vênus e o nascimento das Plêiades. No exato momento do pôr-do-sol, Órion surgirá. Em linguagem figurada, isso significa um novo ciclo de precessão.

Mas isso acontecerá realmente? Não! Quando a Terra começar a girar em sentido contrário, o Leste se converterá em Oeste, as Plêiades e Órion desaparecerão no horizonte, Vênus voltará a surgir no Leste (o Oeste de antes do cataclismo) e começará um novo ciclo. Depois de um dia, as Plêiades e Órion surgirão novamente no Oeste (o Leste anterior) e se reiniciará um novo ciclo de precessão.

Mais códigos das Plêiades

Na face ocidental da Pirâmide do Sol em Teotihuacán, foi encontrada uma enorme estátua de um crânio, esculpida em pedra, que estranhamente tinha um aspecto bidimensional. Ela fica no lado da Avenida dos Mortos, indicando um ponto específico no horizonte ocidental. O arqueoastrônomo Anthony Aveni, da Universidade Colgate, observou que naqueles dias, quando o Sol passava diretamente sobre a cabeça, as Plêiades faziam sua primeira aparição

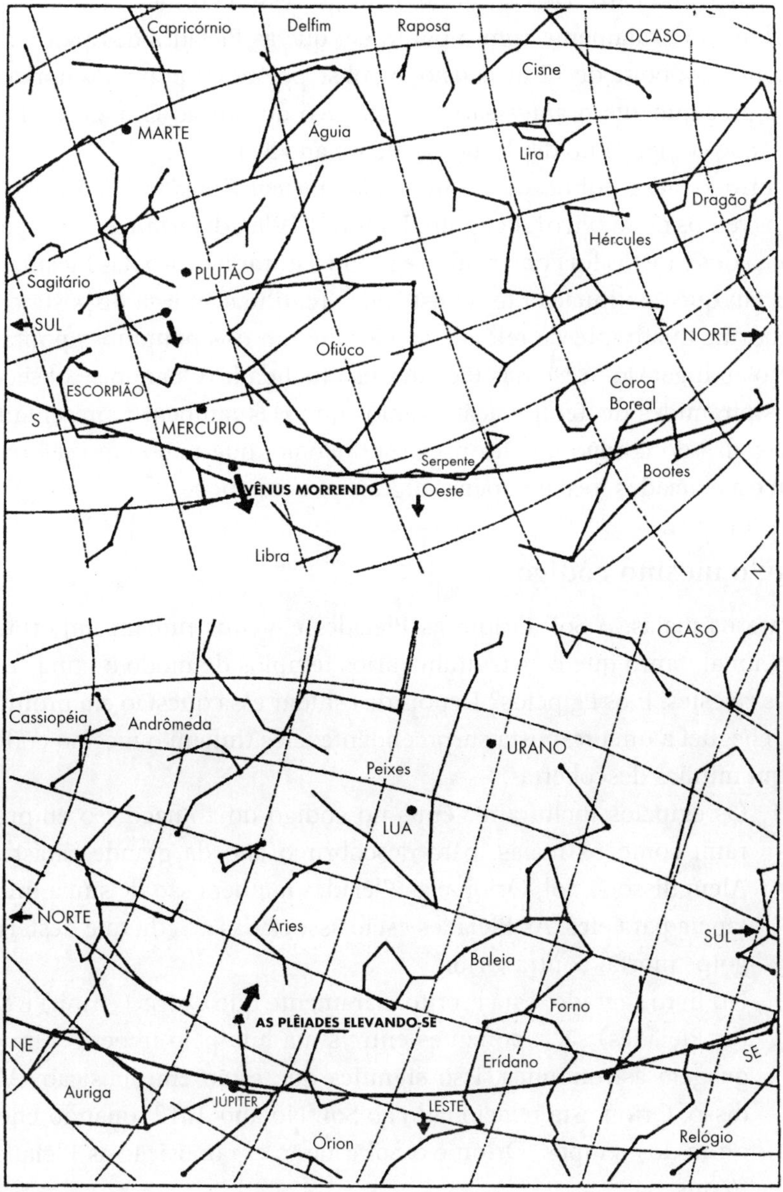

Figura 32.
Céu do ocaso, na América Central, em 21-22 de dezembro de 2012, mostrando a morte de Vênus e o nascimento das Plêiades.

anual antes do ocaso. Descobriu também que esse enorme crânio de pedra está alinhado exatamente com o ponto em que as Plêiades desaparecem no horizonte. Na noite de 12 de agosto, o Sol se põe nesse ponto do horizonte. Esse é precisamente o aniversário do começo do último Grande Ciclo dos maias, que começou no dia 12 de agosto do ano 3114 a.C.

Outro estudo, publicado no livro *The Ancient Kingdoms of Mexico* [Os antigos reinos do México], Penguin, Londres, 1990, determina que a grande Avenida dos Mortos foi construída de modo a mirar o ocaso das Plêiades, na época em que Teotihuacán foi construída. Teotihuacán está disposta como um enorme quadrante de relógio, sendo que um dos ponteiros aponta em direção ao lugar do ocaso das Plêiades na atualidade. Quando se observam as três pirâmides de Teotihuacán, vemos que elas também representam as três estrelas do cordão de Órion. A este relógio, que tem como referência Órion e as Plêiades, restam apenas alguns poucos anos.

Egito: o mesmo código

Para os maias, o Sol, Órion, as Plêiades e Vênus tinham importância excepcional, tanto que construíram vários templos de modo a imitar esses corpos celestes. E os egípcios? Depois de estudar essa questão em profundidade, cheguei a uma resposta surpreendente: eles tinham o mesmo código! Eis aqui minhas descobertas:

1) Os egípcios incluíram Vênus no código do zodíaco e o empregaram, como os maias, para descobrir o ano da grande catástrofe. Além disso, o Sol, Órion e as Plêiades também são de suma importância para eles. As Plêiades estão associadas a Seth, que desferiu o golpe mortal contra Órion.
2) No livro sagrado, está escrito claramente que Osíris (Órion) e Seth (as Plêiades) são oponentes entre si na luta pelo império. Em linguagem astronômica, isso significa que estão em oposição. Além disso, Órion está relacionado ao Sol. No ano 2012, quando chegar o fim dos tempos, Órion e o Sol estarão em oposição às Plêiades e Vênus.
3) Em 2012, no final do calendário maia, Vênus estará entre Escorpião, a Serpente e Ofiúco. Segundo a mitologia, Ofiúco salvou o caçador Órion, esmagando o Escorpião com o pé. Uma explicação plausível para isso pode ser encontrada no desaparecimento da Atlântida. Quando o Escorpião apareceu no horizonte ocidental, Órion morreu no Leste e logo desapareceu. Em outras palavras, o

Escorpião deu uma mordida mortal em Órion e ocorreu então o cataclismo: o Leste se converteu em Oeste e vice-versa. Em linguagem astronômica, Órion reapareceu no Oeste sobre o horizonte, enquanto Ofiúco empurrava o Escorpião para dentro da terra, a Leste. No ano 2012, depois do próximo cataclismo, acontecerá o contrário.

Conclusão: Para os maias e para os egípcios, a data do fim do mundo é a mesma. Considerando o grande lapso de tempo que separa a hegemonia dos dois povos e a diferença dos seus calendários, trata-se de algo assombroso. Isso nos conduz a outro código dos egípcios.

Portal das estrelas

No antigo Egito, a constelação de Órion era representada pela figura de um homem caminhando: muitas vezes aparecia com a mão levantada, segurando uma cruz de ansa (símbolo da vida eterna no Egito) ou uma estrela. Segundo o já falecido E. A. Wallis Budge — um respeitado egiptólogo —, o símbolo estelar tem o significado secundário de "porta". Sahu, a Órion egípcia, indica secretamente (segundo a antiga filosofia) que sobre seu braço estendido há um "portal estelar" no céu. De acordo com nossas descobertas, o portal de Órion estará aberto por alguns meses antes do final dos tempos. Simbolicamente, isso acontecerá durante o ciclo de Vênus sobre Órion, na primavera e verão do ano 2012.

O que acontecerá?

A rotação da Terra diminuirá rapidamente e, então, começará a girar no sentido oposto. Como agora gira de Oeste para Leste, depois girará de Leste para Oeste. Em outras palavras, a rotação do eixo será como é atualmente. Isso significa que a Terra deverá diminuir sua velocidade e girar outra vez na direção oposta. Isso acontecerá em menos de um dia, com mudanças tremendas na face da Terra, cataclismos, milhares de milhões de mortos e uma grande destruição. E então, tudo se normalizará outra vez, salvo as mudanças climáticas devido à virada dos pólos.

Pode ser que você se pergunte se eu tenho certeza do que estou falando.

Essa é uma pergunta lógica e procurarei respondê-la. A data 27 de julho de 9792 a.C. foi decodificada por Albert Slosman a partir dos hieróglifos. O fim do mundo, tal como o previram os maias, será em 21-22 de dezembro de 2012. As escrituras dos egípcios indicam que Vênus ocupa uma posição específica no código, que corresponde ao ano em que a Atlântida foi destruída. Vênus é importante também para os maias. Basta ler *The Mayan Prophecies* [As profecias maias] para se dar conta disso. O código de Vênus foi incorporado a suas escrituras e edifícios. Uma previsão que fiz, corroborada por evidências matemáticas, é que códigos semelhantes podem ser encontrados nas escrituras egípcias. No Egito, existiu um complexo subterrâneo que Heródoto denominou "o grande labirinto", pois continha mais de 3.000 câmaras. É aí que os cálculos astronômicos se realizavam, baseando-se nos que foram feitos na Atlântida. Estavam guardados e fiquei surpreso ao lê-los porque os atlantes previram a data exata da destruição de sua terra com 2.000 anos de antecedência.

Aqui, faço um apelo à sua mente: quero que compreenda que eles CALCULARAM o fim da Atlântida, que agora está enterrada sob o Pólo Sul. Novamente, CALCULARAM um final para nós, que será ainda mais violento. Junte inversões magnéticas e precessões e obterá o colossal cataclismo de que eles falavam. É inegável que existe um vínculo entre os anos 2012 e 9792 a.C. Se continuarmos ignorando essas descobertas, todos nós morreremos. Todos os alarmes deveriam estar soando no mundo inteiro!

Guardião de uma esquecida cápsula do tempo

Temos que encontrar com urgência o labirinto, esse complexo ainda mais imenso do que as pirâmides, segundo a descrição de Heródoto. Teremos então os dados corretos, que os egípcios e os atlantes usaram para prever o cataclismo mundial. Ali encontraremos toda a informação dos sumos sacerdotes "cientistas" do Grande Labirinto: mistérios de uma arcaica academia elitista lá estão, à nossa espera. Sabe-se que eles estudaram cuidadosamente o ciclo do Sol em seu circuito anual, percebido ao longo do percurso do zodíaco. Mais recentemente, o investigador Maurice Cotterell descobriu evidências de que eles conheciam a teoria do ciclo da mancha solar, teoria que os astrônomos modernos desconhecem. Observar e medir com precisão o ciclo da mancha solar é uma proeza que só poderia ser realizada por cientistas muito avançados, verdadeiros super-homens tecnológicos e matemáticos. Eram astrônomos por excelência e, depois de observar as explosões do Sol durante milhares e milhares de anos, descobriram que uma grande mudança no campo magnético do Sol faz com que o movimento da Terra se inverta. Assim, sinalizaram uma grande catástrofe. Suas descobertas enigmáticas ecoaram pelo Egito com o rigor de um culto messiânico.

Tomaram medidas para mobilizar o povo do Egito e usar sua energia na construção de uma evidência gigantesca: as Grandes Pirâmides. Graças a esse enorme trabalho, eu pude decodificar suas advertências.

Tenho certeza de que o Grande Labirinto esconde uma conexão entre a inversão no magnetismo do Sol, a inversão polar da Terra e a destruição da Atlântida. Além disso, é preciso pesquisar com urgência a inversão do magnetismo solar por volta de 20 de dezembro de 2012. Depois das descobertas que fiz, não tenho mais nenhuma dúvida a esse respeito. A única pergunta que me ocupa há anos é: "O que posso fazer para sobreviver? Será que os poços de petróleo e as instalações nucleares serão desativados a tempo?"

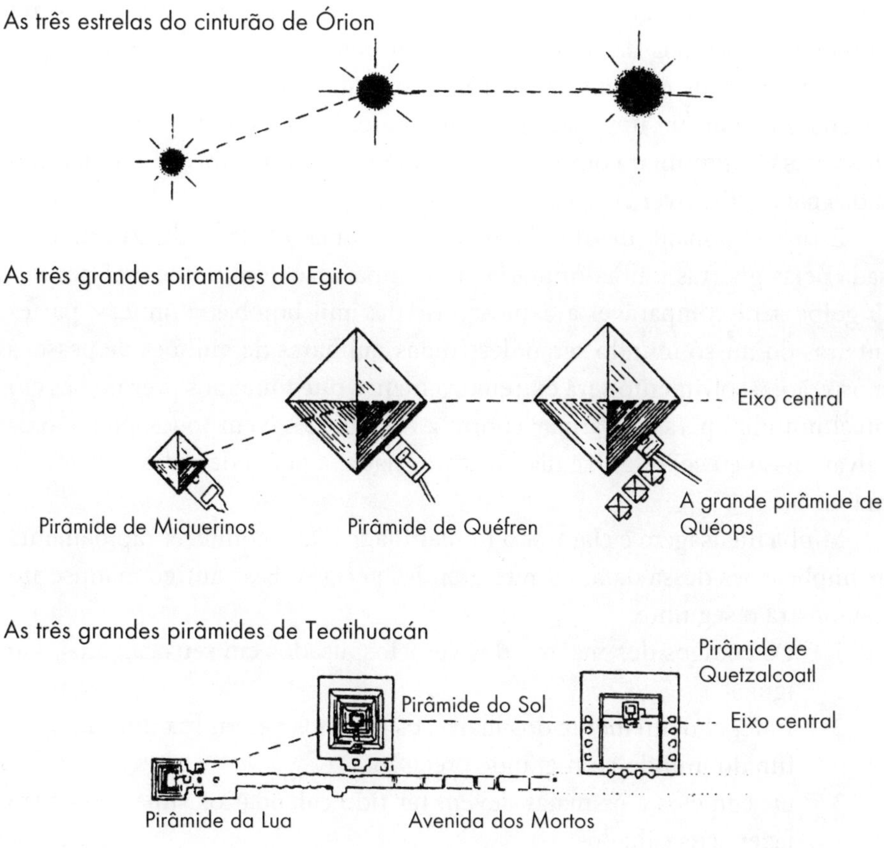

Figura 33.
As três estrelas do cinturão de Órion (em oposição ao real) e as três grandes pirâmides do Egito e do México.

Mensagem que assombra o mundo

Temos um problema gigantesco, agora mesmo. Por milhares de anos, os egípcios guardaram um supersegredo, algo de importância sem precedentes para a humanidade. Descobrimos que seu objetivo era avisar seus descendentes sobre o gigantesco cataclismo. Com esse conhecimento, conseguiram escapar a tempo e salvar sua civilização. Ninguém mais conseguiu. Essa decodificação é a prova de seu grande conhecimento. É irrefutável e é a primeira evidência na história da ciência moderna de que uma civilização desenvolvida traçou um mapa do céu. E, além de fazer o mapa celeste, acompanharam o movimento do planeta Vênus e o relacionaram com a inversão polar que destruiu sua pátria, Aha-Men-Ptah. Esse código nos diz que os maias e os egípcios eram mestres astrônomos, mais avançados do que os profissionais de hoje, que contam com uma alta supertecnologia. Chegou a hora de escutar esse alarme claro, que nos remete à pré-história. Os códigos indicam uma catástrofe iminente. Diante disso, podemos fazer duas coisas: continuar como se nada soubéssemos ou começar a tomar medidas para sobreviver ao golpe.

Esse será o maior desafio da história da humanidade. A destruição causada pelas guerras é uma ninharia em comparação com o que está por vir. O golpe será comparável à explosão de dez mil bombas atômicas: partes inteiras do nosso mundo serão destruídas, milhares de milhões de pessoas morrerão, o sofrimento será extremo, a menos que tomemos precauções em nível mundial para nos armar contra a destruição. Nem todos poderão se salvar, disso eu sei. Mas, se não fizermos nada, a perda de vidas será muito maior.

Minha mensagem é clara: se a humanidade não reconhecer rapidamente as implicações dessa data, correrá grandes perigos. Esse antigo manuscrito demonstra o seguinte:

1. Os códigos dos maias e dos egípcios, usados em seus cálculos, são iguais.
2. Independentemente dos maias, os egípcios determinaram a data do fim do mundo com grande precisão.
3. Os egípcios e os maias devem ter tido calendários superiores para fazer seus cálculos.

Dos fatos acima, todos eles incontestáveis, podemos dizer que os maias são descendentes da Atlântida ou que basearam seus conhecimentos na tradição dos sobreviventes do cataclismo. Quanto ao Egito, já o sabemos com absoluta certeza. Dessa maneira, podemos explicar o cataclismo mundial de 2012 de um modo lógico. Além disso, no caso das duas civilizações, esse conhecimento se originou da mesma fonte essencial e elas mesmas o comprovaram. Isso completa o quadro e nos põe diante do maior desafio da humanidade, ou seja, o cataclismo iminente. O gigantesco cataclismo geológico pode eliminar nossa civilização. Podemos reagir com resignação, pânico, desespero, negação, etc., mas, nos poucos anos que nos restam, esperamos que um número suficiente de pessoas acate a advertência e tome as precauções necessárias. Isso permitirá que nossos conhecimentos mais preciosos sejam transferidos às gerações futuras. Recordemos as seguintes palavras do professor Frank C. Hibben, em *The Lost Americans* [Os americanos perdidos]:

> Uma das mais interessantes teorias do final do plistoceno é a que estabelece como causa dessa antiga tragédia, erupções vulcânicas que fizeram tremer a terra inteira, com catastrófica violência. Essa idéia bizarra, por certo bastante estranha, tem um apoio considerável, principalmente nas regiões do Alasca e da Sibéria. Entremeadas nas sujas profundezas, às vezes entre pilhas de ossos e presas, encontram-se camadas de cinza vulcânica. Não há dúvidas de que, coincidindo com o final do plistoceno, houve erupções vulcânicas de tremendas proporções, pelo menos no Alasca. É lógico que os animais, cuja carne está ainda preservada, devem ter sido soterrados rapidamente. Corpos que ficam na superfície se desintegram logo e os ossos se espalham. Uma erupção vulcânica explica porque os animais do Alasca se extinguiram todos ao mesmo tempo e de maneira a satisfazer as evidências como as conhecemos agora. Os rebanhos morreram, seja por calor ou sufocação ou, indiretamente, pelos gases vulcânicos. Nuvens tóxicas de gás produzidas pelos levantamentos vulcânicos poderiam muito bem provocar a morte em escala gigantesca...
>
> As tormentas também acompanham perturbações vulcânicas de proporções como as que são indicadas aqui. As diferenças de temperatura e a influência dos quilômetros cúbicos de cinza e pedra pome lançados ao ar pelas erupções, podem muito bem produzir ventos e rajadas de inconcebível violência. Se essa é a explicação do fim de toda essa vida animal, o período plistoceno terminou em momentos muito excitantes.

Releia essas palavras e nunca mais se esqueça delas. É imperioso restabelecer urgentemente o conhecimento da antiga Atlântida a respeito do dia do próximo cataclismo. Sem esse dado essencial, a última civilização dos últimos 12.000 anos se precipitará repentinamente na Idade da Pedra. Não sei se temos que construir pirâmides enormes para consegui-lo, mas sei que essas construções foram um elemento essencial em minha investigação, conduzindo-me ao ponto em que pude gritar "Eureca"! Sobre bases puramente matemáticas, consegui deduzir, a partir desses edifícios enormes, uma grande quantidade de dados e informações sobre o cataclismo. Essa sabedoria dos tempos remotos nos ensina o seguinte:

1. Nossa civilização, dependente do computador, será destruída pela inversão do magnetismo solar, que lançará no espaço uma nuvem de partículas eletromagnéticas. Então, os pólos entrarão em colapso, haverá um deslizamento da crosta terrestre e a isso se seguirá uma onda enorme.
2. A tormenta solar e a inversão dos pólos destruirão todos os equipamentos eletrônicos. Como resultado, perderemos completamente 99,9999999% dos nossos conhecimentos em questão de horas.
3. O deslizamento geológico da crosta terrestre e a onda gigantesca destruirão as bibliotecas e os livros para sempre.

Para enfrentar esse enorme desafio, temos que estar preparados para o pior, como já se demonstrou. Os sobreviventes devem ter o conhecimento básico de todas as ciências naturais à sua disposição, pois terão que começar do zero. Nada que tenha alguma importância continuará funcionando, e a alguns poucos sobreviventes caberá transmitir, ou não, a nossa história.

Sei que há muito o que melhorar em nossa sociedade. Por isso, devemos fazer de tudo para que se transmita o essencial às outras gerações. Por exemplo:

- A civilização que surgir depois do cataclismo precisará ter um imenso respeito pela natureza. Os pesticidas, herbicidas, fertilizantes, etc., devem ser totalmente proibidos, dando lugar à agricultura biológica.
- Os bosques e selvas ocuparão um lugar central nas cidades do futuro, que deverão ser muito pequenas.
- Para evitar a contaminação, a população mundial terá que ser limitada, embora, logo depois da catástrofe, repovoar possa ser uma prioridade.
- Nunca mais se deverá construir instalações nucleares. Durante os deslizamentos da crosta terrestre, com seus titânicos terremotos, vai se libertar uma grande quantidade de radioatividade das centenas de instalações nucleares em todo o planeta. Pode ser até que a quantida-

de de radioatividade lançada sobre o mundo seja suficiente para extinguir a humanidade. Meu maior medo é que isso de fato aconteça. Neste caso, nada poderemos fazer.

- A alimentação antinatural, que é prejudicial à saúde e exige grandes quantidades de energia para sua produção, deverá ser proibida por lei. Entre esses alimentos, eu incluiria as balas, os chocolates, as batatas fritas, o açúcar branco, etc.
- As dietas à base de frutas e verduras deverão ser promovidas, pois não são apenas sadias, mas evitam cerca de 30.000 doenças. Como será praticamente impossível conseguir cuidados médicos logo depois da catástrofe — como uma cirurgia por exemplo —, todos compreenderão que é vantajoso permanecer saudável. Só uma dieta de frutas e verduras tem esse efeito, e é preciso evitar as doenças.
- A meditação e o jejum têm que ocupar um lugar central na luta contra as enfermidades infecciosas e de outros tipos. Todos esses fatores serão a base de uma nova forma de vida.

Esses "sagrados mandamentos" nos permitirão criar uma sociedade muito mais feliz do que esta que temos agora. Os lucros não serão mais o tema principal, mas sim a saúde mental e física de todos os terrícolas. É de se esperar que, depois do cataclismo, a grande maioria das pessoas se dê conta disso, para que os erros da atual sociedade de consumo não voltem a acontecer. Esses são os ensinamentos que devemos transmitir. Um mundo infinitamente melhor será o resultado. E se você ainda tiver dúvidas a respeito das nossas descobertas, continue lendo.

CAPÍTULO 14

A HISTÓRIA DA ATLÂNTIDA SEGUNDO A TRADUÇÃO DE ALBERT SLOSMAN

Li o livro *Le Grand Cataclysme* [O grande cataclismo], de Albert Slosman, uma dezena de vezes, pois ele me intrigou demais. Depois de um ano, comecei a estudar os cataclismos com mais intensidade.

Respostas. Eu buscava respostas. Estudei os lapsos entre os cataclismos anteriores e me perguntava: "Por que o código de Órion com Vênus? Por que Vênus? Vênus é um planeta e nada tem a ver com o cataclismo. Assim passaram os meses, e eu pensava e pensava, até que uma luz começou a brilhar. Perguntei-me se tudo isso tinha alguma relação com o Sol. O Sol! Fiquei surpreso por não ter pensado nisso antes. Recapitulemos os acontecimentos de 9792 a.C. Ao comparar os dados das escrituras sacras com os de outros livros que li, tudo se torna muito mais claro:

Labaredas solares incendiarão a atmosfera de Vênus, que se tornará tão visível quanto a Lua ou até mais, e parte de sua atmosfera explodirá no espaço.

Os maias descreveram esses eventos: Vênus era como um segundo Sol e tinha uma cauda. Por isso, para os atlantes, para os maias e para os egípcios, Vênus era o sinal mais importante do céu.

A significativa conclusão a que se chega é que tanto os maias quanto os egípcios observaram Vênus com precisão porque sabiam que esse planeta voltaria a se incendiar no céu por ocasião do cataclismo seguinte! Daí o código Vênus-Órion. Na minha decodificação do Códice Desdren (ver mais adiante), aparecem os importantes números de Vênus, que permitem a decodificação desse códice. E para onde leva isso? À teoria do ciclo da mancha solar (ver mais abaixo; também *The Mayan Prophecies* [As profecias maias]). Vênus não passa de um indicador, que nos permite determinar o ano correto do cataclismo passado e do que está por vir, sem ter, no entanto, nenhuma influência neles.

Já expliquei como conseguimos decifrar o código Vênus-Órion, seguindo as instruções secretas da obra egípcia *El libro de los muertos*. Só é possível decifrar esse código com a ajuda de programas astronômicos de alta tecnologia. Ele traz um incrível relato de suas tradições, de sua história e do cataclismo que fez desaparecer sua pátria, Aha-Men-Ptah. Esse foi um dos muitos códigos que consegui decifrar. Ele nos conta a história de uma ciência secreta, que explica como o Sol afeta a vida sobre a Terra. Aqui, eu tinha que fazer algo parecido.

Segundo a tradução de Albert Slosman, a catástrofe anterior tinha sido prevista com base em eventos anteriores a ela. Nesse ano, a Atlântida desapareceu parcialmente sob o que era então o Pólo Norte (atual Pólo Sul). A isso seguiu-se uma grande onda. Será que, nessa ocasião, Vênus fez um giro sobre Órion? Conseguimos responder a essa pergunta em setembro de 2000 porque isso aconteceu no ano 21312 a.C. e os últimos programas astronômicos chegam até 100000 a.C. Investigamos o ano 21312 a.C. e os anos próximos e descobrimos que Vênus não descreveu um giro sobre Órion.

Temos também o ano 29808 a.C. Nesse ano houve uma inversão polar e, de novo, Vênus não descreveu um giro sobre Órion.

Então, eu tinha que procurar em outro lugar o código de Vênus. Mas onde? Meu ponto de partida é que o cataclismo anterior, de 9792 a.C., tinha sido previsto. Será que havia outros códigos de Vênus nos acontecimentos anteriores? Comecei a estudá-los detalhadamente (ver página seguinte).

Comecei examinando essas tabelas. Como será que os egípcios manipulavam esses ciclos? Seria um jogo de números? Os números esconderiam uma mensagem oculta? E os números de Vênus? Estariam entre eles? Haveria instruções secretas a serem seguidas? Perguntas, perguntas e mais perguntas. Mas nenhuma resposta!

Os números codificados de Vênus

Os egípcios e os maias usaram suas observações do planeta Vênus para encontrar uma conexão entre os cataclismos. Qual é o número de Vênus? Isso é fácil de responder: 584. Esse é o ciclo sinódico de Vênus em dias. A duração dos ciclos sinódicos do planeta Vênus em torno da Terra mostram flutuações marginais de 581 a 587 dias. Embora essas flutuações fossem conhecidas pelos maias, a razão que há por detrás delas é ainda mais interessante, já que implica as mudanças na relação entre o plano de rotação de Vênus e o eixo rotativo da Terra. Até recentemente, nossos astrônomos não tinham sequer conhecimento desse fenômeno, embora os maias tivessem já muito interesse nesse ciclo. Tanto que lhe seguiram o rastro, adentrando pela história e chegando a épocas muito anteriores a seu próprio tempo.

Duração	Era	Duração acumulada dos ciclos

35712 a.C.: estabelecimento da Atlântida

864	Libra	864
2.592	Virgem	3.456
2.448	Leão	5.904

Cataclismo. Ano 29808 a.C. Primeira inversão polar! A Terra começou a girar em sentido contrário. O Leste se converteu em Oeste e vice-versa.

1.440	Leão	1.440
2.592	Virgem	4.032
1.872	Libra	5.904
1.872	Escorpião	7.776
720	Sagitário	8.496

Cataclismo: Ano 21312 a.C. A Terra girou 72 graus no zodíaco em meia hora! Essa é uma rapidez incrível!
Observação: Não se trata aqui de uma inversão polar, mas de um giro rápido na mesma direção.

576	Aquário	576
2.016	Peixes	2.592
2.304	Áries	4.896
2.304	Touro	7.200
1.872	Gêmeos	9.072
1.872	Câncer	10.944
576	Leão	11.520

Cataclismo: Ano 9792 a.C. Segunda inversão polar!
Total de anos desde o começo: 5.904 + 8.496 + 11.520 = 25.920 = data de uma precessão = fim da Atlântida!

1.440	Leão	1.440
1.872	Câncer	3.312

1.872	Gêmeos	5.184
2.304	Touro	7.488
2.304	Áries	9.792
2.012	Peixes	11.803

2012: PRÓXIMO CATACLISMO

Como indica o observatório de Chichen Itzá, os antigos maias eram *experts* em astronomia, matemática, calendários, ciclos, etc. Eles tinham uma idéia muito completa do seu lugar no universo, cheio de grandes e aterradores deuses. Mas eram também incrivelmente científicos em suas observações astronômicas, com calendários muito precisos, baseando-se principalmente no planeta Vênus.

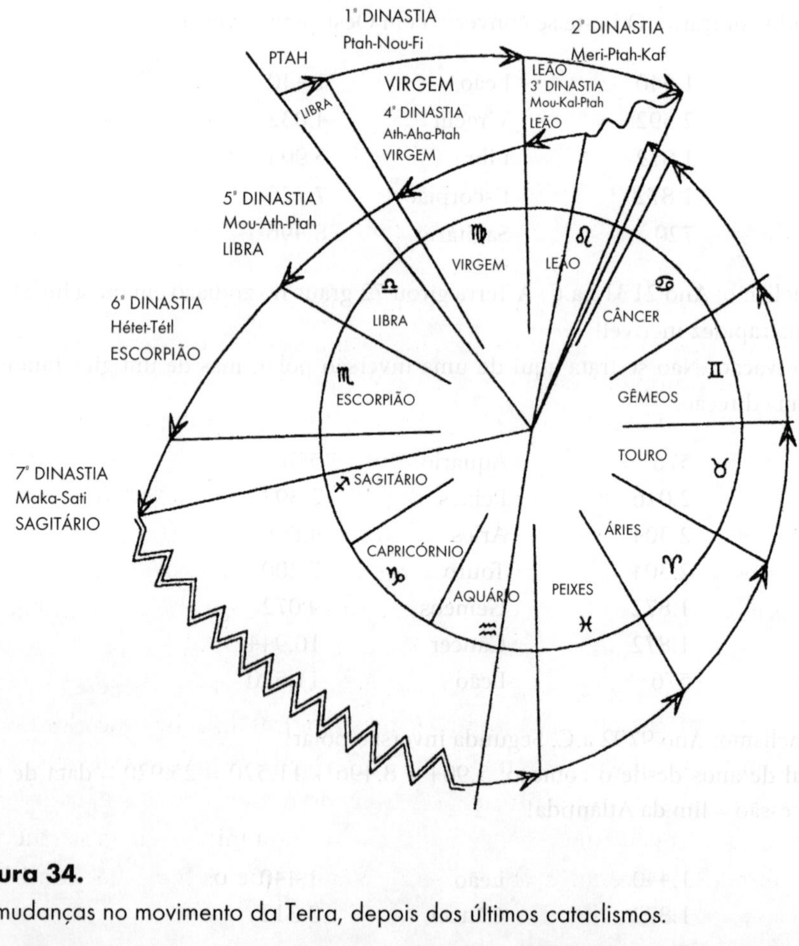

Figura 34.
As mudanças no movimento da Terra, depois dos últimos cataclismos.

Os antigos maias eram obcecados pelos números e pela medição do tempo em geral. Sua perícia nas matemáticas era de tal magnitude que agora se credita a eles o conceito do zero, que lhes permitia manejar grandes números com facilidade.

Os números não eram simples conceitos abstratos usados nos calendários, na astronomia e na arquitetura. Para os antigos maias, cada número tinha um espírito próprio. Para eles, os números eram manifestações de energias do universo.

Esse sistema de calendário era muito mais completo e preciso do que o nosso. Com base nos movimentos planetários, não previam apenas os eclipses solares que podiam ver, mas também eclipses que ocorriam do outro lado do mundo ou num futuro distante. O calendário era tão sofisticado que previu com exatidão eclipses que ocorreram recentemente. Os maias viam seu calendário como um legado dos povos mais antigos, um presente dos deuses, dos que tinham dele uma visão total. Os astrônomos modernos só agora começam a "descobrir" os princípios básicos do calendário maia.

Para os maias, o tempo e o espaço estavam estreitamente ligados. Isso nos ajuda a compreender a natureza cíclica dos calendários maias e seu método para calcular o fim do mundo. Pensando nisso, comecei a buscar uma data entre os cataclismos anteriores, o que resultou numa aventura no tempo realmente assombrosa. Imagine meu assombro quando soube que existe uma ligação entre os códigos de Vênus e o ciclo sotíaco (de Sírius) no Egito (ver Outras decodificações, no Apêndice). Essas descobertas estavam ocultas na data, entre o cataclismo de 21312 a.C. e o de 9792 a.C. Subtraindo um do outro, temos 11.520 anos. Além disso, no ano 21312 a.C., a Terra girou 72 graus no zodíaco. O número 72 não é arbitrário, é essencial no ciclo de precessão (72 x 360 = 25.920). Como sabemos, os egípcios compreendiam relações astronômicas complexas, tanto que alinharam os templos para que coincidissem com o ciclo de precessão e substituíram a identidade de Ápis — o touro — por Áries — o carneiro –, refletindo assim a precessão dos céus sobre a Terra. E o número 72 é essencial nessas explosões de resultados criativos, de feitos milagrosos de seres humanos superiores no âmbito tecnológico e artístico. Então, achei que eles também tinham codificado o número 72 nos 11.520 anos entre os cataclismos. Multipliquei 11.520 pela quantidade de dias de um ano maia e egípcio (365 e 360 dias, respectivamente), e dividi por 72. Para minha surpresa, encontrei os números codificados 584 e 576 de Vênus, que os maias usavam! E não foi só isso que encontrei.

O ciclo sotíaco ou de Sothis (Sírius) do Egito

Pelo mesmo método, é possível chegar aos números codificados 1.460 e 1.461 do ciclo sotíaco do Egito (ver o Apêndice). Isso é irrefutável e me deixou pasmo com a matemática dos egípcios. Fiquei maravilhado com sua inteligência e testemunhei sua perícia, perguntando a mim mesmo como sabiam tanta coisa. É simplesmente incrível. Pensei comigo mesmo que sua mente deveria se equiparar à dos deuses para conseguirem codificar tanta informação num único número. O número representava uma linguagem de simbolismos que descreve os acontecimentos do mundo real. Descreve a história, a astronomia e mais — sem o uso de uma linguagem limitada — para os povos futuros, como nós.

Eles conheciam o mecanismo das hecatombes que afetam periodicamente a Terra e, com isso, podiam calculá-las. Parece razoável supor que eles pretendiam nos transmitir esses conhecimentos. Mas como uma civilização poderia se comunicar com outra, que surgiria milhares de anos depois, com as sucessivas mudanças ideológicas, que deixam atrás de si livros queimados, idiomas perdidos e idéias aniquiladas? De que maneira as instruções decodificadoras poderiam ser transmitidas a outra cultura, com um idioma estranho e um método igualmente estranho de escrita? Há apenas duas constantes, que são denominadores comuns às civilizações avançadas: os números e a astronomia.

Para acomodar tudo isso, os atlantes usaram números bem simples. Somando ou subtraindo um "número sagrado", chegaram a outros números, que permitiriam decodificações futuras. Se você se puser agora na posição deles, saberá fazer essas decodificações. Não podemos esquecer que o método de codificação depende da importância da mensagem: os métodos mais concretos são usados para as mensagens mais importantes, aumentando assim a probabilidade de que sejam transmitidas. Foram essas considerações que levaram os egípcios a codificar suas mensagens em sistemas numéricos, relacionados à astronomia, a cálculos do tempo e à arquitetura. Alguns deles suportariam os estragos do tempo, aumentando a certeza da decodificação e da transmissão. Assim, concentrei meu interesse na decodificação dos seus números. Essa era só uma parte da história: não contente com o êxito dessa decodificação, fui em frente, decodificando mensagens astronômicas que eles deixaram em seus escritos. Estas se sustentavam entre si, trazendo uma inquietante resposta aos incrédulos. Todas elas dizem a mesma coisa: as inversões polares são um fato da vida e ocorrem a cada 12.000 anos. Para verificar tal fato, basta compreender os números.

Não é surpresa que a escolha do ciclo sotíaco e suas tradições tenham deixado os eruditos perplexos por vários séculos. "Por quê?", perguntam eles. Bom, porque é um número muito importante que leva à solução. Estudando a decodificação, você verá que os egípcios desenvolveram um sistema incrivelmente inteligente de chaves, permitindo a duplicação da mesma mensagem nos calendários, na arquitetura, na astronomia, etc. A evidência que encontrei é esmagadora. Isso demonstra que os egípcios queriam revelar o significado de seus ciclos apenas a pesquisadores, a quem pudesse compreender a importância astronômica dos números 1.460 e 1.461 do ciclo de Sothis (ou seja, da estrela Sírius).

Os egípcios iniciaram o ano na noite de 19 para 20 de junho. Nesse dia, a estrela Sírius — na constelação do Cão Maior — surgiu logo antes do Sol e seguiu sua rota ascendente, desafiando a precessão dos equinócios. Por quê? Porque Sírius, em termos relativos, está muito perto da Terra. Goza de considerável "movimento próprio", que lhe permite desafiar a precessão, enquanto as outras estrelas são afetadas por ela. É isso! O ciclo de Sírius é um código de precessão, outro surpreendente segredo do passado, que reflete enormes conhecimentos de astronomia. O zodíaco de Dendera mostra claramente as constelações astronômicas caracterizadas no zodíaco. As inscrições na pirâmide de Unas documentam o mito de Osíris e levam a história mitológica um passo mais adiante: "... Ó rei, tu eras companheiro de Órion... e podes ir ao lugar em que se encontra Órion..." Com isso, pretendia-se acompanhar o rei morto à constelação de Órion, para se converter em estrela depois da morte. No livro *The Orion Mystery* [O mistério de Órion], Bauval reconstruiu os céus e descobriu que a "coluna de ventilação" meridional da Grande Pirâmide de Quéops, em Gizé, aponta diretamente para o cinturão de Órion, enquanto uma coluna semelhante — na saída da câmara da rainha — aponta para a estrela Sírius. Um código duplo: precessão e Órion. O que significa isso? Nós já sabemos: a precessão de 9792 a.C. é igual à de 2012 d.C. Além disso, as pirâmides são um reflexo ao contrário da constelação de Órion. O significado é muito claro porque, ao final de um grande ciclo, o mundo se inverterá e o código de Sírius é importante nesse processo. Com isso em mente, descobri uma decodificação atrás da outra, com o número do ciclo de Sírius.

Eis aqui outro código. Os antigos egípcios usavam um calendário em que o ano tinha apenas 365 dias. Parece burrice para astrônomos tão refinados mas não é, já que essa leve imprecisão permitia a Sírius desafiar aparentemente a precessão. O ano dos maias também tinha 365 dias. Será que usaram um legado de uma civilização adiantada? Seria isso algum código para alguma coisa específica? A longitude correta de um ano solar é 365,2422, mas os maias a estimaram em 365,242, uma diferença de apenas 17,28 segundos do valor real. Intrigado, comecei a estudar os números e, ao cabo de algumas horas, o código me saltou aos olhos. O que eu tinha descoberto? Que a astronomia deles mostrava uma sofisticação comparável à da nossa. Eles sabiam que um ano solar tem 365,2422 dias! Novamente, havia aqui uma decodificação que assombraria o mundo: e com uma diferença de apenas 0,08 segundos com relação ao valor real. Uma falha de 0,000000003%! No Apêndice, revelarei como fiz essa decodificação. No meu próximo livro, haverá muitas outras decodificações com o ciclo de Sírius. E todas demonstram a validade do meu método decodificador.

Minhas conclusões são as seguintes:

1. Parti do pressuposto de que existe uma conexão entre Vênus e o tempo transcorrido entre os cataclismos anteriores. Nos meus cálculos, encontrei semelhanças entre o ciclo de Sírius, do Egito, e o ciclo de Vênus. É possível demonstrar que isso é inquestionavelmente certo, por dedução.
2. A conexão entre os supernúmeros dos maias e os números de Sírius será demonstrada exaustivamente no meu próximo livro. Diversos números maias são os números de Sírius multiplicados pelos números do código. Usando esses números do código, consegui decodificar os calendários maias (veja o meu próximo livro) e o Códice de Dresden (veja o Capítulo 22). Eu garanto que você quase morrerá de assombro quando eu lhe revelar a decodificação final, extraída da duração de um ano solar segundo os maias e os egípcios. Ela é incrivelmente exata!
3. Os cálculos dos maias e dos egípcios se baseiam, sem sombra de dúvida, na mesma série de números. Por isso, os maias e os egípcios devem ter recorrido à mesma fonte.
4. Tantos os maias quanto os egípcios conheciam números astronômicos exatos (veja mais decodificações no Apêndice). Isso é o mais assombroso de tudo. Com esse conhecimento, previram com exatidão as trajetórias dos planetas, milhares de anos antes que acontecessem. Não só isso, mas conseguiram calcular a data do fim do mundo com incrível precisão. Por isso, suas advertências devem ser tomadas com extrema seriedade... e repito: *extrema*!

5. Quem ainda acha que as provas não são contundentes, não compreende como eles pensavam. Tente outra vez. No pensamento deles, os números eram o ponto de partida mais importante, já que são aceitos universalmente. Começando com essa premissa, tudo fica claro. O que estamos fazendo é usar o mesmo método de calcular que os maias usavam. A cada quatro anos, acrescentamos um dia ao nosso calendário. Esse ajuste é um pouco excessivo. Então, depois de 128 anos, não contamos um dia adicional e não há ano bissexto. Com isso em mente, fica fácil compreender como eles pensavam: é um método que empregaram em todos os cálculos. No caso de um ano bissexto, trata-se de um dia. Quando se lida com milhares de anos, o número de dias será maior, mas eles faziam seus cálculos sempre da mesma maneira. Depois de um certo período de tempo, por exemplo, chega-se a milhares ou milhões de dias. Para que isso esteja de acordo com outros calendários, eles subtraíam *x* dias ou somavam *y* dias, até que encontravam outra vez a similitude. Com esse conhecimento, conseguiram formular uma teoria de crucial importância para a civilização, à medida que nos aproximamos do ano 2012.

Figura 35.
O Capítulo XVIII do Livro dos Mortos é o único que não tem hieróglifos. Ele descreve o grande cataclismo. Revelarei sua decodificação em meu próximo livro.

CAPÍTULO 15

A TEORIA DO CICLO DAS MANCHAS SOLARES

Tanto os maias quanto os egípcios eram adoradores do Sol. Toda a sua cultura era baseada nesse astro. Para isso, havia uma razão primordial: o Sol não lhes outorgava apenas a vida, mas também a morte. É exatamente essa dualidade que os levou a adorar nosso círculo dourado.

Nós também conhecemos a importância do Sol. Para dar um exemplo bem simples: um céu nublado pode arruinar nossas férias de verão. Esse é um exemplo relativamente inocente, pois um calor abrasador pode causar secas catastróficas e destruir as plantações. Os astrônomos estão começando a se dar conta de que o ciclo das manchas solares pode estar na raiz de tudo isso. Nosso conhecimento da correlação entre o ciclo solar de onze anos e a temperatura média da Terra tem aumentado com o passar dos anos. Parece que agora se tem a certeza de que o clima na Terra está relacionado com a quantidade de manchas solares. Um dos exemplos mais notáveis é o período que vai de 1650 a 1710, quando não houve virtualmente manchas solares visíveis. Os astrônomos chamam esse período de "mínima incoerente". Nesse mesmo período fez mais frio do que o normal em nossa região: os meteorologistas o chamam também de Pequena Era Glacial.

As manchas solares são assombrosas. Formam áreas relativamente frias na superfície e só parecem escuras porque o resto da superfície solar é mais tórrido e brilhante do que elas. Dentro de uma delas, a temperatura não chega aos 4.000 graus. Apesar dessa temperatura ser ainda muito quente, é fria o bastante para tornar a mancha mais escura, devido ao contraste com seu entorno.

A diminuição da temperatura é causada por seu forte campo magnético, cerca de 10.000 vezes mais forte do que o campo magnético dos pólos da Terra. Esse magnetismo detém o movimento ascendente que, em outras partes do Sol, transporta energia à superfície. Como resultado, uma quantidade menor de energia alcança a superfície onde se encontra a mancha, que tem assim uma temperatura inferior.

Uma mancha solar é um fenômeno temporário. As menores duram apenas algumas horas ou alguns dias. As maiores duram de semanas a meses. Algumas, de tão grandes, são visíveis a olho nu. As manchas solares aparecem e desaparecem seguindo um padrão. No começo do ciclo, elas aparecem nas proximidades dos "pólos" do Sol. Durante o ciclo, aparecem mais perto do "equador". Depois disso, logo antes do final do ciclo, aparecem mais ao redor dos pólos. Mas o ciclo não se produz com regularidade: há altos e baixos. Entre 1954 e 1965, por exemplo, houve muitas manchas.

Elas aparecem em pares. Os dois componentes têm campos magnéticos opostos, como se aparecesse uma gigantesca "ferradura imantada" na superfície solar. Mas, na verdade, são as fortes correntes elétricas do interior do Sol que provocam os campos magnéticos.

O grupo de manchas e seu entorno é denominado área de atividade, pois não abrange apenas as manchas em si. Inúmeros arcos de gás movimentam a superfície solar. Esses arcos têm essa forma característica devido a seus fortes campos magnéticos, causados por correntes elétricas com uma força de dez mil milhões de ampères. Os arcos são sinais externos dessas torrentes gigantescas que passam pelas manchas solares.

A atividade das manchas solares

A atividade solar é um fenômeno mais ou menos periódico. Ao longo de séculos de estudo, descobriu-se que o Sol alcança um mínimo e um máximo num período de onze anos: esse período é chamado de ciclo solar. Por volta de 1840, o astrônomo Wolf descreveu quantitativamente as manchas solares e seus grupos. O gráfico a seguir mostra a evolução da atividade das manchas solares a partir de 1680. Tenha em mente que, em 1610, Galileu foi o primeiro a usar um telescópio em estudos astronômicos. Ele viu que eram manchas e não planetas que se moviam em torno do Sol. As manchas, ao contrário de Mercúrio e Vênus, que passam pelo Sol de tempos em tempos, não eram constantes, mas se modificavam o tempo inteiro, tanto em número quanto em localização sobre a superfície solar. Depois dessa descoberta, passamos a contar com dados medianamente confiáveis sobre a quantidade de manchas solares. A "mínima incoerente", de 1650 a 1710, e a forte variação ao longo dos séculos são fenômenos notáveis. A comparação com a mudança na temperatura média da Terra mostra um traçado parecido dos picos mais altos e dos mais baixos.

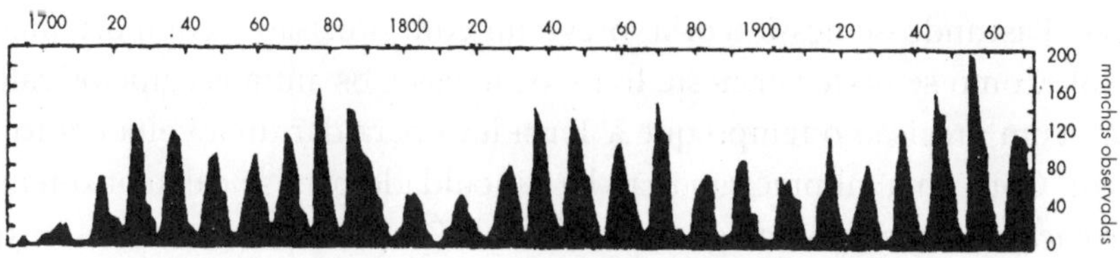

O ciclo (aproximado) das manchas solares, de 11 ½ anos, conforme observação efetuada a partir de 1680.

Figura 36.
Quantidade de manchas solares desde 1680.

O gráfico mostra que o Sol apresenta variações em seus ciclos de onze anos. Há ciclos longos e curtos: o período mais longo entre os picos foi de 17,1 anos (1788 — 1805) e o mais curto foi de 7,3 anos (1829 — 1837). Há também ciclos com intensidade máxima, grande e pequena. Em 1952 e 1989, por exemplo, o Sol mostrou uma pesada atividade com violentas erupções. Em 1962, por outro lado, não se observou quase nada sobre o Sol, que esteve muito quieto. Para os especialistas solares, a maior surpresa se deu em 1996. Teoricamente, esse deveria ser um período de calma entre os ciclos, mas a natureza decidiu o contrário. Na primavera desse ano, o satélite conhecido como Anik-E-1 ficou inutilizado devido aos danos provocados pela tormenta. Enormes labaredas solares lançaram no espaço milhões de toneladas de partículas que se chocaram contra a atmosfera terrestre, que as devolveu parcialmente ao espaço. Como se tratava de uma massa incrivelmente grande, bilhões de partículas conseguiram abrir caminho, com resultados lamentáveis para esse satélite de alto custo. Nenhum astrônomo esperava que isso acontecesse, pois achavam que o Sol só mostraria esse tipo de comportamento no ponto máximo do ciclo. Mas, como descobriram, o Sol pode sofrer perturbações também em períodos de calma. Esse é um ponto muito importante. Aplicando o ciclo de onze anos, vemos que ele declinará abruptamente no final de 2012. Os especialistas dizem que é impossível ocorrer uma tormenta capaz de inverter o campo magnético da Terra.

Diante do que aconteceu, essa teoria deixa de ser confiável. Além disso, o ciclo das manchas solares pode ser mais longo ou mais curto, resultando numa coincidência "máxima" da data prevista pelos maias e pelos antigos egípcios. Isso é prova suficiente para não se desprezar a antiga sabedoria desses cientistas extraordinários. Conhecemos o ciclo das manchas solares muito menos do que os atlantes. Eles o estudaram durante milhares de anos, aplicando uma teoria que nenhum especialista em temas solares conhece. Baseando-se nessa teoria, previram com precisão o comportamento do Sol. Como se pode ver neste livro, os maias e os antigos egípcios calcularam com precisão o tempo que a Terra leva para dar uma volta em torno do Sol. Com uma tal precisão, não há dificuldade para se calcular o tempo de rotação dos campos magnéticos do Sol. De posse desses dados, o que exige sem dúvida uma longa investigação, é possível conhecer o ciclo das manchas solares. É assim que eles fizeram e é assim que teremos que fazer outra vez. O problema é que só dispomos de uma quantidade limitada de dados. Pode ser que não sejam suficientes para alimentar conhecimentos teóricos que nos permitam recalcular a data do fim do mundo que foi prevista. Em todo caso, começarei mostrando como os atlantes adquiririam seus conhecimentos.

A teoria inquietante

Os astrônomos e os físicos ainda não têm explicações para o ciclo das manchas solares, mas os sacerdotes que estudaram as "combinações matemáticas celestiais" descobriram alguns fenômenos. Ao cabo de longos períodos de observação, notaram que as manchas solares se moviam em direção ao equador, num tempo médio de 26 dias. Em direção aos pólos, o tempo médio é mais longo. Descobriram também que o tempo que as manchas solares levam para se deslocar de um ponto ao outro varia junto com o ciclo das mesmas. Quando ocorre uma mancha solar mínima, as manchas se movem com menos lentidão sobre o Sol. De todas essas observações, eles extraíram uma teoria. O código principal foi redescoberto em 1989 pelo investigador Maurice Cotterell, que empregou números redondos para os campos magnéticos do Sol: 26 dias para o campo equatorial e 37 dias para o campo polar. Começando por esses números, descobriu um ciclo de manchas solares de 68.302 dias. Isso está descrito em profundidade no livro *The Mayan Prophecies* [As profecias maias], em que usou diferenciais e um programa de computação que denominou "diferenciação rotativa". Para simplificar a questão, recorreu a uma comparação baseada numa indicação aleatória dos campos magnéticos do Sol e da Terra, com um período médio de 87,4545 dias. Este número foi escolhido porque os campos polar e equatorial do Sol terminam um ciclo comum a cada 87,4545 dias e regressam ao ponto de partida. Ele equiparou um ciclo a um *bit* e obteve um resultado sensacional, pois apareceu um claro ciclo rítmico na tela do computador. Cotterell viu aí uma semelhança com o conhecido ciclo das manchas solares: assim, tinha encontrado uma relação entre a teoria e a realidade. Cabe enfatizar que nenhum astrônomo conhece essa teoria. Por isso, ninguém na Terra tem consciência dos efeitos catastróficos de uma completa oscilação dos campos magnéticos do Sol. Repito: nenhum cientista oficial conhece essa teoria! Por isso, a advertência dos maias e dos egípcios deve ser considerada com toda a seriedade. O fato de que os maias tinham conhecimento dessa teoria é inquietante.

"Por quê?", você perguntará. Bem, não existe uma solução matemática simples para calcular esse ciclo. Tenho consciência, graças a papiros com mais de 5.000 anos, que os egípcios resolviam problemas matemáticos extremamente difíceis. Os maias deviam ter essa mesma capacidade.

Eis aqui, como exemplo, um problema difícil que os egípcios conseguiam resolver: calcule o volume e a superfície de meia esfera. Esse problema aparece no papiro Rhind, que se encontra em Moscou. Sua idade estimada é de 5.000 anos, mas foi copiado de documentos ainda mais antigos. Quando vi o problema, fiquei pasmo. Não era nada simples! Precisei do meu livro de matemática espacial para resolvê-lo e levei horas para refrescar a memória e compreender os cálculos que estavam diante de mim.

Essa é outra prova de que os egípcios sabiam muito mais do que os egiptólogos querem admitir. Além disso, graças ao fato do Códice de Desdren e do zodíaco astronômico egípcio terem sido decifrados, descobri evidências de que ambas as civilizações conheciam o ciclo das manchas solares. Essa é uma clara evidência de que estavam em condições de fazer o trabalho e uma prova incondicional de que os maias e os egípcios têm a mesma origem. Além disso, revela que eles eram matemáticos e astrônomos brilhantes, que superam os astrônomos atuais. Por exemplo: o campo polar do Sol é invisível da Terra, sendo visível apenas para os satélites que estão em órbita em torno do Sol. O grande mistério é como fizeram os maias para averiguar a velocidade desse campo... e tenho muitas perguntas de natureza semelhante!

Para ambos os povos, o ciclo das manchas solares era um tema central em sua vida, o que dá para entender quando se toma consciência de que uma tormenta solar gigantesca, proveniente de um ponto culminante no ciclo das manchas solares, fará oscilar os campos magnéticos da Terra. Isso provocaria uma catástrofe que levaria à morte de milhares de milhões de pessoas, provavelmente de toda a humanidade, devido à destruição das instalações nucleares pelo abalo de enormes terremotos. A Terra se converteria numa imensa bola radioativa, inabitável para o homem. Isso deveria ser suficiente para nos fazer tomar consciência de que é urgente realizar escavações no labirinto, onde ficaram enterrados todos os conhecimentos.

Os conhecimentos perdidos e os códigos redescobertos

Muitos problemas encontrarão solução nas câmaras secretas do labirinto. Para calcular o ciclo das manchas solares, é preciso um sério conhecimento de matemática, pois não é tarefa fácil. São necessários também conhecimentos específicos do movimento da Terra em torno do Sol, de matemática espacial e de matemática integral, além de recursos para medir o tempo com exatidão. O estranho é que eles tinham todas essas aptidões, mas elas eram mantidas em segredo. Só os sacerdotes iniciados nos textos sagrados tinham esses conhecimentos. Para os outros, tudo estava envolvo em mistério. Isso não facilita em nada o nosso trabalho. Há um código escondido atrás de cada número ou caractere. A interpretação do seu significado requer extrema paciência e tenacidade. Sem essas duas qualidades, não é possível decifrar suas importantes mensagens codificadas. É interessante saber que eles trabalhavam sempre com os mesmos números sagrados.

"Continue tentando": essa é a mensagem, a única maneira que temos para encontrar as respostas enquanto não estivermos de posse dos dados do labirinto. Retomando os cálculos e "pensando em outras avaliações matemáticas" do ciclo das manchas solares, encontraremos mensagens codificadas que são muito interessantes. Divida o ciclo teórico das manchas solares, estabelecido por Cotterell, pelos períodos de rotação dos campos magnéticos do Sol e encontrará o número de ciclos por que passam os campos magnéticos, num ciclo de 68.302 dias ou 187 anos:

68.302 : 26 = 2.627

68.302 : 37 = 1.846

Subtraindo esses resultados, descobrimos o número de vezes que o campo equatorial alcança o campo polar: 2.627 – 1.846 = 781. Isso nos leva a diferentes conexões. Para calcular quando um campo alcança o outro, faça os seguintes cálculos simples:

2.627 : 781 = 3,36363636

1.846 : 781 = 2,36363636

Explicação: quando o campo solar percorre 2,3636 de um círculo, ele é alcançado pelo campo equatorial, que já percorreu um círculo a mais, ou 360 graus. Isso ocorre exatamente depois de 87,4545 dias e coincide com o ciclo que Cotterell calculou. É assombroso que, em ambos os campos, se produza o número infinito 0,36363636. É essa a origem dos 360 graus:

1. Quando estudava matemática, não compreendia porque um círculo tem 360 graus e não 100. Ao observar esses números, isso ficou claro para mim: sua origem está no cálculo do ciclo da mancha solar!

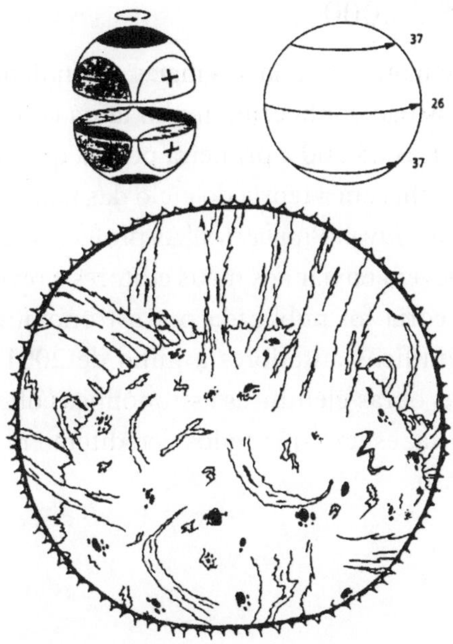

Figura 37.
A velocidade dos campos magnéticos do Sol: 26 dias no equador e 37 nos pólos.

2. Outra decodificação revelou que os egípcios e os maias calculavam a diferença de graus que os campos viajavam (360) e a usavam no ciclo de precessão que dura 25.920 anos (25.920 = 72 x 360). Isso prova incontestavelmente a origem dos 360 graus.
3. Depois de um ciclo de 87,4545 dias, a diferença é de 360 graus. Nos cálculos de Cotterell, oito desses ciclos formam um miniciclo, dando como resultado o seguinte número de graus: 360 x 8 = 2.880. Esse número aparece em diferentes cálculos como elemento essencial. Aqui se encontra a origem desse número. Usando os tempos entre os cataclismos anteriores, é possível calcular o ciclo sotíaco (de Sothis = Sírius) com a ajuda do número 2.880!
4. A série infinita 0,36363636 aparece várias vezes no Códice Dresden, convertendo-se no código crucial de Vênus. Mas isso é ainda mais complexo. Os números dos códigos multiplicados por 36 trazem novas combinações, que levam a outras revelações do Códice Desdren e do zodíaco egípcio.

Recompensa de $ 25.000

A situação é extremamente séria. Os maias entendiam uma teoria que os astrônomos modernos não conhecem! Tenho tanta certeza disso que ofereço uma recompensa de $ 25.000 à primeira pessoa que consiga demonstrar que os astrônomos conhecem a teoria do ciclo das manchas solares de Maurice Cotterell (ver: *The Mayan Prophecies* [As profecias maias]). Para ganhar esse dinheiro, você deverá enviar aos meus editores a revista científica sobre astronomia onde a teoria foi publicada por astrônomos oficiais. Só serão aceitos trabalhos científicos anteriores a julho de 2001 e ficam excluídas publicações alheias às obras científicas astronômicas oficiais.

Depois dessa oferta, espero que todos acreditem em mim quando digo que estou falando sério.

CAPÍTULO 16

CATÁSTROFES, TORMENTAS SOLARES E A PRECESSÃO DO ZODÍACO

Este capítulo é extremamente importante, pois revela um vínculo matemático irrefutável entre o ciclo das manchas solares e a precessão (mudança) do zodíaco. Você logo saberá até onde nos conduz tudo isso, mas vamos primeiro a alguns pequenos cálculos matemáticos: nada muito difícil. Fiz esses cálculos várias vezes e isso não me causou nenhum colapso mental. Portanto, você não tem nada a temer. Como aconteceu comigo, você encontrará números assombrosos, que não poderá ignorar. Vamos começar agora mesmo.

Primeiro, lembre-se de que cada campo magnético do Sol tem uma velocidade de órbita diferente. A rotação dos pólos é mais lenta do que no equador. O campo equatorial gira ao redor de seu eixo em 26 dias e o polar em 37. No fim de 87,4545 dias, o campo mais rápido do equador alcança o campo polar. Nesse período, o campo equatorial percorreu 3,363636 partes de um círculo e, o polar, 2,363636: a diferença é exatamente um círculo de 360 graus.

"Não é tão difícil", eu o ouço pensar. Bem, então continuo com a minha história. Se você leu o capítulo em que se decifra o código do zodíaco, sabe que a Terra se desloca 3,33333 segundos por ano no zodíaco. Agora lhe peço para multiplicar esse número por si mesmo: 3,33333 x 3,33333 = 11,11111. Esse é o tempo médio do ciclo de uma mancha solar. A cada 11 anos, o ciclo da mancha solar sobe e desce, vai do ponto mais alto ao mais baixo. Novamente, isso não é uma coincidência. Em cálculos posteriores, consegui decifrar vários códigos com esse número, o que mostrou que minha busca caminhava bem. Multiplicando esse número importante pelo número dos ciclos de rotação dos campos magnéticos do Sol, obtemos resultados surpreendentes. Surpreendentes mesmo:

3,363636 x 11,11111 = 37,37373737

2,363636 x 11,11111 = 26,26262626

Como vê, voltam a aparecer os períodos de rotação, mas invertidos com relação à quantidade de ciclos percorridos. Obtemos duas séries infinitas, de 37 e de 26. Os leitores inteligentes perceberão o seguinte: conhecendo o período do campo magnético do equador, pode-se calcular a velocidade do tempo polar, usando o quadrado do número de precessão. E certamente é possível fazer a mesma coisa ao contrário.

Fiquei sem fala. Não encontro expressão melhor. Trata-se de uma extraordinária conexão matemática, em que a coincidência está absolutamente — repito, absolutamente — fora de questão. Isso faz parte de um "plano mestre", de um programa de computador muito sofisticado, que derrota o mais moderno *software* em termos de beleza e complexidade. Você não pode ignorar esse fato. Basta tentar fazer alguma coisa parecida. Esse é um ponto de partida: incorpore os dois campos magnéticos do Sol, que são a pedra angular do ciclo das manchas solares, ao seu período médio. Se falar sobre isso com um astrônomo, ele o olhará indignado mas não argumentará. Pior ainda. Não terá condições de oferecer um modelo matemático porque não sabe as fórmulas que os maias e os egípcios conheciam. Essas séries de complexos dados astronômicos assombram todo mundo. E demonstram incondicionalmente a inteligência dos que criaram essas teorias. Assim como a descoberta da pedra Rosetta fez surgir a egiptologia, esse método de decodificação causará uma revolução no conhecimento da antigüidade. Trata-se de um vínculo crucial com a existência de nossa civilização. De certa forma, essas fórmulas implicam uma numerologia esotérica. Como se pode ver, são números essenciais que podem ser processados e reduzidos a componentes básicos. Depois de processados, eles nos levam, por sua vez, aos mesmos números, que são uma mescla de combinações da mais alta ordem, resultando numa fonte de informações para os que se dedicam a isso: os especialistas em números.

Os números relevantes são uma metáfora do desastre catastrófico que vai devastar a Terra. São o clímax fascinante da busca das razões do deslocamento dos pólos, da queda dos céus, da destruição da Terra, dos animais e das pessoas. Sua simplicidade esconde uma imensa complexidade de mitologia e religião, ciência e matemática, que se reúnem num símbolo essencial.

Isso não acaba aí. Aparentemente, não foi fácil descobrir que o campo equatorial do Sol gira em 26 dias. E a rotação do campo polar apresentou dificuldades maiores ainda, já que é invisível da Terra. Por isso, eles esconderam o número de precessão, o código secreto do campo polar. A demonstração é a seguinte:

$$11{,}11111 \times 3{,}3333 = 37{,}037037037037$$

Aqui, encontramos a série infinita do 37. Não é possível tanta coincidência. Novamente, serão encontradas mais conexões entre o deslocamento do zodíaco e o magnetismo solar e, nesse caso, obteremos evidências dos acontecimentos profetizados e reais da Atlântida. Ao mesmo tempo, temos certeza do que vai acontecer no ano 2012. Os atlantes sabiam que uma gigantesca interrupção do Sol provoca enormes erupções.

A onda de choque eletromagnética é tão poderosa que o campo magnético da Terra estala. Depois disso, ela se moverá na direção oposta no zodíaco. Para descrever esse processo, os atlantes buscaram uma relação matemática entre os dois fenômenos.

Juntos, podemos demonstrá-la. Usamos o tempo dos campos magnéticos do sol: 26 e 37 dias, depois calculamos quantos graus cada campo

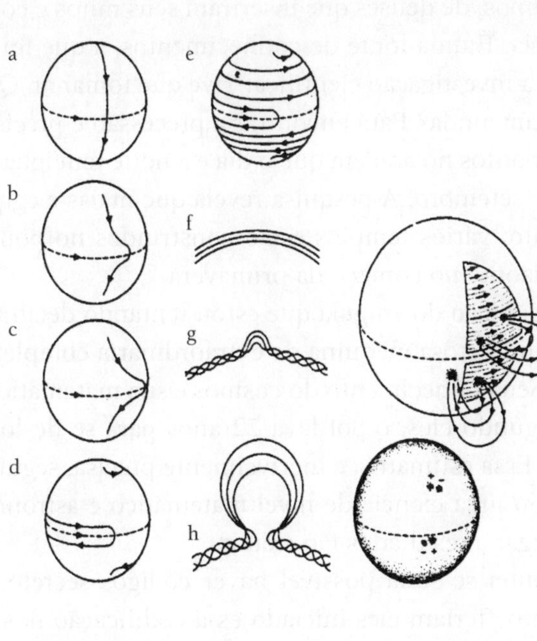

Figura 38.
Efeito dos campos magnéticos que giram de maneira diferente.

percorre por dia. Dividindo o número de graus de um círculo por esses números, obtemos como resultado o seguinte:

360 : 26 = 13,84615385

360 : 37 = 9,729729730

Divida o ciclo de precessão por esses números:

25.920 : 13,84615385 = 1.872

25.920 : 9,729729730 = 2.664

Observando esses números mais de perto, você verá que o primeiro já é significativo. Para os maias, o 1.872 é muito importante. Mas 1.872 é também o período mais curto no zodíaco dos egípcios. Além disso, esses números aparecem várias vezes nos meus cálculos. A precisão dessas contas acaba com qualquer dúvida. E isso não é tudo. Mais adiante, o número 2.664 aparecerá como um número de código essencial no Códice Dresden. Em outras palavras, pode-se recuperar dois números de códigos maias através de um simples cálculo baseado no zodíaco egípcio. Isso indica que os dois povos devem ter a mesma origem. Aprofundando-me nessas descobertas, consegui decodificar dados mais importantes. A onipresença dos números simbólicos não é uma coincidência. Eles formam uma semelhança estranha mas compreensível e são a síntese de uma civilização superior que enfrentou o fim dos tempos, de deuses que inseriram seus mitos e conhecimentos numa grande idéia. É uma fonte de conhecimentos, a que foi incorporada uma perturbadora investigação científica. Tive que tomar ar. Que descobertas me aguardariam ainda? Para encontrar a precessão é preciso ter conhecimento de dois pontos no ano em que o dia e a noite têm igual duração: 20 de março e 22 de setembro. A pesquisa revela que maias e egípcios tinham esse conhecimento: vários templos estão construídos no ponto em que o Sol surge no horizonte no começo da primavera.

E aí reside a solução do enigma que estou tentando decifrar. O ciclo de precessão é uma majestosa máquina de extraordinária complexidade. Chego a ficar tonto. Seu conhecimento do cosmos e sua matemática deviam ser descomunais. Segundo eles, o Sol leva 72 anos para se deslocar um grau em sua eclíptica. Essa estimativa é incrivelmente precisa, segundo os astrônomos de hoje. Só uma ciência de nível matemático e astronômico muito elevado pode chegar a resultados tão exatos.

Eu me perguntei se seria possível haver códigos secretos escondidos atrás desse número. Teriam eles iniciado essa codificação nos números de que falei antes? Estaria sua herança codificada de modo a permitir que alguém que tenha uma perspectiva científica possa reduzir suas complexas informações matemáticas num modelo mais compreensível? Cheio de respeito, comecei meus cálculos e logo percebi que minha intuição estava correta:

1.872 = 72 ciclos de 26 dias.

2.664 = 72 ciclos de 37 dias.

Tenho certeza de que você se espantou ao ver o número 72. Multiplicando esse número pelo período dos campos magnéticos solares, o resultado são os números consignados. A freqüência com que estes aparecem não pode ser ignorada. Aqui, esbarramos na essência. Não há dúvidas de que os egípcios incorporaram esses números aos seus cálculos. Por quê? eu me perguntava. Depois de um profundo estudo do texto de Albert Slosman sobre a catástrofe anterior, vislumbrei a resposta a essa instigante pergunta: Aha-Men-Ptah se deslocou 72 graus no zodíaco depois da hecatombe.

Essa conexão de importantes números básicos no ciclo das manchas solares e no zodíaco foi criada com um propósito. Esses números são a resposta matemática às visões apocalípticas das erupções vulcânicas, de enormes terremotos, de eras glaciais e de uma onda gigantesca: todas pavorosamente realistas. Que solução brilhante! Que lógica sobrenatural! Seria isso uma mensagem telepática através da nebulosidade dos tempos? Algo me dizia que sim. Havia muito mais para descobrir atrás desses números do passado distante. Estaria eu em condições de avivar essas lembranças? Será que eu conseguiria decifrar o código esquecido, de maneira mais extensa? Observei os números com renovado interesse e tive êxito depois de um estudo exaustivo (os leitores interessados em matemática acharão as evidências no Apêndice). Subtraia o número do ciclo das manchas solares (veja capítulo anterior) dos valores calculados:

1.872 – 1.846 = 26

2.664 – 2.627 = 37

O que obtive? Uma ligação direta ente o magnetismo solar e o andamento do zodíaco. Essa ciência é extremamente avançada e ultrapassa a que conhecemos na atualidade. Atrás de tudo isso há uma mão solícita, que quer nos advertir: cientistas incrivelmente inteligentes foram responsáveis por isso. A razão é que essa ligação não é casual: há uma ligação direta entre os períodos dramáticos da Terra. O ciclo de precessão está estreitamente vinculado ao princípio e ao fim das eras glaciais. Isso se sabe desde a década de 1970. As descobertas mencionadas antes são a evidência de que os atlantes tinham um elevado nível de conhecimento — e isso faz mais de 12.000 anos! Eles também descobriram, como os cientistas da atualidade, que houve várias causas para as eras glaciais. Foi o que comprovaram no dia 2 de fevereiro de 21312 a.C. A Terra virou 72 graus e a subtropical Aha-Men-Ptah (Primeiro Coração de Deus) ficou coberta em poucas horas pelo então Pólo Norte. A essa tragédia seguiu-se uma onda imponente. Os que sobreviveram se juntaram e decidiram criar um centro astronômico: o Círculo de Ouro. Por milhares de anos, seus melhores cientistas estudaram os céus e finalmente chegaram à seguinte conclusão:

1. O ponto vernal está mudando muito lentamente. Isso significa que aparece depois de um determinado tempo numa constelação diferente. Eles codificaram o magnetismo solar, o período de Vênus e outros números importantes na duração dos diferentes ciclos: 1.872, 2.016, 2.304 e 2.592 anos. Essas constelações receberam nomes baseados em feitos históricos, nomes que ainda usamos, quase sem modificações.
2. Durante o deslocamento do zodíaco, ocorre um segundo fenômeno: o eixo da Terra está se deslocando levemente e se inclinando, às vezes mais e às vezes menos. Os cientistas descrevem essa inclinação como inclinação com relação à eclíptica, ou ângulo entre o equador e a eclíptica. Os atlantes devem ter feito a mesma descoberta que fizeram os cientistas modernos: essa inclinação flutua com uma diferença de 2,4 graus. Ou seja: o eixo está mais aprumado aos 22,1 graus e mais inclinado aos 24,5 graus.
3. A flutuação do eixo da Terra influencia a velocidade do zodíaco e se dá ao longo dos séculos. São ao todo 25.920 anos: estamos hoje no ano 25776. O pior é o que os atlantes ocultaram em sua gênesis: um código secreto que eu consegui decifrar. Segundo ele, houve um desastre na Atlântida quando a precessão passou a 25.776 anos. Hoje, alcançamos o mesmo período. Não há correlação mais alarmante e isso demonstra que, agora, um acontecimento catastrófico pode ocorrer a qualquer momento.

Os cientistas demonstraram que foi possível prever o começo e o fim das eras glaciais na Europa e no continente americano graças a essas descobertas. Esses acontecimentos alarmantes se dão quando os pólos do eixo da Terra estão mais aprumados do que o normal. A precessão também causa uma mudança na rotação da Terra, que afeta os verões. Quando um verão é relativamente frio, uma parte do gelo que se formou no inverno não se derrete. No inverno seguinte, uma nova camada de gelo se formará — e será desencadeada uma reação em cadeia de circunstâncias glaciais.

Portanto, a existência de uma nova era zodiacal pode ser um fator crucial para o começo das eras glaciais. E isso não é tudo. Durante os últimos dois milhões de anos, a Terra passou por dois períodos glaciais longos e por quarenta curtos. A duração média de uma era glacial é de 80.000 a 100.000 anos. As eras glaciais se alternam com períodos interglaciais mais quentes, que duram em torno de 10.000 anos. Nos últimos 330.000 anos, a Europa conheceu três períodos mais quentes, seguidos de outros mais frios, que duraram 100.000 anos. Há dez mil anos, começou este período mais quente que estamos atravessando agora. Mas seu final está se aproximando e um desastre desconhecido nos aguarda. Camadas de gelo com centenas de metros de espessura enterrarão a Europa, destruindo tudo que ficar debaixo delas. É claro que os atlantes sabiam disso, e tenho certeza de que sabiam muito mais. Eles devem ter feito as seguintes correlações:

1. As manchas solares e a força dos invernos: uma baixa atividade das manchas solares produz invernos fortes e vice-versa. Uma conclusão fácil. Todos concordam a respeito disso, especialmente quando se leva em conta seus conhecimentos sobre o ciclo das manchas solares.
2. A desaceleração ou aceleração do ciclo de precessão: os astrônomos atuais pensam que o Sol causa a precessão, mas ignoram como. Todos sabem que o vento solar produz partículas elétricas, que podem penetrar na atmosfera terrestre pelos pólos e produzir as conhecidas auroras austrais e boreais. Uma porção dessas partículas pode atingir o núcleo interior e criar uma carga elétrica, que é responsável pela mudança na velocidade da rotação.
3. O deslocamento do campo magnético e as tormentas solares: depois de um período de mais de 1.300.000 dias, o campo magnético do Sol se inverte (ver *The Mayan Prophecies* [As profecias maias]). Esse fenômeno provoca enormes explosões solares, que têm múltiplos efeitos. O campo magnético da Terra é fortemente atingido, as auroras ficam visíveis em quase todo o globo e os relâmpagos se generalizam. Isso é mais do que suficiente para chamar a nossa atenção e nos conduzir às conclusões necessárias.
4. No ano 10000 a.C., os atlantes tinham tal certeza da correlação entre o campo magnético do Sol e uma catástrofe sobre a Terra que decidiram organizar um êxodo. Durante 208 anos, fizeram os preparativos necessários. Os maias e os egípcios, como descendentes dos legendários atlantes, previram uma catástrofe semelhante,

> mas muito mais violenta, para 21-22 de dezembro de 2012. O que calcularam? Depois de quase 12.000 anos, haverá uma gigantesca inversão do campo magnético do Sol. Quando isso acontecer, labaredas solares incrivelmente grandes serão lançadas ao espaço e bilhões de partículas alcançarão os pólos terrestres, que "arderão em chamas". Com fluxo constante de eletromagnetismo, os campos magnéticos da Terra ficarão sobrecarregados, gerando forças elétricas desconhecidas. Quando os pólos se encherem de auroras, devido às partículas que caem, o inevitável acontecerá: o campo magnético interior da Terra ficará sobrecarregado e explodirá. Então, o campo magnético da Terra se inverterá e a Terra começará a girar em sentido contrário, como um dínamo que começa a dar voltas para o outro lado. O Pólo Norte se converterá em Pólo Sul e vice-versa. E toda a nossa civilização será destruída.

Minha conclusão é que os atlantes descobriram várias relações entre o magnetismo solar e o deslocamento do zodíaco. Tudo isso é muito perturbador. Os cientistas modernos sabem que os mesmos fenômenos podem pôr a Terra em perigo. Ignorar essas mensagens é suicídio. Quase todos morrerão durante tais eventos caso não se tome precauções urgentemente. E, acima de tudo, os sobreviventes não terão computadores e nem máquinas a que recorrer. Veja por que na Parte IV.

Parte IV

A CATÁSTROFE

CAPÍTULO 17

UM DESCOMUNAL DESASTRE TECNOLÓGICO

Quarta-feira, 26 de dezembro de 1996. Eu havia passado a noite de Natal na casa do meu irmão, junto com sua noiva e minha mãe. Durante uma caminhada que fizemos apesar do tempo gelado (ele resolveu passear com o cachorro, que mal conseguia nos acompanhar por causa do frio), conversamos sobre o desastre que está por vir. Meu irmão é engenheiro eletrônico e talvez pudesse me ajudar a responder algumas das perguntas que eu me fazia. Eu lhe disse: "Se o campo magnético do Sol se invertesse, isso produziria uma corrente de partículas eletromagnéticas que seriam lançadas à Terra, causando um curto-circuito no dínamo interior da Terra. O campo magnético desta também se inverteria com catastróficas conseqüências, como terremotos, erupções vulcânicas e deslizamentos de terra."

Meu irmão ficou em silêncio por alguns instantes. "Seria pior ainda", disse ele. "O campo geomagnético da Terra é sumamente poderoso. Se ele se inverter, gerará campos magnéticos com alcance mundial. Seria um descomunal desastre tecnológico!"

Eu o olhei surpreso, enquanto as últimas nebulosas de sua resposta desapareciam no ar congelado. "O que você quer dizer com isso?", perguntei.

"Quando se inverte, o campo magnético gera diferenças de potencial. Elas são tão grandes que a sensível eletrônica atual se 'queimaria' num instante."

Eu o olhei, paralisado: "Você quer dizer que todos os equipamentos seriam destruídos?"

"Temo que sim porque, com o deslocamento dos pólos, seriam gerados fortes campos magnéticos em toda parte, criando correntes induzidas. Conforme o tamanho do campo magnético, ele pode destruir todos os equipamentos eletrônicos, queimar os motores elétricos, etc."

Senti um mal-estar, pois não tinha levado isso em conta. "O que exatamente deixaria de funcionar?", perguntei.

"Praticamente tudo: calculadoras de bolso, relógios, aparelhos de som, rádios, computadores, televisões, peças eletrônicas dos carros, controles eletrônicos de trens, barcos e aviões. Ah! E todos os aparatos de comunicação dos satélites, as torres de rádio e televisão, as estações de rádio, etc."

"Raios!", pensei, "esse é um desastre descomunal!" Mas vislumbrei uma saída possível e perguntei: "Isso poderia ser reparado rapidamente?"

Meu irmão soltou uma gargalhada desdenhosa. "Você sabe do que está falando? A inversão do campo magnético é um fato tão importante que todos os equipamentos eletrônicos seriam destruídos definitivamente e não seria possível consertá-los."

"E se não estivessem conectados?"

"Mesmo assim! Os campos internos de indução seriam mais que suficientes para queimar tudo. Repito: tudo!"

Se me tivessem visto depois de ouvir essas palavras... Meus olhos saltaram das órbitas, tão consternado me sentia. "Não pode ser verdade", pensei, "não pode ser verdade!" Mas meu irmão continuou: "Toda a eletrônica desapareceria!"

"Que desastre!", murmurei. "E não haveria absolutamente nada a se fazer?"

"Nada! E não falo apenas de destruição do *hardware*, pois todos os dados se apagariam."

Eu não conseguia acreditar no que estava ouvindo. Como se já não fosse suficiente! Então, perguntei com desalento: "Como é possível uma coisa dessas?"

"Devido ao enorme campo magnético produzido pela inversão dos pólos, toda a informação armazenada em meios magnéticos desapareceria: fitas, disquetes de computador, de música, os discos rígidos dos computadores, etc. Em resumo: toda e qualquer informação, seja digital ou analógica."

"Não pode ser!", pensei comigo mesmo. Se todo o conhecimento atual está armazenado em computadores, que dirá em 2012. A informação essencial não estará nos livros e todo esse conhecimento se destruirá de uma só vez. Todas as nossas fontes de informação desaparecerão para sempre: eu não tinha levado isso em conta. Achava que poderíamos guardar tudo nos computadores, de modo a poder começar uma civilização em algumas centenas de anos. Foi só depois de um minuto inteiro de silêncio que consegui continuar a conversa. "Então não haveria onde guardar nosso conhecimento?"

"Os CD-ROMS talvez resistissem, mas repito: todos os equipamentos que permitem o acesso a eles estariam destruídos."

"E os microfilmes? Seriam suficientemente fortes?"

"Sem dúvida. Se a maior parte das informações estivesse guardada neles, haveria uma possibilidade do conhecimento científico ser recuperado logo. Do contrário... Não posso imaginar como seria recomeçar do zero: mas um golpe desses seria suficiente para apagar tudo."

"Há histórias sobre civilizações superdesenvolvidas que foram destruídas por completo por cataclismos semelhantes. Agora que me disse isso, vejo que podem ser verdadeiras."

"Não esqueça que somos completamente dependentes da eletrônica na atualidade. Todos os condutores elétricos, como ferro, cobre, alumínio, água salgada, etc., gerariam correntes induzidas, com resultados fatais para todos os equipamentos. Ainda por cima, nós também poderíamos ser eletrocutados. Num barco de aço, por exemplo, as correntes seriam tão fortes que seus ocupantes seriam eletrocutados."

"Basta!", pensei. Meu plano era desafiar a onda gigantesca a bordo de um barco, como fizeram os atlantes mas, com as correntes induzidas, isso parecia impossível.

"Então não seria possível sobreviver num barco?"

Provavelmente não, pois haveria uma carga elétrica tão forte que seria impossível sobreviver. Além disso, o sistema de resfriamento das instalações nucleares não estaria funcionando e, portanto, a Terra inteira seria contaminada pela radioatividade. Não sei se seria seguro viver."

Voltei a insistir: "Não haveria nenhuma possibilidade de sobrevivência a bordo de um barco?"

"Se desse para construir uma gaiola Faraday ao redor do barco, então talvez fosse possível sobreviver. Mas é um grande 'se'. Talvez houvesse alguma esperança se o barco fosse feito de material sintético e se as partes metálicas estivessem bem isoladas. Com tantos preparativos, você vai se divertir por alguns anos."

Suspirei profundamente. O vento solar nos trará uma catástrofe descomunal, o campo da Terra ficará sobrecarregado e se inverterá. Durante os acontecimentos alucinógenos que se seguirem, terá desaparecido tudo quanto conhecemos, a menos que tomemos medidas para salvar da destruição completa os conhecimentos que temos na atualidade. Sentindo-me infeliz, olhei para o Sol que, devido ao inverno, estava bem baixo no horizonte. O Sol não apenas tornava a vida possível sobre a Terra, mas também a destruía no devido tempo. O núcleo interior da Terra ia mudar totalmente sua inclinação e, depois disso, sobreviriam sucessivos acontecimentos fatais. E ninguém podia parar o relógio.

CAPÍTULO 18

TORMENTAS SOLARES

20 de dezembro de 2012. Tudo está normal sobre a Terra. Os aviões estão no ar, os navios zarpam dos portos, as pessoas fazem suas compras de Natal: em resumo, o mundo parece estar como sempre. Parece. Observando o rosto das pessoas, nota-se uma terrível preocupação. Vários livros observaram que, algum dia, a Terra será atingida por um terrível cataclismo. E que será quase impossível sobreviver sem que tenham sido feitos os preparativos necessários. Há meses que as previsões do zodíaco dos maias e dos egípcios são o único tema discutido. E se forem verdadeiras? O que fazer para sobreviver? Para onde correr? Esse temor tem bons fundamentos mas, no entanto, muita gente não tomou as medidas necessárias. Alguns milhares de pessoas se prepararam, armazenando alimentos e energia. Construíram também uma biblioteca com os livros que contêm o conhecimento atual, armazenando outra cópia em mídia digital, que talvez sobreviva à tormenta magnética. Com calma e confiança em si mesmas, faziam os últimos preparativos. Barcos especialmente equipados com provisões para um ano já tinham partido dos portos há alguns dias. São barcos que podem sobreviver à inundação. Então, uma mensagem ominosa chegou ao satélite Heliostat, em órbita em torno do Sol. Eu tinha registrado as mudanças no campo magnético do Sol. Não eram mudanças normais, mas algo importante. Alguns segundos depois de ser recebida pelo Heliostat, a mensagem já estava sendo envida para a Terra à velocidade de luz.

Quando os satélites da Terra e os observatórios do espaço receberam a alarmante notícia, o pânico se espalhou entre os cientistas, pois perceberam que o cataclismo ia ocorrer. Nos países onde não se tinha tomado providência alguma, os governos procuraram segurar as notícias, mas em vão. Minutos mais tarde, todas as estações do mundo as estavam transmitindo. O pânico era incrível: aproximava-se cada vez mais o fim da sociedade de consumo.

Milhões de pessoas tentavam escapar, correndo para o porto na tentativa de pegar um barco. Os navios, que não tinham sido construídos para essa eventualidade, foram tomados de assalto pela turba desenfreada. As pessoas gritavam, se matavam para chegar a bordo. Grupos armados tomaram um barco, que já estava cheio de passageiros: estes foram devolvidos à terra e o barco zarpou para o oceano. Veleiros, botes de borracha, todos mudaram de dono em meio a uma terrível violência. Era um caos total e a anarquia se espalhava sem nenhum freio. Grupos saqueavam áreas já abandonadas e as igrejas se encheram de gente. O penetrante odor do medo, de medo puro e simples, exalava de quase todos os habitantes da Terra. O fim estava chegando: não tinha mais volta.

Curto-circuito no Sol

A massa do Sol, com um volume 1.300.000 vezes maior do que a da Terra, tremeu: era o prelúdio de algo mais do que um período tormentoso no Sol. Na verdade, este deveria estar num período de baixa atividade, mas os satélites que o circundavam transmitiam informações para os hélio-sismógrafos: estava prestes a ocorrer um fenômeno que só ocorre a cada 12.000 anos. A antiga civilização da Atlântida tinha descoberto os códigos desse cataclismo e, tanto nas pirâmides como num enorme templo subterrâneo com mais de 3.000 câmaras, tinham conseguido guardá-los para as civilizações futuras, mas o conhecimento se tinha perdido e as pessoas pensavam que o zodíaco só servia para fazer previsões sem conseqüência. A última dessas previsões, para as quais tinha sido desenhado, foi recebida com expressões de escárnio por parte dos cientistas, até que chegou o momento do juízo final. Com assombro, observaram que as linhas magnéticas começavam a mudar brutalmente, que o Sol entrava num gigantesco curto-circuito. Então, o coração lhes bateu mais forte e um temor angustiante se apoderou deles. Observavam os números com incredulidade, mas não havia outra saída porque, com a inversão do magnetismo, a camada de convecção arderia em chamas. Tinha entrado em funcionamento um dínamo gigante, que poderia causar uma contínua produção de campos magnéticos. Em breve, o Sol experimentaria sua maior atividade desde tempos imemoriais.

Então, sucedeu o inevitável: iniciaram-se reações nucleares internas, a fusão de hidrogênio foi superior à normal e uma gigantesca quantidade de energia partiu em direção à superfície. A duzentos mil quilômetros desta, a energia se transmitiu de repente à camada de convecção, aquecendo subitamente as camadas de gás, que se expandiram e foram lançadas de forma ascendente, em direção às camadas mais frias. Uma vez na superfície do Sol, as bolas de gás borbulhante se romperam, abrindo-se e liberando no espaço uma temperatura de 6.000 graus. Fontes gigantescas de fogo, que alcançavam milhares e até milhões de quilômetros de altura, fizeram o Sol arder e enormes quantidades de raios radioativos foram lançadas no espaço. Estes alcançaram o Heliostat. "Biiiiip", ouviu-se em sua última transmissão, e isso foi tudo: acabou. A advertência do Heliostat a respeito de uma tormenta cósmica de incomensuráveis proporções foi interrompida abruptamente, pois a radiação atômica tinha cumprido seu dever assassino e agora o Sol ardia em chamas. Por toda a parte, a superfície solar se desfez em enormes labaredas, semelhantes ao que aconteceria se todos os vulcões da Terra entrassem em erupção, flagelando o planeta inteiro. Era o prelúdio do início da queda do mundo. Os campos magnéticos e elétricos estavam ficando frenéticos,

Figura 39. O campo magnético do Sol muda abruptamente e lança labaredas solares. É o princípio do fim.

um fenômeno desconhecido até então, salvo nos misteriosos confins do espaço exterior. Era algo que se observava em constelações distantes, lá nas fronteiras do universo. Ali, numa lonjura inimaginável, provavelmente no último reduto do espaço infinito, ocorriam fenômenos assim. Mas agora, no nosso universo, que tem milhares de milhões de anos, nosso Sol se convertia no centro de tudo. A cada segundo, bilhões de partículas eram lançadas ao ar e criou-se uma fonte de rádio intergalática. Será que era mesmo o Sol ou uma galáxia ultraterrena? Um espetáculo mortal e fascinante começou a se desenrolar. Línguas de fogo provenientes do Sol lançaram ao espaço sua carga destrutiva. É impossível descrever com palavras seu poder explosivo. Uma única dessas chamas chega a ter a energia de cinqüenta mil milhões de bombas de hidrogênio. A temperatura alcançada nesse inferno tem várias centenas de milhões de graus. Se a Terra caísse aí, seria reduzida a um protoplasma nuclear!

E essas eram apenas as erupções mais pacíficas. Quando a fornalha de fogo atômico alcança seu poder máximo, a estabilidade do próprio Sol fica em perigo. O começo da catástrofe é anunciado por movimentos sísmicos produzidos nas estrelas: camadas de matéria ardente são lançadas das camadas subterrâneas e é liberada uma indescritível quantidade de luz e energia. Espectadores distantes observariam esse espetáculo (incrivelmente belo, de fato) com consternação. As labaredas solares formam uma espécie de rede ao redor do Sol, provocada pelas selvagens erupções ondulantes, de uma beleza sobrenatural no espaço deserto. O plasma solar enlouquecido leva as células cerebrais ao máximo, fazendo surgir um entusiasmo demente diante de tanta beleza, somado a uma aterradora tensão causada pelo conhecimento de seu descomunal poder destrutivo: algo milagroso e ao mesmo tempo mortal, como o gelo que se evapora instantaneamente quando é posto num forno atômico. O mundo de sonhos dos astrofísicos torna-se pura realidade para todos os habitantes da Terra que vivem uma catástrofe destruidora, a maior de que se tem notícia. É um acontecimento que só se experimenta uma vez na vida, quando se consegue sobreviver a ele. Incrivelmente belo e, ao mesmo tempo, desesperadamente mortal. Pior do que o pior dos pesadelos.

As mudanças no campo magnético do Sol, viajando à velocidade da luz, agora alcançaram a Terra. E produziram, por sua vez, mudanças no cérebro dos terrícolas: não muito drásticas, mas sutis. Isso foi suficiente para içar o medo a níveis desconhecidos. Agora, todos estavam convencidos de que a população da Terra podia desaparecer totalmente. Um grito primordial

Figura 40. Gigantescos dedos de fogo se elevam no céu, formando arcos aterradores e superando em muitas vezes o tamanho da Terra. O fim de nossa civilização está próximo.

estava agora na mente de quase todos: "Sobreviver! Tenho que sobreviver!" Outros, por outro lado, permaneciam estóicos e sua voz soava mais forte ao recitar suas preces, pedindo perdão ao seu Deus. Para isso, já era tarde demais. O Criador estava encolerizado pelos crimes que a humanidade tinha cometido contra a natureza. Contendo sua ira, Ele gerou o caos nesse Sol de milhares de milhões de anos de idade. As Testemunhas de Jeová tinham agora o seu fim de mundo, os islâmicos diziam que era essa a vontade de Alá e muitos se converteram repentinamente. Afinal, a Bíblia mostrava estar certa, pois tinha chegado o fim dos tempos. Em Nova York, um novo dia começava. Uma luz difusa, oculta atrás da névoa espessa, com um brilho jamais irradiado pela mais brilhante das luzes, dominou a atmosfera inteira. Na cidade, toda a atividade tinha parado nesse 21 de dezembro. A neve das ruas derretia rapidamente e a temperatura subia muito depressa. Uma figura solitária contemplava a cidade, com uma lente infravermelha, do alto do *Empire States* e depois dirigiu o olhar para o Sol invisível. Tremeu diante dessa visão apocalíptica e resolveu esperar o inevitável. Enquanto isso, no navio *Atlantis*, tudo estava arranjado. Os quase 4.000 passageiros, que se haviam inscrito anos antes para essa viagem de sobrevivência, estavam mais do que alertas. Observavam muito de perto o que ocorria. O navio pesava mais de 100.000 toneladas e estava cheio de alimentos, roupas e suprimento de energia. Contava com um centro cirúrgico e com um consultório odontológico. Todos vestiam roupas novas, tinham os dentes em excelentes condições, traziam óculos de reserva e outras coisas. Depois do cataclismo, anos se passariam antes que a civilização começasse a funcionar de novo.

Desde o começo, tudo era racionado porque a onda gigantesca poderia destruir praticamente todos as provisões de alimentos do mundo. Havia também algumas galinhas a bordo, umas duas cabras e alguns outros poucos animais. Muitas outras coisas, como plantas, sementes e equipamentos, estavam num navio cargueiro alugado com esse propósito. Havia também a bordo muitas jovens mulheres, a quem tinham oferecido férias grátis a bordo de um cruzeiro para que se dedicassem a repovoar o mundo. Elas aceitaram a viagem. Nunca se sabe. E certamente não iriam se arrepender.

Enquanto acontecia tudo isso, continuavam as erupções solares com toda a sua força, liberando uma torrente de radiação de ondas curtas energizadas. Essa onda de choque interestelar, principalmente de raios X e de radiação gama, poderia matar astronautas que se encontrassem a milhares de milhões de quilômetros de distância, e a tormenta solar desorientaria por completo sua nave espacial. Os ponteiros da bússola girariam loucamente, os equipamentos elétricos entrariam em curto-circuito e o radiofarol seria varrido pela tormenta de elétrons. Uma nave morta circularia eternamente pelo espaço. Agora, a onda de choque de plasma solar se aproximava da atmosfera terrestre. A velocidade dos elétrons e prótons era muito maior do que a normal, devido à sua impetuosa origem. Na Terra, havia ventos, tormentas, furacões e tornados. Não eram os ventos que causavam o maior dano: as tormentas arrancavam árvores e faziam voar os telhados, os furacões arrastavam pessoas e cidades inteiras, enquanto os tornados destruíam tudo o que estava em seu caminho. Ocorrerá a mesma coisa com as tormentas solares. A baixa atividade libera plasma lentamente, enquanto a alta atividade produz uma grande quantidade de plasma, que pode alcançar alguns milhões de toneladas. Mas agora, todos os registros estavam danificados. Centenas de milhares de toneladas de elétrons com carga negativa e de prótons com carga positiva eram lançados como torpedos no vazio do espaço. As primeiras partículas colidiram contra a magnetosfera e a maioria delas ricocheteou, continuando sua viagem para outros destinos. Em circunstâncias normais, a magnetosfera tem a forma de uma lágrima, com uma parte globular voltada para o Sol e alongada na linha da onda de choque. Partículas em quantidade cada vez maior começaram a golpear o campo protetor, que havia funcionado perfeitamente durante os últimos 11.003 anos. Assim como o pára-brisa do carro nos protege no vento, a magnetosfera cumpria sua função protetora. Mas a corrente incessante de partículas radioativas estava fazendo seu trabalho lento e destrutivo.

Figura 41.
Gigantescas explosões magnéticas nucleares parecem destruir o Sol de maneira contínua.

O campo magnético da Terra entra em colapso

O pára-brisa começou a se partir, as partículas eram cada vez maiores mas a estrutura ainda se mantinha — do mesmo modo que um pára-brisa totalmente rachado se sustenta graças aos suportes reforçados — filtrando-se por ela bilhões e bilhões de partículas carregadas. Estas sobrecarregavam o cinturão de Van Allen, que também envolve a Terra. Outras partículas corriam em espirais descendentes em direção às linhas magnéticas dos Pólos Norte e Sul. Desse modo, grande quantidade de energia era liberada devido ao estímulo recebido pelos átomos de nitrogênio e oxigênio. O resultado foi a geração de auroras boreais e austrais tingidas de cores brilhantes, tornando-se mais violentas a cada minuto e representando um sinal de advertência do que estava por vir. O escudo de deflexão da Terra também estava sendo afetado pela tormenta geomagnética, que já alcançava sua potência máxima. E nem podia ser diferente, pois o Sol tinha lançado partículas no espaço a uma turbovelocidade. Ejetadas a velocidades enormes, essas partículas eletromagnéticas abriram caminho pela atmosfera com uma força maior do que a usual, criando uma espécie de chaminé por onde as linhas do campo dos ventos solares entraram na magnetosfera. Geraram-se tormentas extremamente fortes nas camadas superiores da atmosfera, as conversas telefônicas se interromperam, as conexões radiais se desfizeram abruptamente e os sinais televisivos entraram em curto-circuito. Em resumo, desapareceu toda a possibilidade de comunicação na Terra. Era algo aterrador, mais aterrador do que qualquer outra coisa, pois sem comunicação o mundo não sobreviveria.

A maior tormenta solar da história, desde os tempos da Atlântida, estava agora fazendo seu trabalho mortal. O fluxo de elétrons se fazia sentir nos pólos, para onde se dirigiam. No Canadá, os transformadores elétricos ficaram superaquecidos, uma reação em cadeia seguida de reatores que paravam de funcionar. O fluxo de elétrons adquiria agora uma força de furacão, penetrando cada vez mais na atmosfera. Todas as usinas elétricas e nucleares do planeta inteiro foram entrando em colapso. Tinha voltado a era dos homens das cavernas. Em muitos lugares, os motores de combustão entraram em curto-circuito e pararam. Era como se nada mais fosse funcionar. As Testemunhas de Jeová rezavam para estar entre os eleitos, outros tinham uma cor cinzenta e se limitavam a murmurar incoerências. Só lhes restava algumas poucas horas e, então, a vida chegaria abruptamente a um fim, num terremoto, erupção vulcânica ou onda gigantesca.

No navio *Atlantis*, isolado com plástico contra as correntes de indução e os campos magnéticos, ouvia-se uma voz que se sobrepunha às outras. Era a minha: "Caros amigos, a hora da verdade chegou. Estamos nos preparando há anos para este dia e agora cá estamos nós. A Terra se desaprumou numa feroz e desconhecida tormenta magnética e toda conexão com o mundo exterior desapareceu. Agora não sabemos o que está acontecendo, sabemos apenas que, dentro em pouco, a crosta terrestre se romperá e causará uma catástrofe mundial. Não temos certeza se vamos sobreviver, mas a possibilidade existe, se a onda gigantesca não for alta demais e se o oceano não se abrir por causa de um maremoto. Agora, quero que todos procurem seus assentos ou camarotes e se protejam da melhor maneira possível dos trancos que o navio receberá. Lembrem-se que não podem comer e que devem beber o mínimo possível: se forem ao banheiro enquanto o navio estiver

Figura 42.
O ponto culminante é alcançado quando uma gigantesca rede de labaredas solares rodeia o Sol. Uma única labareda contém tanta energia quanto cem mil milhões de bombas de hidrogênio.

lutando contra as ondas, podem vir a se lastimar profundamente. Se sobrevivermos a este dia, então o pior terá passado: esperemos pelo melhor. Eu lhes asseguro que será bom viver no novo mundo, que iremos começar."

Houve um silêncio mortal durante um minuto e logo se ouviu um ruidoso aplauso, liberando as emoções contidas. Foi um grande momento para todos e pertencia aos poucos que tinham acreditado nas profecias do zodíaco. Graças a isso, estavam agora para receber a recompensa de continuar vivendo. O fato de perder tudo o que tinham os abalou profundamente, mas nasceu a esperança da nova vida que estava para começar depois da catástrofe. As crescentes necessidades da humanidade tinham levado a Terra à beira do desastre: este evento a faria chegar ao fim, criando uma nova possibilidade de começar de novo, seguindo as leis da natureza e não as leis opressivas do supercomércio e suas forças destrutivas. Valia a pena continuar vivo. De um só golpe, muitos problemas desapareceriam, ainda que muitos outros fossem começar. Mas a crença na sobrevivência era muito forte e constituiria a força motriz por detrás de uma nova existência.

No edifício *Empire State*, a solitária figura observava a eletricidade de Nova York se desvanecer: ele sabia que seu fim estava próximo. Observou com intensidade o céu nebuloso e impenetrável. Será que os anjos viriam buscá-lo? Havia um zumbido no ar e já se sentia o cheiro de ozônio, enquanto a temperatura continuava a subir. Era como um dia de verão, só que era inverno. Os cachorros começaram a latir e a uivar, e os gatos a se lamuriar: era horroroso. A morte iminente era esperada num tempo exageradamente doloroso, onde os segundos pareciam séculos.

A catástrofe vai acontecer

Os pólos já não podiam agüentar a torrente contínua de partículas, e enormes diferenças de potencial penetraram na crosta terrestre. Os gigavolts se chocaram entre si, gerando um curto-circuito em escala global, o dínamo terrestre desapareceu e o campo magnético protetor ao redor do planeta azul foi apagado de um só golpe. O inferno estava à solta. Agora, o plasma solar atingiu a desprotegida atmosfera, produzindo fogos de artifícios de alcance mundial. As auroras apareciam por toda parte a uma velocidade de relâmpago, as diferenças de potencial geradas na atmosfera eram enormes e parecia que o céu tinha sido dominado pelo fogo. Nada mais podia deter o golpe fatal, como perceberia qualquer um que visse esse cenário. Milhares de milhões de pessoas iam morrer, mais do que em todas as catástrofes anteriores juntas, mas também ia sobrevier mais gente do que nunca porque o planeta estava agora mais povoado. A hora do juízo final se aproximava com rapidez. A camada exterior da Terra tremeu: normalmente, ela fica presa ao resto do planeta mas, devido à inversão do núcleo interior da Terra, as correntes da camada exterior se romperam. A calota polar do Pólo Sul, que foi ficando extremamente pesada ao longo de quase 12.000 anos, começou a fazer seu trabalho desestabilizante. A catástrofe se avizinhava e podia começar a qualquer momento. Como agora as partículas solares podiam penetrar profundamente na atmosfera, criaram-se numerosos campos magnéticos, perturbando o funcionamento do cérebro de animais e seres humanos. Muitos animais entraram cegamente em pânico, enquanto seus donos começavam a se desesperar. O fogo radioativo ardeu com intensidade, causando um dano irreparável nos órgãos reprodutores. A bordo do *Atlantis*, todos estavam preparados para isso. Os escudos de deflexão eram uma proteção excelente. Além disso, os compartimentos separados detinham grande parte da radiação e só o capitão e alguns oficiais receberiam sua parte mais pesada, já que não podiam abandonar seus postos. Cabia a eles fazer com que o barco suportasse com êxito as mudanças geológicas, de preferência num só pedaço. Transpiravam profusamente e se perguntavam o que os aguardava: quando começariam os primeiros movimentos sísmicos?

Então, a Terra começou a grunhir. "Chegou!" Essa idéia lhes passou pela mente. E logo: "Vai começar agora!" Novamente o sonar detectou um som semelhante a um grunhido e os céus pareceram se mover, devido ao gigantesco balanço que se produziu na crosta terrestre.

CAPÍTULO 19

DESLOCAMENTO DOS PÓLOS NA TERRA

O que tinha acontecido? O núcleo de ferro da Terra se comporta como um dínamo. Devido às partículas que lhe caíram em cima, ele entrou em curto-circuito e se deteve. Então, a camada exterior da Terra (a litosfera) girou em torno de uma camada de ferro de consistência viscosa e se desprendeu, e o solavanco que a Terra sofreu também afetou a astenosfera. A litosfera, que fica acima desta e é a camada mais fina da Terra e da qual a vida depende, se rompeu. O peso do gelo que se encontrava sobre a Atlântida — acumulando-se há mais de 11.000 anos até alcançar uma massa incrível — pôs em movimento a camada exterior da Terra. Ao rachar e tremer, essa camada começou a ter vida própria. A Terra continuou se sacudindo de maneira contínua e nosso solitário observador de Nova York foi lançado em todas as direções. Depois, a torre se quebrou na base e lentamente começou a desmoronar. Em poucos segundos, restavam apenas as ruínas do edifício que tinha tido centenas de metros de altura. Durante sua queda no vazio, nosso homem viu se formar uma fissura gigantesca na rua onde ia cair: era como se tivesse começado o Armagedon. As casas vinham abaixo e desapareciam em profundezas insondáveis. As avenidas feitas de concreto e asfalto se partiam por longas distâncias e as pontes desabavam na água revolta sob elas. As pessoas desapareciam repentinamente nas gretas que se formavam a seus pés e todos os que não estavam num navio ou no alto de uma montanha, caíam nessa armadilha: na verdade, não havia um único lugar seguro. Os montanhistas que escalavam o Monte Everest, nos Himalaias — uma cadeia montanhosa que se formou durante o deslocamento anterior dos pólos — eram lançados da montanha qual plumas ao ar, ficando sepultados sob as avalanches. Então, a montanha se abriu em duas e ruiu. Fim da subida. Em Hollywood, as casas paradisíacas das estrelas de cinema deslizavam para o oceano numa velocidade assombrosa. O conto de fadas tinha acabado, indiferente à fama e à fortuna daquelas pessoas. Sob a Disneylândia, a terra se converteu em algo parecido com areias movediças. Os jogos e as atrações, desfrutados por centenas de milhões de pessoas, se quebraram e afundaram no terreno pantanoso que emergia. Em Londres, a famosa Ponte da Torre também ruiu, e depois a cidade inteira, como se fosse um castelo de cartas. Logo seu coração financeiro estava em ruínas e nada restou da elegante zona comercial. Os canos de água explodiram, os de gás soltaram seu conteúdo, os postos de gasolina se despedaçaram e nublaram a atmosfera. Era o caos, o supremo caos. Um pânico delirante se apoderou dos sobreviventes. Não havia como escapar. As cidades estavam em ruínas e por toda a parte se ouvia o choro e os gemidos dos feridos. Se todos os mortos tivessem se lamentado juntos, o som teria sido ensurdecedor.

O chão tremeu. Em alguns lugares, revolveu-se como um mar enfurecido, e não apenas por um segundo, mas por vários minutos: parecia que aquilo ia durar para sempre. Anunciava-se uma tragédia de incalculáveis proporções. A Terra continuava a tremer e a se sacudir. Era uma calamidade indescritível. Castelos maravilhosos se partiam e desabavam, restando apenas as ruínas. Nada conseguia resistir à súbita loucura da natureza. Por um minuto, a Torre Eiffel pareceu resistir: balançava de um lado para o outro e depois encontrava novamente seu equilíbrio, até que um de seus principais pilares afundou e o poderoso esqueleto de ferro ruiu por inteiro. Em Paris, nada era igual ao que havia sido no dia anterior. A iluminação festiva se apagou, o Arco do Triunfo veio abaixo, as pontes sobre o Rio Sena desapareceram, o Museu do Louvre, onde estava guardado o zodíaco de Dendera, resistiu apenas um momento. Em resumo, a cada tremor, Paris se desfazia um pouco mais. No interior da Terra, as grandes massas de pedra continuavam a se romper e as extensões rochosas deslizavam, cobrindo áreas já destruídas. Esse fenômeno causava um incessante tremor da crosta terrestre e não pararia tão cedo, porque agora a Terra inteira estava em movimento. No mundo inteiro, os sismógrafos saltavam até o teto. Usados para medir a força dos terremotos, eles registram tremores a grande distância, pois os tremores dos grandes terremotos provocam ondas que penetram em todas as camadas da Terra e percorrem a superfície. Nos E.U.A. e na Europa, cada tremor era registrado... até agora. As séries incessantes de intensos terremotos causaram uma disfunção permanente nos instrumentos. Mas isso não foi uma grande perda, já que a maioria das pessoas que os usavam morreria em um dos maremotos.

Mas a catástrofe não tinha terminado. Vulcões de milhares de anos retomaram a atividade. O que uma vez aconteceu na Atlântida estava se repetindo aqui e agora. Com uma força incrível, dezenas, milhares de vulcões entraram em erupção a curtos intervalos e eram ouvidos a quilômetros de distância. Milhares de quilômetros cúbicos de rocha e enormes quantidades de cinza e pó foram lançados nas camadas superiores da atmosfera. Um fogo infernal, pior do que o pior dos infernos, jorrou pela boca dos vulcões e a lava escaldante destruía tudo em seu caminho. Os poucos gorilas que restavam no mundo conheceram agora sua sorte trágica. Há milhares de anos levavam uma vida pacífica nas montanhas da África e agora a terra se sacudia perigosamente. Com um pânico cego, tentaram escapar. Então, Nêmesis, deusa da vingança, fez o seu trabalho. Devido à fragmentação das camadas terrestres, a rocha se tornou fluida. Normalmente, ela se mantém sólida pela pressão das camadas superiores mas, quando estas se abriram, as rochas derreteram rapidamente. A pressão interior era tanta que buscou uma via de escape através das camadas superiores. As pedras e rochas superiores foram empurradas e derreteram. A "rolha" voou e toneladas de lava se espalharam pelo ar. Aterrorizados, os gorilas olharam para cima e, então, caiu uma chuva de fogo sobre eles. Os gases venenosos, as brasas, o barro fervente e as cinzas não lhes deixaram saída. O pior são as nuvens de gases quentes que, em poucos minutos, cobrem quilômetros de distância e tornam impossível respirar, já que não sobra oxigênio suficiente. A temperatura dos gases é tão elevada que podem provocar queimaduras fatais, no caso de haver alguém vivo. Quando a nuvem se afasta, o oxigênio volta e praticamente todas as árvores, plantas e casas ardem em chamas. Como se isso não fosse suficiente, vem a lava e cobre tudo.

Esse foi o fim dos gorilas. Há quase 12.000 anos, durante o desastre anterior, os mamutes, os tigres com dente de sabre, os toxodontes (mamíferos da América do Sul) e dezenas de outras espécies se extinguiram. Agora era a vez dos símios e de muitos outros animais exóticos, cuja existência o homem conhece através dos zoológicos. O ar ficou carregado com os gemidos dessas criaturas, ameaçadas de total extinção. Viam imagens fantasmagóricas da catástrofe anterior, como se tivessem voltado no tempo. Há milhares de anos, numa outra erupção, um grupo inteiro de mastodontes foi soterrado pelas cinzas vulcânicas. Quando foram descobertos no Vale de São Pedro, ainda estavam na mesma posição. O que se passou nessa ocasião foi assombroso, mas pertencia a um passado esquecido. O que estava acontecendo agora, era pura realidade: uma atividade vulcânica com efeito destrutivo sobre a vida animal e vegetal, e não apenas localmente, mas em escala mundial. As nuvens de cinza escureciam os céus, como se o mundo tivesse entrado numa era de obscuridade. E tinha mesmo, já que essa violência da natureza não matou apenas a vida em muitas regiões, mas invadiu também as regiões inabitáveis. Enquanto as pessoas e os animais tentavam escapar, a Terra continuava tremendo, sacudindo-se e lançando fogo: era algo terrivelmente traumático, que os sobreviventes jamais conseguiriam esquecer. Durante gerações, essa catástrofe descomunal continuaria sendo o tema das conversas, dado o devastador dano que produziu. No deslocamento anterior dos pólos, uma grande parte do Peru se elevou das profundezas. Bellamy sustenta que, em tempos geológicos recentes, toda a cordilheira surgiu violentamente. Na obra *The Path of the Pole* (O caminho do Pólo), uma passagem sua é citada:

> Sobre a base da evidência paleontológica e hidrológica, afirmo que tudo se elevou. A assombrosa confirmação da imensidade dessas elevações está nos antigos terraços de pedra empregados na agricultura, ao redor do Titicaca. Encontradas a enormes altitudes, essas estruturas, pertencentes a alguma civilização de outros tempos, foram construídas originalmente para sustentar o cultivo. Alguns se elevam a 15.000 pés acima do nível do mar, ou a cerca de 2.500 pés acima das ruínas de Tiahuanaco. No Monte Illimani, estão a 18.400 pés acima do nível do mar, ou seja, acima da linha das neves eternas.

Depois dessa elevação, nasceu um grande lago artificial de água salgada, o lago Titicaca. Mesmo hoje, os peixes e crustáceos parecem animais de água salgada e não espécies de água doce. Numa época não muito distante, vão se reunir aos seus iguais.

No ano 2012, o lago começou a descer, o que acarretou uma enorme e traumática mudança. Estava, há pouco, a 3.800 metros acima do nível do mar e, em menos de três horas, já se encontrava a menos de 2.000 metros. Os milhões de crustáceos fósseis passaram de novo pela hora da morte. Ondas gigantescas começaram a assolar o lago que uma vez foi tranqüilo. A silvestre beleza desértica se converteu na sepultura de navegantes e pescadores. O maior lago que a humanidade conheceu estava chegando ao fim.

Aparentemente, a fúria dos deuses se acalmou um pouco, já que o incessante tremor diminuiu e os vulcões deixaram de lançar ao ar suas entranhas. Entretanto, os céus tinham começado a se mover: parecia que o Sol tinha perdido seu curso. Isso era um castigo, já que os sacerdotes de Machu Picchu já não faziam mais o ritual sagrado. Antes, atavam uma corda a um enorme pilar de pedra para "guiar" o Sol pelo céu e evitar que saísse do curso. Esse "Intihuatana", ou ritual da "estaca para atar o Sol" não era realizado há séculos. O deus do Sol agora se vingava, abandonando sua rota e provocando morte e destruição. Em Stonehenge, um grupo de videntes tinha se reunido para tentar trazer o Sol de volta à sua rota, mas sem sucesso. A ira do Sol era demasiado feroz, depois de tantos séculos sem oferendas nem rituais.

Os gregos tinham descrito essa destruição numa versão mítica. Faetonte, o filho do Sol, foi encarregado de conduzir a carruagem do seu pai, mas não conseguiu mantê-la no curso habitual. Na Terra, começaram os incêndios, provocados por essa mudança de rota. Para salvar a humanidade, Zeus decidiu matar seu filho: com esse propósito, deixou cair um raio em sua direção, com o resultado esperado. Como o incêndio ainda ardia no novo caminho, enviou uma onda gigantesca para extinguir o fogo. Segundo o livro hebreu de Enoch, Noé gritou com voz amarga: "Diga-me o que está acontecendo com a Terra, agora que a estão flagelando e sacudindo tanto..."

Isso era exatamente o que se perguntavam os japoneses. Tóquio tinha desmoronado, ilhas inteiras tinham desaparecido sob o mar e a lava corria em torrentes sobre os arrozais. O fim estava próximo: sobre isso não havia dúvidas. Assim como a Atlântida uma vez desapareceu completamente, sua terra também ia afundar no mar. Uma vez mais, o Sol fazia um estranho movimento no céu e a Terra do Sol Nascente afundava cada vez mais, como se fosse tragada pelo oceano. A água salgada entrou pela capital, a rodeou e continuou subindo. Aqui, o Sol já não nasceria mais. Se tivessem estudado o calendário maia, talvez tivessem conseguido escapar da furiosa loucura da natureza, como uma vez fizeram os atlantes. Mas que tecnocrata, interessado apenas em computadores, *chips* e outros produtos para a sociedade de consumo, permitiria que um tal pensamento pelo menos lhe atravessasse a mente? Agora era tarde demais e o presente ciclo do Sol terminaria na destruição do mundo inteiro.

4 Ahau 3 Kankin; 21-22 de dezembro de 2012: Agora, qualquer um perceberia o poder desse antigo oráculo só de olhar à sua volta. O desastre cósmico do Sol provocou um terrível desastre geológico na Terra, o maior de todos os tempos e, certamente, o maior do Japão, que desapareceu para sempre nas águas furiosas.

No Egito, as pirâmides de Gizé — erigidas à imagem da constelação de Órion — vinham suportando a violência muito bem até agora, graças à sua construção superior. Os antigos mestres construtores tiveram a inteligência de criar uma coisa que duraria o máximo possível. Se essa civilização não conseguisse decodificar sua mensagem, talvez a seguinte o fizesse. Por isso, as pirâmides ainda estavam em bom estado depois de uma série de terremotos. As pirâmides da América do Sul, portadoras da mensagem de destruição, também continuavam em pé. Mais tarde, os astrônomos poderiam descobrir que Órion é um vínculo importante para desvendar os códigos da destruição da Terra, caso voltasse a ser necessário.

A população mundial estava sendo dizimada a uma velocidade sem igual: nem mesmo uma guerra mundial seria mais mortífera. Apesar das centenas de milhões de computadores que o homem moderno conseguiu construir, não havia um computador capaz de calcular o fim do mundo. No entanto, há mais de 14.000 anos, os sacerdotes da Atlântida conseguiram fazê-lo. Os conhecimentos perdidos agora tremiam e se sacudiam, mas agüentavam firmes as poderosas ondas da Terra. Era como se os sumos sacerdotes quisessem resguardar sua maior criação, como se dissessem: "Protejam esses lugares sagrados, não destruam a ressurreição de Órion, deixem que seja mais forte do que a violência da natureza."

E assim foi. O dano foi escasso, como se os deuses assim o quisessem, enquanto o resto do mundo entrava em colapso. Se desse para ver o desastre de uma nave espacial, o panorama seria muito mais claro. A Terra tinha se movido e tinha sido deslocada do seu eixo. Ali onde antes estavam os pólos, agora havia outras regiões. Os norte-americanos e os canadenses se apavorariam se pudessem ver que seu mundo estava sendo arrastado para o lugar onde antes se encontrava o pólo. Não havia como deter esse processo. Canadá e Estados Unidos iam desaparecer sob o gelo polar como aconteceu antes, há 12.000 anos. No Natal, a cidade de Nova York — coração financeiro da sociedade de consumo que tinha alcançado seu auge — estaria enterrada sob uma grossa camada de gelo e seu clima seria extremamente frio, frio polar. Se daqui há milhares de anos fossem feitas escavações, seriam descobertos milhares de cadáveres de seres humanos e de animais, congelados para sempre por causa do súbito deslocamento do eixo da Terra.

No lado oposto do mundo, o antigo Pólo Sul tinha migrado para um clima mais moderado. Com o calor intenso, gerado pelas erupções solares, grandes porções de gelo começaram a derreter. A Atlântida ia emergir outra vez, quando desaparecesse o poder da enorme massa de gelo. A previsão do clarividente Edgar Cayce (ver *The Mayan Prophecies* [As profecias maias] e outros textos), de que a ciência da Atlântida seria redescoberta, tinha se tornado realidade, e agora suas outras previsões também se revelavam corretas: "Não muito tempo depois da descoberta dos segredos da queda da Atlântida, os pólos da Terra se inverterão e se produzirá um deslizamento da crosta terrestre nas áreas polares, estimulando as erupções vulcânicas. Na parte ocidental dos E.U.A., a terra se abrirá e desaparecerá sob a calota polar, e a parte superior da Europa se deslocará de um só golpe."

E isso estava acontecendo agora. Áreas inteiras sofreram uma drástica mudança climática em questão de horas: era o cenário de um completo juízo final para enormes grupos de pessoas e animais. Os ursos polares e os pingüins talvez consigam sobreviver porque conseguem nadar e se adaptar a mudanças de temperatura, de fria a quente. Pode ser que eles tenham se originado num deslocamento anterior dos pólos, vendo-se forçados a se adaptar depois de terem sido jogados de um clima quente para um clima muito frio. Agora, isso não será necessário, pois encontrarão o caminho para novos pólos. Os norte-americanos entenderão agora por que sua terra estava tão pouco povoada há poucas centenas de anos. Depois do último deslocamento, o gelo precisou derreter e só então foi possível o crescimento da vegetação. Isso certamente levou alguns milhares de anos. Então, os animais puderam se reproduzir sem serem perturbados. Como as pessoas emigraram mais tarde, a maior parte do país continuava desabitado. Teria sido melhor continuar assim. Com extrema surpresa, os norte-americanos sobreviventes veriam sua terra deslizar em direção ao pólo. Sua terra desapareceria quase por completo, mas eles só tomariam consciência quando sentissem as primeiras ondas de frio. O dólar — que já foi todo-poderoso — agora chegaria ao seu fim para sempre, congelado a cinqüenta graus abaixo de zero e coberto de colossais quantidades de gelo. Em centenas de anos, já ninguém falaria do dólar, do índice Dew Jones, do preço do ouro, da prata e de outros metais preciosos. A crise do petróleo terminaria para sempre, assim como o mundo da Sibéria chegou de repente ao fim no deslizamento anterior. Naquele tempo, a região da Sibéria tinha um clima moderado mas, em poucas horas, tornou-se intensamente fria. Por isso, grandes quantidades de mamutes morreram subitamente: o fim chegou tão rápido que nem chegaram a digerir as plantas que tinham comido. Ainda hoje, é possível encontrar flores e folhas em bom estado no interior do estômago desses animais. Richard Lydekker escreve em *Smithsonian Reports* [Informes smithsonianos], 1889:

Em muitas instâncias, como se sabe, foram encontradas enterradas carcaças inteiras de mamutes, com a pele e os pêlos conservados, e a carne tão fresca quanto a das ovelhas congeladas de Nova Zelândia na câmara frigorífica de um barco cargueiro. E os cães que puxam trenós, assim como os yakuts, encontram muitas vezes uma suculenta refeição com carne de mamute, que tem milhares de anos. Em circunstâncias como essas, é evidente que os mamutes foram enterrados e congelados quase imediatamente após a morte. Mas, como a maioria das presas são encontradas separadas, muitas vezes empilhadas umas em cima das outras, é provável que as carcaças tenham se rompido ao serem arrastadas pelos rios, antes de chegar à sua tumba final. Aí, o enterro, ou ao menos o congelamento, deve ter sido relativamente rápido, já que a exposição em sua condição normal teria deteriorado aceleradamente a qualidade de seu marfim.

De que maneira os mamutes conseguiam viver numa região em que seus restos se congelaram tão rapidamente, e como essas grandes quantidades se acumularam em pontos determinados, são perguntas a que não parece ser possível dar respostas adequadas no presente.

Agora, os norte-americanos obtiveram sua resposta. De um clima suave e benigno, os Estados Unidos e o Canadá se converteram em terras de gelo e neve e, nas regiões do norte, foi ainda pior. A nova localização de Montreal não era longe do atual Pólo Norte. Sem eletricidade, centenas de milhões de pessoas congelavam e morriam rapidamente, em locais que haviam sido os pólos econômicos do poder. Sua carne não apodreceria e, daqui a milhares de anos, poderia haver descobertas terríveis. Perguntariam também: "Por que esta civilização inteligente não conseguiu ver o que se avizinhava? Se antes tinham feito com que uma nação inteira escapasse do desastre, por que não o fizeram agora?" Perguntas, milhares de perguntas tentando compreender essa catástrofe que atingiu a humanidade. Não achariam a resposta, ou teriam que começar a procurá-la nos interesses comerciais, no ceticismo, na falta de compreensão de antigos códigos, na todo-poderosa crença no dólar, etc.

A seguinte passagem, que ilustra de maneira notável a era excepcional dos documentos egípcios (Berlitz, 1984), agora se faz realidade:

"... um dos sacerdotes, de idade muito avançada, disse: "Ó Sólon, Sólon, vós, os helenos, sois apenas crianças, e nunca haverá um ancião que seja heleno."

Ao ouvir isso, Sólon perguntou: "O que quereis dizer?"

"Quero dizer", respondeu, "que mentalmente sois todos jovens e que a tradição antiga não vos transmitiu nem critério nem pátina de sabedoria. E eu explicarei a razão disso: devido a várias causas, têm-se produzido muitas destruições da humanidade, e isso sucederá outra vez."

22 de dezembro de 2012. Enquanto a Terra tremia e se sacudia e o céu se incendiava, essas palavras ocorreram aos que ainda assim estavam vivos. Há 2.500 anos, o sacerdote egípcio tinha enfatizado que sua civilização guardava descrições de importantes acontecimentos: "Tudo o que se escreveu no passado... está guardado nos nossos templos... Quando o arroio baixar dos céus como uma pestilência e deixar apenas aqueles dentre vós que não têm cultura nem educação... devereis começar de novo como crianças que nada sabem sobre o que aconteceu nos tempos da antigüidade."

Frank Hoffer, na obra *The Lost Americans* [Os americanos perdidos], oferece uma imagem viva das conseqüências da catástrofe anterior, quando a Atlântida foi destruída:

> As sombrias escavações do Alasca estão cheios de evidências de uma morte completa... imagem de um súbito fim... Mamutes e bisões foram esmagados, destroçados, como que por mãos cósmicas num ato de ira divina. Em muitos lugares, a lamacenta manta do Alasca está repleta de ossos de animais e de grandes quantidades de outros restos... mamutes, mastodontes, bisões, cavalos, ursos e leões... Um mundo animal inteiro... em meio a uma catástrofe... foi subitamente destruído.

Um cataclismo semelhante estava ocorrendo agora. Milhões de animais morreram e seus esqueletos cobririam o fundo do mar por milhares de anos. A ilha Llakov, na costa da Sibéria, é formada por milhões de esqueletos ainda bem conservados devido às baixíssimas temperaturas. Mas nem mesmo os peixes vão sobreviver. Perto de Santa Bárbara, na Califórnia, o Instituto Geológico dos Estados Unidos descobriu uma camada de peixes petrificados no fundo do mar anterior, onde se estima que mais de mil milhões de peixes encontraram a morte devido a uma onda gigantesca.

CAPÍTULO 20

A ONDA GIGANTESCA

Quando se olha a Terra do espaço exterior, o que se vê é um planeta azul, pois ela é composta principalmente de água. Os oceanos não são apenas extensões férteis que aí estão para alimentar a vida, mas também — e isso é o mais importante — para destruí-la. Quando a crosta terrestre começou a se mover, tudo alcançou uma certa velocidade, incluindo as massas de terra e os oceanos. Quando a crosta terrestre se junta outra vez e detém seu movimento, ocorrem tremores imensos. É como um carro que se choca contra um muro: quanto maior a velocidade, maior o impacto. Quando as placas tectônicas se chocam, ocorrem titânicos movimentos sísmicos, erupções vulcânicas, etc. Em determinados lugares, as placas serão prensadas outra vez, umas contra as outras, de tal maneira que se formarão montanhas de vários quilômetros de altura. Em outras partes, as camadas subjacentes se abrirão e terras inteiras desaparecerão nas profundezas. Não há nada com que se possa comparar os acontecimentos apocalípticos que se avizinham, pois de tão destrutivos chegam a ser incompreensíveis.

Uma colisão de automóveis traz consigo outros fenômenos. Se um passageiro não estava usando o cinto de segurança, por exemplo, ele pode ser lançado para fora do veículo, atravessando o pára-brisa. Um choque a alta velocidade pode provocar ferimentos sérios e até mesmo a morte. Em linguagem científica, isso é chamado de lei da inércia: todos os objetos que alcançam uma determinada velocidade, a mantêm. Essa é uma lei da natureza que sempre existiu e continuará existindo eternamente, como sabem muito bem as vítimas dos acidentes de carro. Essa lei universal também se aplica à própria Terra. Então, ao estudar de perto os deslocamentos polares anteriores, nos escritos da Atlântida, ficamos sabendo que isso aconteceu em apenas algumas horas.

Cientificamente, pode-se demonstrar que o deslizamento da crosta é de 20 graus, com base nas rochas magnéticas endurecidas que continuam apontando na direção do pólo original. Esse deslizamento corresponde a um deslocamento de 3.000 quilômetros da crosta terrestre. Imagine viajar 3.000 quilômetros de automóvel em 15 horas: isso equivale a uma velocidade de 200 quilômetros por hora. Quando a Terra começa a se mover, a velocidade é suportável até certo ponto mas, se aumentasse muito depressa, seríamos jogados para fora. Por outro lado, quando a Terra alcança uma velocidade constante, já não se nota o movimento. Estou chegando ao ponto crucial. O campo magnético da Terra se recupera e une outra vez as camadas superiores. Esse é o efeito mais desastroso para homens e animais. É como se surgisse um muro à nossa frente e tivéssemos que pisar fundo nos freios do nosso automóvel de corrida. Tarde demais! Com um impacto colossal, o automóvel se choca contra o obstáculo e o motorista é lançado para fora. É o que ocorre com os oceanos nesse ponto do cataclismo: devido à lei da inércia, eles não mais se detêm e, de acordo com a direção, as águas começam a se elevar sobre determinadas terras litorâneas.

A reversão polar

Mas a história é mais complicada, pois não ocorre apenas um deslizamento da crosta, mas também uma reversão. Isso acontece quando a Terra começa a girar no sentido contrário. Trata-se de um desastre inimaginável. Veja os números. A linha do equador terrestre tem cerca de 24.000 milhas. Como a Terra completa uma rotação inteira a cada 24 horas, isso significa que viajamos 24.000 milhas a cada 24 horas. Dividindo 24 horas por 24.000 milhas, temos um resultado assombroso: estamos girando ao redor do eixo do globo terrestre a umas 1.000 milhas por hora.

Se, durante o próximo cataclismo, os Estados Unidos se deslocar até o atual Pólo Norte (futuro Pólo Sul), a água desaparecerá no porto de Nova York e, no Brasil, aparecerão praias de quilômetros e quilômetros de extensão, já que a água será jogada com toda violência. Nas massas de terra opostas acontecerá o contrário. A uma velocidade assombrosa, as águas se elevarão, alcançando alturas catastróficas. Uma onda gigante, como nunca se viu antes, de centenas de metros de altura (mais de um quilômetro, até) se abaterá sem piedade contra as regiões costeiras e será impossível escapar de sua violência. Ondas gigantes menores, com dez metros de altura, farão desaparecer tudo o que estiver em seu caminho. Então, o que fará esse muro de água? Toda a vida perecerá com ela. Imagine que você vive numa região costeira e vê essa onda imensa de centenas de metros de altura, vindo em sua direção: antes que consiga raciocinar, já estará coberto por milhares de milhões de litros de água salgada. Não se esqueça de que essa onda gigantesca alcançará uma velocidade relativamente elevada, devido à energia criada. Essa energia do movimento deve se dissipar completamente, antes que os oceanos recuperem a calma. Isso significa uma enorme destruição da vida animal e vegetal. Enquanto a onda gigantesca avança sobre as terras, mais gente morre, como nunca antes havia ocorrido, mais do que em todas as guerras da história juntas. No livro *Voyage dans l'Amérique meridionale* [Viagem pela América meridional], Alcide d'Orbigny escreveu:

> Sustento que os animais terrestres da América do Sul foram aniquilados porque a água invadiu o continente. Senão, como explicar essa completa destruição e a homogeneidade das planícies que contêm ossos? Achei uma prova evidente disso na imensa quantidade de ossos e animais inteiros, cuja quantidade é maior na saída dos vales, como nos mostra o Sr. Darwin. Ele encontrou a maior quantidade de restos em Baía Blanca, em Bajada e também na costa e nos afluentes do Rio Negro; também na saída do vale. Isso demonstra que os animais flutuaram e, portanto, foram levados principalmente em direção à costa. Essa hipótese deve ser acompanhada pela idéia de que a terra barrenta das planícies foi depositada de repente, como resultado das violentas inundações, que transportaram o solo e outros sedimentos superficiais, mesclando-os entre si.

Então, os norte-americanos e canadenses não vão ter apenas temperaturas polares, mas uma inundação vinda das montanhas, que esmagará tudo. As árvores serão arrancadas como se nada pesassem, animais e pessoas serão levantados e transportados, e os automóveis serão trasladados a quilômetros de distância. Nada, absolutamente nada escapará a essa violência da natureza. Perecerão, inclusive, muitos animais marinhos, que serão violentamente esmagados contra os restos das casas e da terra. Será uma tumba gigante, uma reunião de centenas de milhões de pessoas com animais marinhos. Os cadáveres restantes ficarão preservados no frio glacial para as futuras gerações, como uma advertência por terem ignorado as forças anunciadas da natureza e para que esse erro não volte a se repetir. O geólogo J. Harlen Bretz escreve em *The Channeled Scabland of the Columbia Plateau* [As escarpas áridas e os canais da meseta de Colúmbia] (*Journal of Geology* [Jornal de Geologia], novembro de 1923):

A inundação chegou de maneira catastrófica no final da última era glacial. Era um imenso muro de água, com sua crista avançando e inundando tudo. Com mais de 1.300 pés de altura, transbordava por cima das ondulações gigantes, como imponentes cataratas e cascatas de até nove milhas de largura, e depois caía e rodava em superfícies de várias milhas de diâmetro.

A gigantesca inundação escavou canais com centenas de pés de profundidade na terra basáltica da meseta de Colúmbia. Fazendo desaparecer o vale do rio *Clark Fork*, na parte ocidental de Montana, e abrindo caminho pelo norte de Idaho, a dez milhas cúbicas por hora, a água alcançou profundidades de 800 pés, caindo sobre a falha de Wallula, na linha Oregon-Washington, e descendo em seguida pela Colúmbia, em irrefreável turbulência em direção ao Pacífico.

Arrastando consigo de 100 a 200 pés da camada superior do solo em muitas localidades, a inundação desnudou completamente 2.000 milhas quadradas da meseta de Colúmbia, de sua cobertura de sedimentos e depósitos, deixando apenas vales de paredes escarpadas, semelhantes a fossos de até 400 pés de profundidade, como recordações estéreis de seu pavoroso poder.

A inundação terminou tão rapidamente como começara, em questão de dias. Deixou sulcos gigantescos nos rios que agora se erigiam como elevações, com canais de mais de 100 pés de altura, e depositou um delta de cascalho de 200 metros quadrados, na conjunção dos vales de Willamette e do rio Colúmbia. Portland, Oregon, Vancouver e Washington ficam agora numa parte desse delta.

Já eram milhares de milhões de mortes, mas ainda não tinha terminado. Parecia que a onda gigantesca não se deteria nunca, penetrando cada vez mais terra adentro. Só a 1.500 metros acima do nível do mar se estava a salvo, a menos que esses lugares também tivessem desmoronado durante os deslizamentos de terra. Nenhuma parte oferecia sobrevivência segura. Nessa heróica batalha entre os poderes da luz e da obscuridade, esta última vinha ganhando em fortaleza. A Terra inteira foi capturada na confusão geral. Aqui e ali, pessoas desesperadas tentavam escalar as montanhas para se salvar das águas que subiam, mas só alguns poucos conseguiam. A onda gigante dos mares era demasiadamente poderosa para ser combatida. Duras e sem piedade, as ondas rolavam cada vez mais. A onda gigante chegou até as pirâmides e então as construções que antes se erigiam poderosas não resistiram ao embate e ficaram submersas sob a enorme inundação. Com uma estrondeante violência, a água entrou velozmente pela entrada e pelos respiradouros, até a câmara real. Há alguns milênios, era ali que se realizavam os rituais sagrados de ressurreição. Na verdade, as câmaras formavam o centro da destruição da Terra, o fim da era do quinto Sol, em um cataclismo como nunca antes se havia presenciado. Se conseguisse sobreviver, a civilização regressaria à Idade da Pedra.

Relatar esses acontecimentos determinará o comportamento futuro por milhares de anos. Todas as civilizações, desvinculadas entre si, falarão deles e o relato passará de pais para filhos, de mães para filhas, acompanhado por contos imortais de coragem e desespero, como se fossem informes históricos do acontecido. Exatamente como o que lemos agora sobre o que sucedeu nas vezes anteriores. No Peru, há uma história sobre um índio que foi advertido por uma lhama, acerca da inundação. Juntos, fugiram para a montanha. O nível do mar começou a subir e logo cobriu as planícies e montanhas, com exceção daquela para a qual haviam escapado; cinco dias depois, a água começou a descer. Pode-se encontrar histórias semelhantes em todo o mundo: a de Noé é a mais conhecida por todos. Na Mesopotâmia, há a história de Utnapijstim (Hancok, 1955): "Durante seis dias e seis noites, o vento soprou, torrentes, tormentas e inundações cobriram o mun-

Figura 43.
E uma gigantesca inundação destruirá a nossa civilização...

do. Quando chegou o sétimo dia, a tormenta proveniente do sul amainou, o mar se acalmou e as inundações se detiveram. Olhei o mundo e o que achei foi silêncio... Sentei-me e chorei... porque em todas as direções o que havia era a vastidão da água."

Na história do mundo, há mais de 500 testemunhos de imensas inundações. Na China, inclusive, foi encontrada uma obra antiga que narra o seguinte (Berlitz, 1984): "Os planetas mudaram seu curso, o céu despencou para o Norte, o Sol, a Lua e as estrelas modificaram sua direção, a Terra se fez em pedaços e as águas em seu leito se elevaram e inundaram a terra com violência."

As histórias sobre inundações apocalípticas não deixam dúvidas: isso já aconteceu, provavelmente uma infinidade de vezes. Trata-se de um acontecimento recorrente, aniquilador e sem piedade. A vida é algo frágil e pode desaparecer dessa maneira. As mesmas catástrofes devem ocorrer em inúmeros planetas de outros sóis: não pode ser diferente. Não é surpresa que não tenhamos recebido sinais de vida extraterrestre. Se todos os planetas sofrem essa destruição em massa, é um milagre que ainda haja vida e, ainda por cima, vida inteligente. Nas evidências de vida extraterrestre, o magnetismo solar com suas desastrosas conseqüências para a vida inteligente deve ser considerado como um fator incrivelmente restritivo. A prova do desaparecimento da civilização da Atlântida é grande demais para ser contestada. Depois dela, a civilização levou mais de 11.000 anos para alcançar um nível semelhante. Refletido na escala do universo, isso significa mais um golpe para a existência da vida extraterrestre. Em meu livro *A New Space-Time Dimension* [Uma nova dimensão entre o espaço e o tempo], já demonstrei que a vida extraterrestre só poderia existir nas partes centrais do universo. Longe delas, os sistemas solares explodem, um atrás do outro. Seus planetas são pulverizados, convertendo-se num mar de plasma. Ali a vida extraterrestre é impossível porque os planetas são reduzidos a um desarranjo atômico. Paralelamente, a possibilidade da existência de outras culturas muito evoluídas é pouco provável. Isso não significa que sejamos os únicos, ou que nossa civilização seja uma das grandes exceções do cosmos: significa que o espaço no qual a vida é possível corresponde a uma milésima parte do volume total do universo. Além desse fato terrível, estão as implicações da reversão do magnetismo solar. Para meu assombro, devo chegar à conclusão de que a vida — refiro-me às civilizações inteligentes como a nossa — é muito mais esporádica do que costumávamos postular. Fora o fato de que a maior parte das grandes estrelas morre nas mais violentas explosões no universo, os deslizamentos das crostas dos planetas formam uma importante barreira para o debate acerca da vida extraterrestre. Nas distantes profundezas do universo, um mar de fogo varre toda a existência, já que tudo se reduz a cinzas atômicas. Aqui na Terra, um mar de água leva tudo o que vive, seguindo-se então um período escuro. Surge aqui um verdadeiro ponto de interrogação: será possível alcançar outra vez um nível igual de civilização? Antes da Atlântida desaparecer sob o gelo polar, os atlantes navegavam pelos oceanos. Tinham mapas e cartas tão perfeitas que só conseguimos decodificá-los no século XX. O professor Charles Hapgood escreve em *Maps of the Ancient Sea Kings* [Mapas dos antigos reis do mar]:

> "Virei a página e fiquei parado, transfigurado. Enquanto meus olhos pousavam sobre o hemisfério sul de um mapa-mundi desenhado por Oronteus Finaeus em 1531, tive a súbita convicção de que estava diante de um mapa realmente autêntico da verdadeira Antártida.
>
> A forma geral do continente era surpreendentemente igual ao esboço do continente em nossos mapas modernos... A posição do Pólo Sul, quase no centro do continente, parecia estar correta. As cadeias montanhosas tinham sido descobertas na Antártida em anos recentes. Era óbvio, também, que não se tratava da disparatada criação da imaginação de alguém. As cadeias montanhosas foram individualizadas: algumas eram decididamente costeiras, outras não. Na maioria delas, apareciam os rios que correm para o mar, seguindo, em cada caso, o que pareciam ser padrões de drenagem muito naturais e convincentes. Isso sugeria, certamente, que as costas não tinham gelo quando o mapa original foi desenhado. Entretanto, o interior profundo estava totalmente livre de rios e montanhas, o que sugere a probabilidade de ter existido gelo ali."

Além disso, só recentemente começamos a desvendar seus conhecimentos sobre a órbita dos planetas e as constelações de estrelas. Isso mostra que um deslocamento polar e as inundações que o acompanham podem fazer desaparecer uma civilização do globo de um só golpe. Na atualidade, nossa civilização alcançou este nível porque um sumo sacerdote da Atlântida encontrou uma ligação entre o ciclo das manchas solares e o campo magnético da Terra. Ele descobriu também que, quando Vênus e Órion estiverem situados em posições de códigos específicos, ocorrerá o próximo desastre. Graças à sua previsão, grupos de atlantes puderam escapar da catástrofe.

Graças a isso, o mundo está agora densamente povoado e num nível de civilização semelhante ao anterior. Mas não devemos nos esquecer de que, há 200 anos, não estávamos tão adiantados e que uma grande quantidade de conhecimentos ainda estava para ser descoberta. Nesse período, a informação que tínhamos era escassa. Se os atlantes não tivessem sido advertidos com antecedência da chegada do cataclismo, todos os seus conhecimentos se teriam perdido para sempre.

Atrevo-me a dizer que, se fosse esse o caso, estaríamos agora pouco além da Idade da Pedra. Se não começarmos já um trabalho de preparação das arcas para a sobrevivência, com determinados conhecimentos a bordo, então duvido que haja futuro para a humanidade. Nos acontecimentos que estão por vir, os conhecimentos que agora temos se destruirão quase por completo. Se não forem tomadas medidas urgentes, nossas fontes de conhecimento se perderão, uma a uma, no caos posterior à catástrofe. E esse será o fim absoluto da nossa civilização, o que não é de todo impossível. Nas antigas escrituras há indícios de que já existiam na terra, há 200.000 anos, civilizações tecnológicas extremamente adiantadas. Se isso é verdade, então temo o pior para a nossa civilização, já que os sumos sacerdotes afirmaram que os poderes destrutivos que assolarão a Terra desta vez serão os maiores em centenas de milhares de anos.

> As montanhas desmoronaram ou partiram-se em duas, do cimo à base. As estrelas desviaram seu rumo no céu e caíram no poço das profundezas. O gigante Surt incendiou o mundo inteiro, que se reduziu a um imenso forno. Todos os seres viventes, pessoas, plantas, desapareceram e só ficou a terra erma. Mas, assim como o céu, esta ficou reduzida a um conjunto de rachaduras e fissuras. Então, todos os rios se elevaram, os mares transbordaram e a terra desapareceu sob as águas do oceano.

Que isso seja uma advertência para os que não crêem. A catástrofe mundial descrita no texto causou tal impressão que essa gente quis nos advertir do sucedido. Os atlantes sobreviventes construíram seus templos com dados astronômicos, no Egito e no México. De maneira assombrosamente científica, mostram os códigos científicos que aparecem nos mitos. Quando a onda gigantesca realizar seu poderoso trabalho destrutivo, milhares de milhões de pessoas lembrarão disso, dolorosamente.

Os anais dizem o seguinte: "E em apenas um dia e uma noite, a ilha Aha-Men-Pta desapareceu sob o mar..."

Isso aconteceu há quase 12.000 anos e agora vai ocorrer a mesma coisa. Os desenfreados movimentos da Terra e uma onda gigantesca puseram fim à sua civilização, formando terríveis cicatrizes na superfície da terra e no fundo dos oceanos. A vida animal e humana da Terra foi praticamente devastada: a catástrofe teve alcance mundial. As águas que subiram mudaram o clima e a proporção terra/água em enormes territórios do mundo. Quando as águas tornaram a descer, os esqueletos de animais marinhos pequenos e grandes, a fauna marinha e os crustáceos e moluscos ficaram onde tinham sido jogados. Ainda hoje é possível encontrá-los disseminados em cadeias montanhosas como os Andes, as Montanhas Rochosas, os Himalaias (onde há ossos de baleias), etc. Um manuscrito maia, o *Popol Vuh* (Berlitz, 1984), diz o seguinte sobre a catástrofe anterior:

> Então, o desejo de Hoerakan pôs as águas em movimento e uma enorme inundação cobriu as cabeças desses seres. ...ficaram sob as águas e do céu desceu um fluido resinoso... A face da Terra escureceu e começou uma chuva densa e enegrecida, dia e noite... Sobre suas cabeças ouvia-se um grande ruído, que parecia ter se originado do fogo. Então, vi os homens a correr, empurrando-se uns aos outros cheios de desespero; queriam subir nas árvores e estas se sacudiam, derrubando-os; queriam resguardar-se nas cavernas, mas estas se fechavam para eles... E as águas continuavam subindo cada vez mais.

Outra crônica da América pré-colombiana (Berlitz, 1984) é igualmente notável. "O rosto do céu foi jogado de um lado para o outro e virou ao contrário... Numa inundação enorme, forte e repentina, a Grande Serpente foi seqüestrada dos céus. O ar calou e a terra submergiu..."

É provável que a lembrança de um mundo anterior chegue a ser um apoio para a conservação do presente, mas tenho grandes dúvidas a respeito. A magnitude da catástrofe será tal que pouca coisa permanecerá em pé. Só a transmissão dos conhecimentos é essencial: o resto é secundário.

Enquanto escrevo estas palavras, eu me pergunto quantas pessoas vão querer continuar vivas nesse mundo destruído. Quanto mais conto a minha história, mais gente diz que não quer sobreviver, alegando que sentirão falta dos seus entes queridos e também de todas as comodidades criadas para o homem. Nada restará, nem alimentos, nem eletricidade, nem vestimenta. Para que ficar vivo? De fato, essa é uma pergunta que cada um deve responder. Se você decidir lutar por sua vida, então seu homem sou eu. Os atlantes mostraram ter uma grande capacidade de previsão. Nós podemos repetir esse *tour de force* e a humanidade nos agradecerá pela iniciativa tomada. Lute e seja empreendedor: é disso que você precisa para sobreviver à inundação que vem pela frente. Esse é o maior desafio que a humanidade já enfrentou e, se falharmos, tudo o que conseguimos até agora poderá se perder para sempre.

Epílogo

Um ano depois da completa aniquilação da população do mundo, os sobreviventes do desastre morreram. Os restos radiativos das instalações nucleares, os derramamentos de petróleo no mundo inteiro e os gases venenosos expulsos pelas indústrias de armas químicas se mostraram letais. Aqui, um experimento planetário especial chegou, definitivamente, a seu fim.

A nova era nunca começaria.

Parte V

PROVA MATEMÁTICA

CAPÍTULO 21

PROVA MATEMÁTICA

Uma parte importante do ciclo das manchas solares

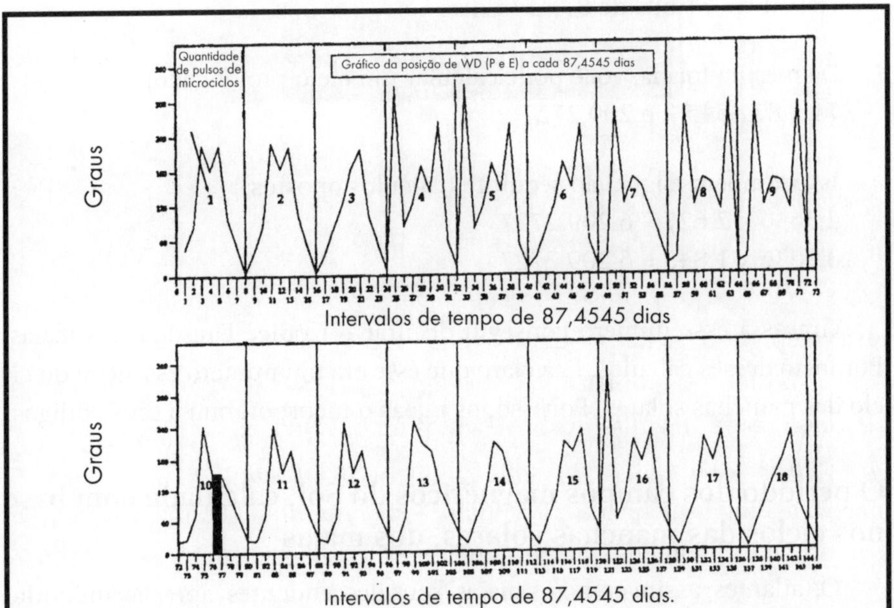

Figura 44
A teoria do ciclo das manchas solares, de Maurice Cotterell.

Empregando parte das matemáticas básicas, podemos achar os números essenciais do ciclo das manchas solares:

68.302 : 26 = 2.627
68.302 : 37 = 1.846

Subtraia o segundo número do primeiro:
2.627 – 1.846 = 781

781 é o número dos períodos de tempo (bits) encontrados por Cotterell num ciclo de 68.302 dias. Divida os números já encontrados, mas na ordem inversa, pelo tempo de rotação dos campos magnéticos e obterá os seguintes resultados:

2.627 : 37 = 71
1.846 : 26 = 71
71 x 11 = 781

Um ciclo tem 781 bits. É possível continuar dividindo:
781 : 11 = 71 bits de 87,4545 dias

Da mesma forma, você pode calcular um ciclo prolongado:
71 x 87,4545 = 6.209,2727

Isso também é igual ao seguinte (cálculos opostos):
2,3636 x 2.627 = 6.209,2727
3,3636 x 1.846 = 6.209,2727

Graças a esse número consegui decifrar o Códice Dresden dos maias. Por meio desses cálculos, fica claro que esse era um número essencial do ciclo das manchas solares. Por isso, os maias o incorporaram a seus códigos.

O período dos campos magnéticos do Sol, calculado com base nos ciclos das manchas solares, dos maias

Os atlantes, assim como os maias, seus descendentes, apreciavam muito os jogos numéricos. Isso ficará mais claro depois dos próximos cálculos. Já sabemos que um ciclo importante tem uma duração de 6.209,272727 dias. Nesse número, há uma série infinita do número 27. Conhecendo os maias, eu sabia que precisava fazer alguma coisa com esse número. Eles usaram dois números para calcular a duração do ciclo das manchas solares. Quando os dividimos por 27, encontramos a primeira chave:
68.328 : 27 = 2.530,66666666
68.302 : 27 = 2.529,70370370
2.530,66666666 – 2.529,70370370 = 0,962962

A diferença indica que é isso que buscamos: 962 = 37 x 26. A relação não pára por aí:

27 x 37 = 999

Dividindo os ciclos por esse novo número, obtemos:

68.328 : 999 = 68,396396396

68.302 : 999 = 68,370370370

68,396396396 – 68,370370370 = 0,026026026

A partir desse cálculo, aparecem dois números importantes: 26 e 37. Mais ainda, o ciclo magnético de 26 dias pode ser calculado a partir do outro. A série infinita de 26 é a evidência. Isso também é possível ao contrário:

27 x 26 = 702

68.328 : 702 = 97,333333333

68.302 : 702 = 97,296296296

97,333333333 – 97,296296296 = 0,037037037

Se esse não é um jogo brilhante, então estou louco.

Comentários: os magos das matemáticas tinham que criar essas conexões. Ao cabo de alguns dias, confessariam que, na verdade, são brilhantes! E o que é ainda mais importante: graças a essas descobertas, eu consegui decifrar o código principal do Códice Dresden!

O Códice Dresden, decodificado

O que vem a seguir é sumamente importante: o tema do Códice Dresden é, de fato, o ciclo das manchas solares. Muita gente não se convenceu depois de ler a decodificação feita por Maurice Cotterell. Mas, quando ele é corretamente decodificado, fica claro que se refere ao ciclo das manchas solares. Isso é assombroso, já que essa teoria é extremamente difícil e os astrônomos não sabem da sua existência.

No Códice Dresden, encontramos um número gigantesco: 1.366.560. Por trás dele, escondem-se centenas de códigos secretos. Alguns estão associados ao magnetismo solar e ao ciclo das manchas solares.

Com a ajuda de Vênus, podemos encontrar rapidamente o primeiro código:

1.366.560 = 2.340 x 584

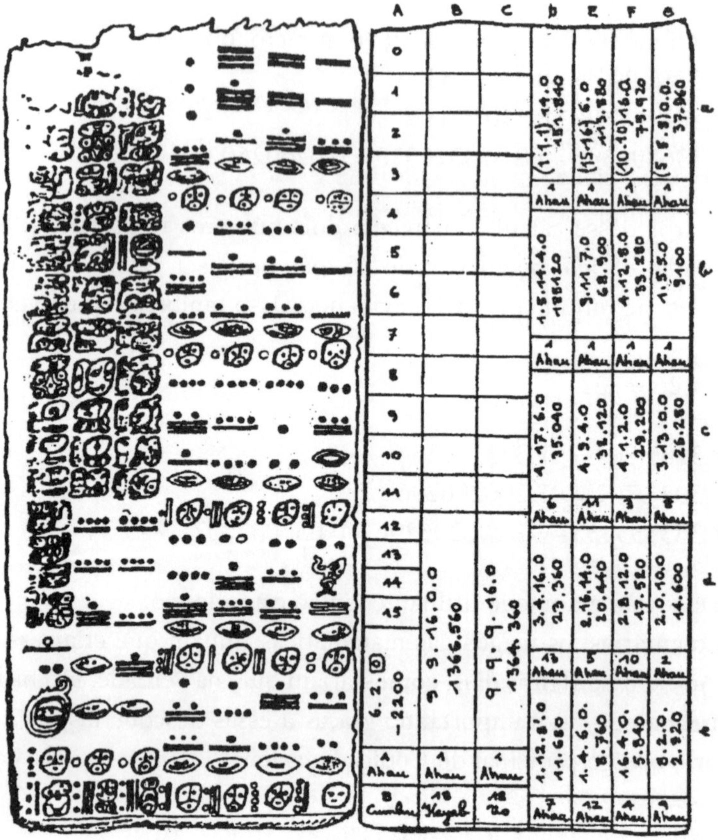

1.366.560 = 5.256 x 260 (TZOLKIN)
= 3.796 x 360 (TUN) = 73 x 52 x 360
= 3.744 x 365 (HAAB) = 72 x 52 x 365
= 2.340 x 584 (Vênus) = 36 x 65 x 584
= 39 x 35.040 = 3 x 13 x 35.040
= 9 x 151.840 = 9 x 37.960 x 4

Figura 45

A página mais importante do Códice Dresden.

Substitua 584 por 583,92 — o número exato do período sinódico de Vênus. A diferença é de 0,08. Quando multiplicamos esse último número por 2.340, obtemos 0,08 x 2.340 = 187,2. Esse é o número do ciclo das manchas solares!

Decifrar o Códice Dresden

Dentro do Códice há dois números:
1.366.560
1.364.360
A diferença é: 1.366.560 – 1.364.360 = 2.200

Quando se usa esse resultado para dividir os dois números:
1.366.560 : 2.200 = 621,163636363
1.364.360 : 2.200 = 620,163636363

A série de números 0,16363636363 representa um ciclo completo de 360 graus:
360 : 2.200 = 0,163636363

A diferença entre as duas séries de números é:
621,163636363 – 620,163636363 = 1
1 = 1 círculo!

Essa solução tem a ver com uma diferença de 360 graus. Isto é o que você já sabe:
3,363636 círculos – 2,363636 círculos = diferença de 1 círculo.

Como código primário, temos o ciclo das manchas solares de 187,2 anos = 68.328 dias. Cotterell obteve um valor de 68.302 dias.

1.366.560 = 20 x 68.328 = código maia para o ciclo das manchas solares.
O ciclo exato das manchas solares é: 68.302 x 20 = 1.366.040
Se dividirmos esse valor por 2.200: 1.366.040 : 2.200 = 620,9272727

Você conhece esse número! Já o obteve antes como o código do ciclo das manchas solares, mas dez vezes maior!

Quando se subtrai esse número do código maia correspondente, temos:
621,16363 – 620,92727 = 0,236363636

O valor real é 2,363636, o que podemos comprovar da seguinte maneira:
621,16363 x 11 = 6.832,8
620,92727 x 11 = 6.830,2

Multiplique esses números por 10:
6.832,8 x 10 = 68.328 = Código maia para o ciclo das manchas solares.
6.830,2 x 10 = 68.302 = Ciclo das manchas solares.

Multiplique os números precedentes por 10:
621,16363 x 10 = 6.211,6363
620,92727 x 10 = 6.209,2727

A subtração dá o valor correto:
6.211,6363 – 6.209,2727 = 2,363636

Esse é o código primário! Após 2,363636 rotações, um campo magnético do Sol alcança o outro. Além disso, o código do outro campo magnético pode ser recuperado: 3,363636. Isso é relativamente fácil. Como já sabemos, com a divisão por três números podemos obter o código:
999 = 27 x 37
962 = 26 x 37
702 = 26 x 27

Divida 520 por esses números:
520 : 999 = 0,520520520 (uma série infinita com 520!)
520 : 962 = 0,540540540
520 : 702 = 0,740740740

Divida as duas últimas séries por 2.200:
540 : 2.200 = 0,245454545
740 : 2.200 = 0,3363636363

A diferença entre o código maia e o real é:
1.366.560 – 1.366.040 = 520. Divida esse resultado por 2.200:
520 : 2.200 = 0,236363636

Esse código é 10 vezes menor e se demonstra da seguinte maneira:
740 – 520 = 220
2.200 = 220 x 10
Conclusão: 520 : 220 = 2,363636

De imediato, a resposta certa aparece:
3,363636 – 2,36363636 = diferença de 1 círculo

Os códigos de Vênus

Os números de Vênus conduziram à seguinte revelação:
584 : 2.200 = 0,26545454 (26 + série infinita do 54)
576 : 2.200 = 0,26181818 (26 + série infinita do 18)

Atrás disso, estão ocultos os seguintes códigos:
26 x 54 = 1.404
26 x 18 = 468

A soma e a subtração confirmam a correção desses números:
1.404 + 468 = 1.872 = número do código
1.404 – 468 = 936 = número do código

Mas ainda devemos averiguar mais. A ligação a seguir oferece mais revelações da antiga mensagem codificada:
54 : 3,3636363 = 16,054054
1.404 : 16,054054 = 87,45454545

Depois de 87,454545 dias, um dos campos polares alcança o outro.

O código com 936:
936 = 26 x 36
936 : 87,4545 = 10,7027027
Multiplique esse resultado pela rotação dos campos:
10,7027027 x 2,363636 = 25,297297
10,7027027 x 3,363636 = 36
Subtraia 25,297297 do número 26:
26 – 25,297297 = 0,7027027
Multiplique o resultado pela rotação do campo do equador e obterá a rotação do campo nos pólos:
3,363636 x 0,7027027 = 2,363636
26 : 0,7027027 = 37 = período do campo magnético do Sol nos pólos.

O código 36 oculto nos códigos de Vênus

Isso se comprova subtraindo entre si os códigos de Vênus obtidos antes:
0,26545454 – 0,26181818 = 0,003636363636
Esse código tem um certo significado. Quando os valores dos campos magnéticos antes obtidos são divididos por 10, concluímos o seguinte:

0,3363636 : 10 = 0,033636363

0,2363636 : 10 = 0,023636363

A série infinita do número 0,00363636 acompanha a mesma ordem dos códigos de Vênus. Para consegui-lo será necessário adaptar os outros números:

740 : 10 = 74

520 : 10 = 52

Subtraindo o segundo resultado do primeiro, obtemos 22.

74 – 52 = 22

A solução do Códice Dresden

Os números encontrados acima conduziram à seguinte solução:

74 : 22 = 3,363636

52 : 22 = 2,363636

Os números 3 e 2 também indicam um código: 32 x 36 = 1.152 x 10 = 11.520 = período entre as catástrofes anteriores.

Vemos uma série infinita com o número 36. Portanto, multiplicando 74 e 52 por 36 obtemos:

74 x 36 = 2.664 (código primário)

52 x 36 = 1.872 (código primário)

Dividindo esses resultados pelas rotações dos campos, achamos o próximo código:

2.664 : 3,363636 = 792

1.872 : 2,363636 = 792

Este número é também o resultado da subtração dos seguintes códigos primários:

2.664 – 1.872 = 792 = 72 x 11

A divisão a seguir conduz a um código adicional:

1.872 : 2.664 = 0,7027027

O número maia do ciclo longo da mancha solar também resulta num código:

1.366.040 : 740 = 1.846

1.366.040 : 520 = 2.627

Esses números estão de acordo com a precessão (ver Capítulo 16). Mas atenção: trata-se de uma evidência importante.

Mais evidências:

620,92727 : 0,2363636 = 2,627

2.627 x 26 = 68.302 = ciclo da mancha solar de 187 anos
620,92727 : 0,336363 = 1.846
1.846 x 37 = 68.302 = ciclo da mancha solar de 187 anos

O calendário Maia

O número 1.366.560 do Códice Dresden é igual a:
1.366.560 = 18.720 x 73
= 18.980 x 72

18.980 = ciclo calendário de 52 anos dos maias, a cada 365 dias
73 x 72 = 5.256
1.366.560 : 5.256 = 260 = ano mágico

Podemos obter o mesmo número de maneira diferente:
18.980 – 18.720 = 260

260 é um número especial. É a conexão entre os diferentes calendários e as rotações solares.

A cada dia, o campo polar percorre: 360 : 37 = 9,729729 graus.

O campo equatorial percorre a cada dia: 360 : 26 = 13,84615 graus.

Já obtivemos várias vezes o número 0,7027027. Ele também é igual a:
26 : 37 = 0,7027027027.

O ciclo de 260 dias

Depois de 260 dias, o campo polar terá percorrido 7,027027 rotações. A quantidade de graus para esse período é:

260 x 9,729729 = 2.529,729729

A quantidade de rotações pode ser calculada da seguinte maneira:

2.529,729729 : 360 = 9,027027

O campo se encontra a 0,027027027 rotações do seu ponto de partida. Isso equivale ao seguinte número de graus:

0,027027 x 360 = 9,729729

Isso significa que o campo está um dia antes do seu ponto de partida, ou 9,729729 graus.

O campo equatorial terá realizado dez rotações depois de 260 dias, encontrando-se em seu ponto de partida. Eu decifrei um código que demonstra a exatidão desse princípio:

10 – 9,729729 = 0,27027027027

7,027027 : 0,27027027 = 26
e 7,027027 : 0,027027027 = 260
Isso revela um código para o calendário maia:
260 x 72 = 18.720
260 x 73 = 18.980

Multiplique esses resultados pela quantidade de graus percorrida num dia:

18.720 x 9,729729 = 182.140,54054
18.720 x 13,84615 = 259.200 = número de precessão!
18.980 x 9,729729 = 184.670,27027
18.720 x 13,84615 = 262.800 = número do código!

Quando multiplicamos 72 pelo número de rotações de um ciclo em 260 dias (razão: 18.720 = 72 x 260), obtemos o seguinte valor: 72 x 7,027027 = 505,945945

Aumente o número em 1.000 vezes (razão: os números obtidos são maiores na mesma proporção): 505,945945 x 1.000 = 505.945,945

Fiz aqui uma ligação com o número dos maias:
505.440 (= 1.872.000 – 1.366.560 = 1.440 x 351)
Subtraia esse valor do número grande obtido antes:
505.945,945 – 505.440 = 505,945945

O resultado é idêntico ao primeiro número, sendo diferente apenas a unidade. E isso não acaba aí. A quantidade de graus que um campo percorre em 72 dias também é um código:

72 x 9,729729 = 700,54054054

Dividindo esse resultado pelo número anterior, podemos calcular a quantidade de graus que o outro campo percorre num dia:

700,54054054 : 505,945945 = 1,3846135 (x 10 = quantidade de graus percorrida pelo outro campo em um dia).

Continuando com o raciocínio sobre o número do código, obtemos o seguinte:

700,54054 : 360 = 1,945945 (x 10 = 19,459459 = 2 x 9,729729).

Ao fim de 18.720 dias, o campo polar terá percorrido 182.140,54054 graus. São 19,459459 graus a menos do que um círculo completo. O campo equatorial se encontra em seu ponto de partida. Conclusão: o campo está 2 x 9,729279 atrás do outro campo. Segundo os maias, isso pode ser enunciado da seguinte maneira:

720 – 700,54054 = 19,459459.

Para um ciclo calendário de 18.980 dias, temos:

73 x 7,27027 = 512,972972 (como ocorreu antes, é 1.000 vezes maior).

A ligação com o número maia 512.460 (= 1.460 x 351):

512.972,972 – 512.460 = 512,972972 = idêntico ao primeiro número, com exceção da unidade.

Quando isso se decodifica da mesma maneira de antes, temos:

73 x 9,729729 = 710,27027

720 – 710,27027 = 9,729729

Conclusão: o ciclo de 260 dias dá uma diferença de 9,729729 graus entre os campos. Depois de 18.980 dias, esse fenômeno se repete. O ciclo calendário reflete um ciclo entre o pólo solar e o equador solar.

Cálculo do nosso tempo e a fundação da Atlântida

Como foi demonstrado, há dois números de essencial importância na fundação da Atlântida. Nos cálculos, obtemos dois números fundamentais: 36 e 144. O 36 representa os 360 graus, o que significa que, em um dia, a Terra cobre um círculo completo. Isso se relaciona com o segundo número: 144, que representa 1.440.

Vou pedir-lhe que olhe o seu relógio. O primeiro número encontrado (360) representa um círculo. Certamente o segundo (1.440), se relaciona com ele. Em um minuto, seu relógio cobre um círculo completo e, em um dia, 1.440 círculos! Então, os atlantes estavam na base do cálculo do nosso tempo. A seguir, veremos que isso é correto:

1.440 = quantidade de rotações ao redor do círculo de 360 graus por dia = quantidade de minutos por dia.

1 minuto = 60 segundos.

1.440 x 60 = 86.400 segundos por dia.

Como você já sabe, o número 864 é o primeiro período de tempo no zodíaco. O cálculo do nosso tempo é, de fato, a informação que se apresenta para calcular a precessão do zodíaco. Para ajudar a sua memória, eu lhe informo novamente quais são os cinco números principais que dominaram a fundação da Atlântida antes do primeiro cataclismo: 12 / 72 / 864 / 2.592 / 2.448.

A quantidade de horas por dia pode ser calculada de três maneiras. Para iniciar o primeiro cálculo, faça a seguinte operação:

2.592 – 864 = 1.728.

Quando dividimos o zodíaco completo por 360, obtemos 25.920 : 360 = 72.

Então,

1.728 : 72 = 24 = quantidade de horas por dia. Também,

2.592 : 864 = 3	72 : 3 = 24
144 – 36 = 108	2.592 : 108 = 24

Podemos demonstrar também de que maneira obtiveram 60 segundos e 60 minutos. Como já sabemos, o número 5.184 é importante: 72 x 72 = 5.184.

Dividindo esse número por 360, temos: 5.184 : 360 = 14,4

Uma última divisão dá o número de segundos e/ou minutos: 864 : 14,4 = 60.

Podemos encontrar mais evidências no seguinte: 12 : 72 = 0,166666.

Esse número simboliza a quantidade de graus cobertos por segundo!

Eu passava de uma surpresa a outra e, aparentemente, isso não ia ficar por aí. "Os que conheciam os números" tinham feito um trabalho tremendamente eficaz e esplêndido, mas leve em conta que o número 60 pode ser calculado ainda de outra maneira: 1.440 : 24 = 60.

Para calcular a precessão do zodíaco com o nosso cálculo de tempo como ponto de partida, deve-se seguir o caminho oposto. Um dia tem 24 horas e a Terra gira 360 graus no zodíaco. Para que 24 concorde com os 12 signos do zodíaco, temos que dividir: 12 = 24 : 2. Em um dia temos 2 x 12 horas. Mas, na realidade, isso corresponde aos seis signos do zodíaco: 12 : 2 = 6. Multiplicando esse resultado pelo número de segundos que há na metade de um dia, temos: 43.200 x 6 = 259.200, um número dez vezes maior. Isso pode ser demonstrado da seguinte maneira: divida o número de segundos que há num dia por 360 e obterá: 86.400 : 360 = 240; 240 = 24 x 10.

Isso significa que o nosso número, 259.200, deve ser dividido por 10. Pode-se fazer o mesmo cálculo com a quantidade de minutos. Na metade de um dia, temos 720 minutos: 720 x 360 = 259.200.

Há ainda uma outra maneira para demonstrar que tudo isso é correto:

86.400 : 360 = 240

360 – 240 = 120

240 – 24 = 216
216 x 120 = 25.920

No Capítulo 7, decifrei um importante código do zodíaco. Obtive três números: 2.592; 2.016 e 1.440. Os dois últimos podem ser encontrados também no cálculo do nosso tempo. Os atlantes gostavam de dividir, multiplicar, somar e subtrair, e nós estamos fazendo o mesmo: 24 x 24 = 576.

Subtraia esse resultado de 2.592: 2.592 – 576 = 2.016. Depois, repita a operação: 2.016 – 576 = 1.440.

Disponha-os um embaixo do outro e divida-os por 864:
2.592 : 864 = 3,0
2.016 : 864 = 2,333333
3 – 2,333333 = 0,666666

1.440 : 864 = 1,666666
2,333333 – 1,6666 = 0,66666

A estas alturas, você teria que estar cego para não ver o código: é preciso dividir ou multiplicar por 6:
864 x 6 = 5.184
864 : 6 = 144

Esses dois números são de extrema importância:
5.184 = 72 x 72 = 144 x 36 = 72 x 2 x 36
Prova: 72 representa os 720 minutos. 720 x 2 = 1.440 minutos por dia; e 36 representa os 360 graus.

O número anterior, 5.184, foi obtido multiplicando por si mesmo o número de minutos que há na metade de um dia. Agora, faça o mesmo com o outro número, 144 (144 representa 1.440 minutos).
144 x 144 = 20.736
20.736 = 864 x 24
Prova: 864 representa 86.400 segundos e 24 representa 24 horas.

Aqui, demonstramos novamente que o nosso tempo indica a precessão do zodíaco:
20.736 + 5.184 = 25.920

A demonstração dessa proposição, feita pelos atlantes, é assim: 5.184 : 24 = 216. Este último número indica o ciclo completo de 25.920 anos (ver: a duração do ciclo zodiacal).

5.184 : 36 = 144
216 – 144 = 72, ou 72 + 144 = 216.

Conclusão: some o produto de ambos os números e obterá o número final!

Semelhanças entre os egípcios e os maias

Depois que a Atlântida pereceu, os sobreviventes se dispersaram por todo o mundo, como eu consegui demonstrar com base em seus números. Para começar:

25.920 = 360 x 72 e 72 : 360 = 1 : 5

Dividindo todos os números dos atlantes por 5, obtemos o seguinte resultado:

25.920 : 5 = 5.184	72 : 5 = 14,4	24 : 5 = 4,8
365 : 5 = 73	360 : 5 = 72	60 : 5 = 12
12 : 5 = 2,4	260 : 5 = 52	30 : 5 = 6

O supernúmero 5.184 é divisível por todos os números resultantes, exceto pelo 52 e pelo 73.

5.184 : 2,4 = 2.160	5.184 : 6 = 864	5.184 : 14,4 = 360
5.184 : 4,8 = 1.080	5.184 : 12 = 432	5.184 : 72 = 72.

2.160 x 12 = 25.920
1.180 x 24 = 25.920
864 x 30 = 25.920
432 x 60 = 25.920
360 x 72 = 25.920

Quando começamos pelas séries precedentes, obtemos números muito importantes para os maias!

360 + 360 = 720	260 + 260 = 520	720 – 520 = 200

Quando multiplicamos 720 por 200, obtemos: 720 x 200 = 144.000

Números maias e sistemas numéricos:

Baktun	Katun	Tun	Uinal	Kin
144.000 dias	7.200 dias	360 dias	20 dias	1 dia

7.200 = 144.000 : 20 (para os egípcios: 72 = 1.440 : 20)

7.200 : 20 = 360

Eis aqui a primeira prova de que os egípcios e os maias tinham originalmente a mesma maneira de calcular. A seguir, você encontrará evidências mais sólidas.

A ligação entre o ciclo de Vênus e as séries numéricas egípcias

Com o propósito de calcular a destruição da Terra, os maias, assim como os egípcios, recorreram a Vênus para medir o tempo. Depois de investigar durante muito tempo, por fim encontrei a chave. Para começar, no Egito eram usados calendários diferentes, com base em 360 e 365 dias. Dividindo um ano de 365 dias por 360, temos o seguinte número: 365 : 360 = 1,01388888.

Multiplicando esse resultado por 576, que é um importante número de código, como foi demonstrado em outras séries, temos: 576 x 1,01388888 = 584 = período sideral de Vênus. O tempo sideral de um planeta é o tempo que ele leva para retornar ao mesmo ponto do espaço. Aparentemente, os maias, assim como os egípcios, trabalharam com esse número, dada a surpreendente semelhança.

Depois, é claro, temos o supernúmero maia, 1.366.560. Dividindo esse número por 584, temos:

1.366.560 : 584 = 2.340

Antes de continuar, é preciso fazer alguns cálculos adicionais:

260 : 12 = 21,6666666666

260 : 30 = 8,66666666666

21,6666666666 – 8,66666666666 = 13

260 : 13 = 20

Os maias diziam que a reversão do campo magnético do Sol ocorreria depois de 20 passagens de Vênus:

2.340 : 20 = 117

Uma série é formada por 117 passagens siderais de 584 dias. A veracidade desses fatos é comprovada pelos seguintes cálculos adicionais:

30 – 12 = 18 (os maias tinham 18 meses de 20 dias)

18 x 20 = 360 (um ano no Egito)

18 x 12 = 216 (o ciclo de precessão da Atlântida)

1.366.560 : 360 = 3.796

584 : 18 = 32,44444

3.796 : 32,4444 = 11,7 x 10 = 117

Ainda há outras evidências:

584 : 360 = 1,622222

584 : 365 = 1,6

1,622222 – 1,6 = 0,0222222

260 : 0,0222222 = 11.700

11.700 : 100 = 117

Há outras ligações entre os números maias e os egípcios:

1.366.560 : 360 = 3.796 3.796 : 260 = 14,6 14,6 = 1.460

No Egito, 1.460 era o período do tempo sideral de um ano sotíaco (de Sothis = Sírius). Aqui, fica demonstrada claramente a ligação com o supernúmero maia. Além disso, você sabe que o número 144 era importante no Egito.

1.366.560 : 144 = 9.490 9.490 : 260 = 36,5 36,5 = 365

Outros dados se baseiam no seguinte cálculo:

1.366.560 : 72 = 18.980 18.980 : 365 = 52

O número 52 representa 260 : 52 = 5. Multiplicando esse resultado por 18.980, temos:

18.980 x 5 = 94.900

Quando se multiplica esse último número por 14,4, obtemos novamente o supernúmero maia (1.366.560).

Há ainda uma última prova. Divida o supernúmero pelo ciclo de precessão:

1.366.560 : 25.920 = 52,72222222

Agora, divida o número maior, 18.980 — que era sagrado para os maias — por seu valor calculado:

18.980 : 52,72222222 = 360

52,72222222 – 52 = 0,72222222

260 : 0,72222222 = 360

Acredito que esta evidência é suficiente para demonstrar que existe uma clara ligação entre os maias e os egípcios.

Ciclo das manchas solares, dos maias, calculado com base no zodíaco egípcio

Anteriormente, encontramos dois números "especiais": 5.184 não é divisível por eles. São os números 73 e 52. Multiplicando-os entre si, temos:

73 x 52 = 3.796. Esse é um número que aparece também quando calculamos o supernúmero maia da destruição. 3.796 x 360 = 1.366.560. Neste momento, podemos claramente falar de uma conexão.

No livro *The Mayan Prophecies* [As profecias maias], Cotterell afirma que um ciclo das manchas solares é igual a 117 passagens de Vênus (117 x 584 = 68.328).

Como foi comprovado mais acima, o número 52 é especial. Com base nisso, é possível calcular o ciclo das manchas solares. Multipliquemos esse número por 36 e 36,5 (equivalentes a 360 e 365 dias, respectivamente):

52 x 36 = 1.872

52 x 36,5 = 1.898

O número 1.872 representa o período mais curto do zodíaco, sendo o mais longo de 2.592 anos.

2.592 – 1.872 = 720.

Multiplicando 720 por 1.898, temos: 1.898 x 720 = 1.366.560.

Esse ciclo é grande demais e pode ser demonstrado da seguinte maneira:

360 x 72 = 25.920 = precessão do zodíaco

365 x 72 = 26.280 = grande demais.

Multiplique o último número por 52 e obterá um número maia demasiadamente longo:

26.280 x 52 = 1.366.560.

O número 73 pode ser calculado a partir do ciclo que é demasiadamente longo:

26.280 : 14,4 = 1.825 1.898 – 1.825 = 73.

Sabemos que a precessão do zodíaco leva 25.920 anos; 26.820 aponta para um número maior do que o necessário, mas é possível calcular de quanto é o excesso:

1.898 – 1.872 = 26 e

1.898 : 73 = 26

Esse é o valor do ciclo curto, que equivale a 68.328 dias. Para se referir à conta superlonga, é preciso multiplicar por 20.

26 x 20 = 520 dias. Então, o período que indica a reversão do campo magnético do Sol é o seguinte: 1.366.560 – 520 = 1.366.040 dias.

A seguir, veremos de que bela maneira é possível unir isso tudo:

1.898 – 1.872 = 26

Um ciclo curto tem exatamente 68.302 dias.

Isso é igual a: 68.328 – 26 = 68.302 dias.

O ciclo demasiadamente longo pode ser calculado da seguinte maneira:

1.872 x 36,5 = 68.328

1.898 x 36 = 68.328

A cada 187 anos, a quantidade de manchas solares aumenta ou diminui. Os maias e os egípcios sabiam disso:

68.302 : 365,25 = 187 anos.

Em seus cálculos, usavam números "sagrados". Portanto, antes de decifrar um código, temos que nos introduzir em sua maneira de pensar. Podemos constatar de várias maneiras que, em seus cálculos, conta-se muitas vezes 26 dias. Eis alguns exemplos:

68.382 : 26 = 2.628

Subtraia desse resultado os primeiros números que obtivemos:

2.628 – 1.872 = 756 2.628 – 1.898 = 730

756 – 730 + 26 730 = número sagrado no Egito.

68.328 : 365 = 187,2 187,2 : 72 = 2,6

1.872 = 26 x 72

68.328 : 144 = 474,5 2.628 : 144 = 18,25

Divida ambos os números entre si e obterá:

474,5 : 18,25 = 26

Podemos extrair ainda mais informações de seus "jogos numéricos", através dos seguintes cálculos:

18,25 x 2 = 36,5

36,5 x 5 = 182,5

182,5 x 2 = 365

365 x 5 = 1.825

Finalmente, vamos voltar por um momento ao zodíaco:

O ciclo mais curto e o ciclo mais longo se expressam matematicamente da seguinte maneira:

36 x 72 = 2.592 36 x 52 = 1.872 72 – 52 = 20.

Novamente, isso significa que é preciso multiplicar o período curto por 20 para calcular a inversão do magnetismo do Sol. Quem ainda tem a coragem de dizer que eles não eram extraordinariamente brilhantes, deveria fazer um exame da cabeça!

Medições com o sistema GPS II no Egito

Dendera. *Sobre o zodíaco. 25 de março de 1997*

N: 25°08'18"

L: 32°40'22"

LAT: 131°

Esna. *À entrada do templo. 26 de março de 1997*

N: 25°17'24"
L: 32°33'32"
LAT: 132°

Hawara. *No meio do eixo norte-sul da pirâmide. 2 de abril de 1997*

N: 29°16'16"
L: 30°54'05"
LAT: 130°

Quéops. *31 de março de 1997*

1) N: 29°58'39"
L: 31°08'18"
LAT: 129°
2) N: 29°58'31"
L: 31°08'18"
LAT: 129°
3) N: 29°58'30"
L: 31°08'09"
LAT: 129°
4) N: 29°58'37"
L: 31°08'08"
LAT: 129°

Quéfren. *31 de março de 1997*

1) N: 29°58'26"
L: 31°08'05"
LAT: 129°
2) N: 29°58'17"
L: 31°08'05"
LAT: 129°
3) N: 29°58'19"
L: 31°07'57"
LAT: 129°
4) N: 29°58'25"
L: 31°07'58"
LAT: 129°

Miquerinos: *31 de março de 1997*

1) N: 29°58'22"
L: 31°07'57"

LAT: 129°
2) Não foi medido
3) N: 29°58'08"
L: 31°07'50"
LAT: 129°
4) N: 29°58'11"
L: 31°07'51"
LAT: 129°

Mais códigos secretos do zodíaco da Atlântida

Ao enumerar os códigos secretos do zodíaco da Atlântida até a era atual, obtemos as seguintes séries de números:

Duração	Era	Duração acumulada	
1.440	Leão	27.360	27.360 : 2.592 = 10,555555
1.872	Câncer	29.232	29.232 : 2.592 = 11,2777777
1.872	Gêmeos	31.104	31.104 : 2.592 = 12,0
2.304	Touro	33.408	33.408 : 2.592 = 12,888888
2.304	Áries	35.712	35.712 : 2.592 = 13,777777
2.016	Peixes	37.728	37.728 : 2.592 = 14,555555

Com o cálculo deste último número, eu me deparei com uma grande interrogação. Os três cataclismos seguintes ocorreram numa era que, dividida por 2.592, nos dá uma série de números. Primeiro, digitei o número 2.012 na minha calculadora de bolso, já que a Era de Peixes começou no ano antes de Cristo. Com isso, chegamos ao número 37.724. Ao dividi-lo por 2.592, obtive:

37.724 : 2.592 = 14,554012.

Então, experimentei com outros números (como 2.002, 2.004, etc.), mas sem nenhum resultado. Só 2.016 dá uma série de números! Qual a relação desse número com a data 2012? Há três possibilidades:

1) O código era uma coincidência.
2) O código está desalinhado, depois de tanto tempo.
3) O próximo cataclismo é tão grande que o código está nos fazendo uma advertência.

No entanto, há mais códigos vinculados a esses números.

Ao calculá-los, mas começando a partir de cada cataclismo, chegamos ao seguinte resultado:

Duração	**Era**	**Duração acumulada**	
1.440	Leão	1.440	1.440 : 2.592 = 0,555555
2.592	Virgem	4.032	4.032 : 2.592 = 1,555555
1.872	Libra	5.904	5.904 : 2.592 = 2,2777777
1.872	Escorpião	7.776	7.776 : 2.592 = 3,0
720	Sagitário	8.496	8.496 : 2.592 = 2,2777777
576	Aquário	576	576 : 2.592 = 0,222222
2.016	Peixes	2.592	2.592 : 2.592 = 1
2.304	Áries	4.896	4.896 : 2.592 = 1,888888
2.304	Touro	7.200	7.200 : 2.596 = 2,777777
1.872	Gêmeos	9.072	9.072 : 2.596 = 3,5
1.872	Câncer	10.944	10.944 : 2.592 = 4,222222
576	Leão	11.520	11.520 : 2.592 = 4,444444
1.440	Leão	1.440	1.440 : 2.592 = 0,555555
1.872	Câncer	3.312	3.312 : 2.592 = 1,2777777
1.872	Gêmeos	5.184	5.184 : 2.592 = 2,0
2.304	Touro	7.488	7.488 : 2.592 = 2,888888
2.304	Áries	9.792	9.792 : 2.592 = 3,777777
2.012	Peixes	11.804	11.804 : 2.592 = 4,5540123

Uma vez mais, destacamos que a data esperada não concorda com as séries numéricas. Será esta a maior catástrofe que já tivemos?

APÊNDICE

Cálculos do Capítulo 6

Há dois números que definem a "criação" da Atlântida: 864 e 12. Com eles, podemos calcular outros tantos números. Continuando a empregá-los nos cálculos, chegamos aos 25.920 anos, que é o período completo do zodíaco. Você já comprovou isso antes, mas agora o fará de maneira diferente, para que compreenda como raciocinavam os atlantes:

$$\frac{864}{12} = 72 \qquad \frac{72}{12} = 6$$

864 x 12 = 10.368

864 x 6 = 5.184 = 72 x 72

Com os números acima, podemos obter um importante número para completar o código do zodíaco:

$$\frac{10.368}{72} = 144$$

Encontramos esses números várias vezes nas construções egípcias, como também em cálculos posteriores.

144 é igual a 72 x 2 e 12 x 12. Esse número é especial; com cálculos posteriores, obtemos:

$$\frac{5.184}{144} = 36 \qquad \frac{36}{144} = 5$$

Com isso, chegamos ao final da nossa história:

10.368 x 0,25 = 2.592 = 1/10 de ciclo

Agora, você já fez um avanço a respeito da maneira de pensar dos atlantes. Devo admitir que levei meses para compreendê-la. Portanto, não espere conseguir na primeira tentativa.

Podemos compreender que o ciclo tem um período de 25.920 anos, com base no seguinte:

36 corresponde aos 360 graus (círculo completo do zodíaco)

2.592 corresponde a 25.920 anos = ciclo completo

Duração correta para o final de um grande ciclo

Outra evidência adicional:

144 x 144 = 20.736

20.736 + 5.184 = 25.920

Os egípcios usavam um ciclo de 25.920 anos em seus cálculos. Mas, no final, a duração exata é de 25.776. Você pode ter certeza de que eles também sabiam disso, que já se pode encontrar no começo da sua era. Trata-se do seguinte:

864 / 2.592 / 2.448 = cataclismos

2.592 representa um ciclo zodiacal completo = 25.920 anos

2.448 = ciclo do cataclismo

Ao subtrair 2.448 de 2.592, obtemos: 2.592 – 2.448 = 144 = 12 x 12. Então, o quadrado de 12 tem a ver com a solução. Por isso, decidi fazer o oposto e dividi por 12:

$\frac{2.592}{12} = 216$ $\frac{2.448}{12} = 204$

(216 = é o código para o ciclo de precessão da Atlântida)

Ao subtrair esses resultados, obtemos 12 outra vez!

216 – 204 = 12

Portanto, o ciclo do zodíaco para calcular o final é o seguinte:

25.920 – 144 = 25.776

Tradução: para obter um ciclo correto, temos que subtrair, do ciclo completo, a diferença entre os dois números. A validade desse cálculo pode ser demonstrada com outros cálculos adicionais. Para isso, usei o número 72, que já tinha aparecido. Ao dividir os dois ciclos por 72, obtive:

$\frac{25.920}{72} = 360$ $\frac{25.776}{72} = 358$

A diferença lançou o número: 360 – 358 = 2. Multiplicando os quocientes dessas divisões, obtemos: 358 x 360 = 128.880. Então, ainda era preciso fazer alguma coisa com o número dois. Uma breve multiplicação me deu o resultado que eu esperava:

128.880 x 2 = 257.760

257.760 : 10 = 25.776

Cálculos do Capítulo 14

Imagine o meu assombro quando descobri que existe uma ligação entre os códigos de Vênus e o ciclo egípcio de Sothis (Sírius). Essas descobertas estavam ocultas no tempo entre o cataclismo do ano 21312 a.C. e o do ano 9792 a.C. Subtraindo um do outro, temos 11.520 anos.

O número representava uma linguagem de símbolos que transmite acontecimentos do mundo real. Descreve a história, a astronomia, etc., sem que se precise recorrer a um idioma para se dirigir aos povos futuros, como o nosso. Ao somar ou subtrair outro "número sagrado", descobriram outras cifras que permitem uma decodificação posterior.

Não é uma surpresa que a escolha do ciclo de Sírius tenha confundido os eruditos por mais de três séculos. Ao estudar a decodificação, você verá que eles desenvolveram um sistema de chaves incrivelmente inteligente. Isso demonstra que os egípcios queriam que o significado dos seus ciclos só fosse desvendado por um investigador que compreendesse a importância astronômica dos números 1.460 e 1.461 do ciclo de Sothis (da estrela Sírius).

A longitude correta de um ano solar é de 365,2422 dias, mas os maias a estimaram em 365,242, que está a 17,28 segundos do valor real. Como eu já disse, eles deviam saber que um ano solar tem 365,2422 dias. Seu cálculo difere apenas em 0,08 segundos do valor real, ou seja, uma diferença de 0,000000003%!

Conclusão: meu ponto de partida foi a existência de uma ligação entre Vênus e o tempo entre os cataclismos anteriores. Nos meus cálculos, encontrei semelhanças entre o ciclo egípcio de Sírius e o ciclo de Vênus. Consegui demonstrar que isso é inquestionavelmente certo, através da dedução. O tempo entre os cataclismos anteriores é de 11.520 anos (21.312 – 9.972 = 11.520).

Multiplique-o pelos dias do ano: 11.520 x 365,25 = 4.207.680

11.520 x 365 = 4.204.800

11.520 x 360 = 4.147.200

Divida-o pelo número sagrado 72 (no ano 21312 a.C., a Terra girou 72 graus no zodíaco):

4.207.680 : 72 = 58.440

4.204.800 : 72 = 58.400

4.147.200 : 72 = 57.600

584 = tempo sinódico de Vênus

576 = número de Vênus (ver o capítulo sobre o Códice Dresden). Vênus desaparece oito dias depois do Sol (584 – 8 = 576).

58.440 – 58.400 = 40

58.440 : 40 = 1.461 = ciclo de Sírius
58.400 : 40 = 1.460 = ciclo de Sírius

Um círculo completo tem 360 graus: 72 + 288 = 360. Divida-o por 288:

4.207.680 : 288 = 14.610
4.204.800 : 288 = 14.600
1.460 e 1.461 = ciclo egípcio de Sírius!

No Códice Dresden, os maias empregaram 365 dias:
11.520 x 365 = 4.204.800.

Isso é:
584 x 7.200 = 4.204.800
576 x 7.300 = 4.204.800

Os maias conheciam o número correto para Vênus, ou seja: 583,92: 7.200 x 583,92 = 4.204.224.

Subtraia esse resultado do número encontrado antes:
4.204.800 – 4.204.224 = 576 = número de Vênus

Os maias sabiam que um ano tem 365,242 dias, mas com isso é possível demonstrar que eles sabiam que um ano tem 365,2422 dias!

11.520 x 365,242 = 4.207.587,84 e 11.520 x 365,2422 = 4.207.590,144

Subtraia esse resultado do número encontrado antes:
4.207.590,144 – 4.204.244 = 3.366,144
4.207.587,84 – 4.204.224 = 3.363,84 = número maia calculado a partir do seu ano.

A diferença é:
3.366,144 – 3.363,84 = 2.304

Divida:
3.366,144 : 2.304 = 1.461 = ciclo de Sírius
3.363,84 : 2.304 = 1.460 = ciclo de Sírius

Pode-se demonstrar que a decodificação é correta através do número maia:

3.363,84 : 576 = 584!

Recorrendo ao mesmo método, é possível decodificar todos os calendários maias.

Cálculos do Capítulo 16

Aqui está a evidência da ligação entre o ciclo da mancha solar e o deslocamento do zodíaco. O número 72 se recompõe na precessão: 72 x 360 = 25.920. Depois disso, muitas perguntas foram respondidas rapidamente. Logo vi a ligação com o número encontrado no ciclo do zodíaco. Quando se subtrai 72 de 2.664, obtemos o número de precessão, mas dez vezes menor: 2.664 – 72 = 2.592. Até agora, usei duas vezes o número 72 e só uma o 360. Perguntava a mim mesmo se haveria uma outra conexão. E havia.

Faça a seguinte subtração: 2.664 – 1.872 = 792

Como encontrei um ciclo de precessão dez vezes menor, multipliquei esse número por 36: 792 x 36 = 28.512. Sei a tabuada até 20 x 20, o que me ajudou a observar o código de outra maneira. Quando subtraímos o número de precessão desse número, obtemos o número menor encontrado antes: 28.512 – 25.920 = 2.592. Esse resultado é um décimo do ciclo. Será que isso significa que os círculos produzem um ciclo que é dez por cento maior? Certamente; existem investigações que confirmam essa suposição. A cada 68.302 dias, uma mancha solar transita pelo seu ciclo. No Capítulo 15, calculamos o número de rotações dos campos magnéticos que o utilizam. Quando empregamos o método de subtração usado antes, obtemos o seguinte:

1.872 – 1.864 = 26

2.664 – 2.627 = 37

BIBLIOGRAFIA

A seguir, detalhamos a bibliografia selecionada. Todos os dados tomados como referência podem ser encontrados nesses livros. Dada a excepcional importância desta obra, são mencionados apenas os livros relevantes, para que os leitores e os pesquisadores não percam tempo inutilmente.

Bauval, Rober e Graham Hancock, *Keeper of Genesis*, Heinemann, 1997

Berlitz, Charles, *Atlantis*, G.P. Putnam & Sons, Nova York, 1984.

Cotterell, Maurice M. e Gilbert Adrian, *The Mayan Prophecies*, Element Books, 1995.

Felix, W. Robert, *Not by Fire but by Ice*, Sugarhouse Publishing, 2000.

Flem-Ath, Rand & Rose, *When the Sky Fell*, Weidenfeld, 1995.

Hancock, Graham, *Fingerprints of the Gods*, Heinemann, 1995.

Hapgood, Charles, *Maps of the Ancient Sea Kings*, Adventures Unlimited Press, 1995.

Hapgood, Charles, *The Path of the Pole*, Adventures Unlimited Press, 1999.

Hoffer, Frank, *Lost Americans*, Nova York, 1961.

Moore, Patrick, *The Atlas of the Universe*, Mitchell Bearly Ltd., 1970

Morton, Chris e Ceri Louise Thomas, *The Mystery of the Crystal Skulls*, Thorsons, 1979.

Poechan, Andre, *L'Enigme de la Grand Pyramide*, Laffont, 1971.

Sagan, Carl, *Cosmos*, Carl Sagan Producciones, 1980.

Slosman, Albert, *Le grand cataclysme*, Laffont, 1976.

Slosman, Albert, *Le Livre l'au-delà-de la vie*, Baudouin, 1979.

West, John Anthony, *Serpent in the Sky*, Wildwood House, 1979.

Wilson, Colin, *From Atlantis to the Sphinx*, Virgin, 1996.